Geprüfter Betriebswirt (IHK)
– Bilanz- und Steuerpolitik

Anna Karin Spångberg Zepezauer

Geprüfter Betriebswirt (IHK) – Bilanz- und Steuerpolitik

Prüfungsvorbereitung

5. Auflage

 Springer Gabler

Anna Karin Spångberg Zepezauer
Calw, Deutschland

ISBN 978-3-658-13966-7 ISBN 978-3-658-13967-4 (eBook)
DOI 10.1007/978-3-658-13967-4

Die Deutsche Nationalbibliothek verzeichnet diese Publikation in der Deutschen Nationalbibliografie; detaillierte bibliografische Daten sind im Internet über http://dnb.d-nb.de abrufbar.

Springer Gabler
© Springer Fachmedien Wiesbaden 2011, 2012, 2014, 2015, 2017
Die 1. bis 3. Auflage erschien unter dem Titel „Prüfungsvorbereitung Geprüfter Betriebswirt (IHK)"

Springer Gabler ist Teil von Springer Nature
Die eingetragene Gesellschaft ist Springer Fachmedien Wiesbaden GmbH

Vorwort

Die vorliegende Publikation wendet sich an die immer größer werdende Anzahl von Personen, die einen der höchsten Abschlüsse der IHK in Deutschland ablegen: die Prüfung zum Geprüften Betriebswirt (IHK) im Prüfungsfach „Bilanz und Steuerpolitik des Unternehmens". Ihnen soll eine lerngerechte Hilfe und den Dozenten ein auf den IHK-Rahmenplan abgestimmtes Skript an die Hand gegeben werden.

Damit wird Ihnen als angehender Betriebswirt die Möglichkeit eröffnet, durch die Bearbeitung kurzer Tests, umfangreicher Fragestellungen und Übungsklausuren ihren jeweils erarbeiteten Kenntnisstand zu überprüfen und ggf. erkannte Wissenslücken zu schließen.

Das Buch entstand aus eigenständigen Unterrichtsmaterialien im Rahmen der Lehrtätigkeit, weil ein entsprechendes methodisches und didaktisches Werk nicht vorliegt. Das Lehrbuch enthält aus dem Prüfungsteil „Wirtschaftliches Handeln und betriebliche Leistungsprozesse" den prüfungsrelevanten Bereich „die Bilanz und Steuerpolitik des Unternehmens" und richtet sich gleichermaßen an Dozenten dieses Faches.

Das Ziel war es diesen Teil, für den die IHK ca. 80 Unterrichtsstunden einplant, bei der Konzeptionierung des Buches zu berücksichtigen. Stundenplanempfehlungen sind eingearbeitet und helfen dem Dozenten bei der Planung des Unterrichts bzw. dem Teilnehmer, um gezielt prüfungsrelevante Bereiche zu erarbeiten und zu erlernen.

Neben den Grundlagen der betriebswirtschaftlichen Steuerlehre werden Aufgaben, Methoden sowie wichtige Fragestellungen der betriebswirtschaftlichen Steuerlehre behandelt. Die Beschäftigung mit Steuer- und Bilanzpolitik hat folgende drei Zielrichtungen: Die Einflüsse der Besteuerung auf das Unternehmen zu analysieren und zu erkennen. Als Zweites den Zusammenhang zwischen Besteuerung und betriebswirtschaftliches Rechnungswesen zu verstehen sowie drittens den Steuereinfluss auf betriebliche Funktionen, d.h. auf kurz- und langfristige Unternehmensentscheidungen.

Sollte Ihnen bei aller Sorgfalt fehlerhafte Darstellungen oder Berechnungen ins Auge springen, bin ich allen Lesern für Hinweise dankbar. Ein stets offenes Ohr finden Sie unter: stb.spangberg@online.de. Einen großen Dank auch denjenigen Lesern und Teilnehmern meiner Kurse, die am formalen und inhaltlichen Gelingen mitgewirkt haben.

In der 5. Auflage finden Sie rechtliche Überarbeitungen, die die gesetzlichen Änderungen zum BilRUG sowie die Änderung der Körperschaftsteuerrichtlinien 2015 vom 3.2.2016 und Hinweise zur IHK-Formelsammlung berücksichtigt. Der Rechtsstand des Buches bezieht sich auf das Prüfungsjahr 2016/2017.

Viel Erfolg !

Inhaltsverzeichnis

Prüfungsteil: Bilanz und Steuerpolitik des Unternehmens

Bilanz und Steuerpolitik des Unternehmens

Die Prüfung zum Geprüften Betriebswirt/Geprüfte Betriebswirtin gliedert sich gem. § 3 Abs. 1 der Verordnung vom 12.07.2006 in Wirtschaftliches Handeln und betriebliche Leistungsprozesse, Führung und Management im Unternehmen, Projektarbeit und projektarbeitsbezogenes Fachgespräch. Der erste Teil beinhaltet das Thema „Bilanz und Steuerpolitik des Unternehmens", welches wiederum die vier folgenden Themen umfasst:

1. Kapitel 1: Das Steuersystem in seiner Bedeutung für das Unternehmen

2. Kapitel 2: Zielorientierter Einsatz der Instrumente der Bilanzanalyse

3. Kapitel 3: Unterstützung der Unternehmensziele durch Bilanz- und Steuerpolitik

4. Kapitel 4: Internationale Rechnungslegungsvorschriften

Hinweise im Buch zu Kapitel 1, 2, 3 oder 4 beziehen sich immer auf den Rahmenstoffplan.

Abbildung 1   Überblick über den Rahmenstoffplan der vier Kapitel

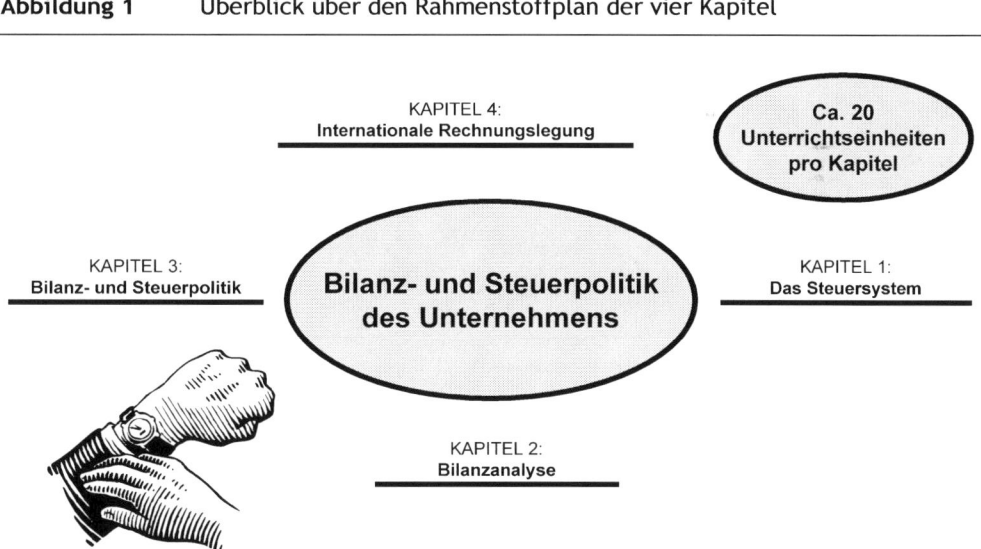

Im DIHK-Rahmenplan vom August 2006, Seite 5 heißt es: Im Prüfungsbereich „Bilanz- und Steuerpolitik des Unternehmens" soll die Fähigkeit nachgewiesen werden, alle Kernbereiche der finanzorientierten Unternehmensführung unter steuerlichen Gesichtspunkten gestalten zu können. Das Ergebnis der Geschäftstätigkeit soll unter Berücksichtigung der aktuellen Situation und Zielsetzung des Unternehmens durch Nutzung der Gestaltungsmöglichkeiten der Bilanzpolitik dargestellt werden können. Dabei sind Kenntnisse des Steuersystems sowie der nationalen und internationalen Rechnungslegungsvorschriften anzuwenden."

	DIHK Rahmenplan Nr.	Strukturierung der Prüfung ab 2012
Kapitel 1	2.1 (Steuersystem)	20 Punkte
Kapitel 2	2.2 (Bilanzanalyse)	30 Punkte
Kapitel 3	2.3 (Bilanz- und Steuerpolitik)	30 Punkte
Kapitel 4	2.4 (Internationale Rechnungslegung)	20 Punkte

Einige Praktische Hinweise in Kürze

Klausuraufbau

Die Klausuren werden seit einigen Prüfungen in Bezug auf die Verordnung § 4 Abs. 4 erstellt. Damit ist der alte Verweis auf die Rahmenplannummern im Anforderungskatalog weggefallen.

Beispiel Klausur Frühjahr 2016:

Aufgabe 1: § 4 Abs. 4 Nr. 1 = 12 Punkte = Umsatzsteuerthemen

Aufgabe 2: § 4 Abs. 4 Nr. 1 = 12 Punkte = Anschaffungskosten, Abschreibung

Aufgabe 3: § 4 Abs. 4 Nr. 3 = 25 Punkte = Herstellungskosten

Aufgabe 4: § 4 Abs. 4 Nr. 4 = 23 Punkte = HGB/ IFRS Bilanzpositionen

Aufgabe 5: § 4 Abs. 4 Nr. 2 = 28 Punkte = Kennzahlen Jahresabschluss

Formelsammlung

Die in der Prüfung zur Verfügung gestellte Formelsammlung kann für die eigene Vorbereitung beim DIHK unter: http://www.dihk-bildungs-gmbh.de/weiterbildung/lernmaterialien/formelsammlungen/ bestellt werden.

Gesetzestexte, Markierungen und zugelassene Hilfsmittel

Aus der jeweils aktuellen Fassung der Hilfsmittelliste geht hervor, welche Hilfsmittel notwendig und zugelassen sind, sowie, ob Klebezettel, Lesezeichen, Unterstreichungen und Anmerkungen in Gesetzestexten vorgenommen werden dürfen. Fragen Sie hier bitte bei Ihrer IHK nach der jeweils gültigen Hilfsmittelliste nach.

Auzug:[1]„Für die zugelassenen Gesetzestexte gilt für die Frühjahrsprüfung jeweils der Rechtsstand vom 31. Dezember des Vorjahres, für die Herbstprüfung jeweils der Rechtsstand vom 1. Januar des laufenden Jahres.

Es dürfen nur unkommentierte Fassungen verwendet werden; Klebezettel, Lesezeichen, Unterstreichungen und Anmerkungen, soweit es sich ausschließlich um Querverweise auf andere Paragrafen handelt, sind zulässig."

Allgemeine Informationen zum gepr. Betriebswirt[2]

Gliederung der Prüfung

Die Prüfung gliedert sich in drei Prüfungsteile. Der Prüfungsteil 2 darf erst nach Ablegen des Prüfungsteils 1 durchgeführt werden. Der Prüfungsteil 3 darf erst nach erfolgreichem Abschluss der Prüfungsteile 1 und 2 durchgeführt werden.

Schriftliche Prüfung

In den Prüfungs-, Handlungsbereichen 1 – 7 ist eine schriftliche Aufsichtsarbeit anzufertigen. In den Prüfungsbereichen 1 – 5 in Form von anwendungsbezogenen Aufgabenstellungen; in der Handlungsbereichen 6 und 7 in Form von anwendungsbezogenen, integrierten Situationsaufgaben. Im Prüfungsbereich 5 ist eine in der Fremdsprache Englisch formulierte Aufgabenstellung enthalten, die auf Deutsch zu beantworten ist. Ferner ist eine schriftliche Projektarbeit anzufertigen, wenn die Prüfungsteile 1 und 2 bestanden wurden.

Mündliche Prüfung(en)

Zur mündlichen Ergänzungsprüfung siehe hierzu die Verordnung.

Der Handlungsbereich 8 („Personalmanagement") wird mündlich in Form einer anwendungsbezogenen, integrierten Situationsaufgabe geprüft (situationsbezogenes Fachgespräch). Dabei bildet der Handlungsbereich „Personalmanagement" den Schwerpunkt. Die beiden anderen Handlungsbereiche des Prüfungsteils 2 („Unternehmensführung" und „Unternehmensorganisation und Projektmanagement") sowie Inhalte des Prüfungsteils 1 werden dabei integrativ thematisiert. Im situationsbezogenen Fachgespräch soll die Fähigkeit nachgewiesen werden, Aufgabenstellungen analysieren, strukturieren und einer begründeten Lösung zuführen zu können. Der Lösungsvorschlag ist unter Einbeziehung von Präsentationstechniken zu erläutern und zu erörtern. Das situationsbezogene Fachgespräch soll für jeden Prüfungsteilnehmer i. d. R. mindestens 30 Minuten dauern. Den Prüfungsteilnehmern ist eine Vorbereitungszeit von i. d. R. 30 Minuten zu gewähren.

---

[1] Hilfsmittelliste der IHK für die bundeseinheitliche Prüfung; Stand 2016.

[2] Entnommen im Auszug aus „Prüfungen Weiterbildung Informationen zur Prüfung Geprüfter Betriebswirt Verordnung vom 12. Juli 2006"

Projektarbeit und projektbezogenes Fachgespräch

Dieser Prüfungsteil (Prüfungsteil 3) darf erst nach dem erfolgreichen Abschluss des 1. und 2. Prüfungsteils durchgeführt werden. Der Prüfungsteil 3 gliedert sich in eine Projektarbeit und in ein projektarbeitsbezogenes Fachgespräch.

Das Thema der Projektarbeit wird vom Prüfungsausschuss gestellt und soll Vorschläge des Prüfungsteilnehmers berücksichtigen. Die Projektarbeit ist als schriftliche Hausarbeit anzufertigen. Die Bearbeitungszeit beträgt 30 Kalendertage. Das Thema der Projektarbeit kann alle in Prüfungsteil 1 und 2 genannten Prüfungsanforderungen umfassen und soll die betriebliche Praxis des Prüfungsteilnehmers berücksichtigen.

In der Projektarbeit soll nachgewiesen werden, eine komplexe Problemstellung der betrieblichen Praxis erfassen, darstellen, beurteilen und lösen zu können.

Ausgehend von der Projektarbeit ist in einem projektarbeitsbezogenen Fachgespräch nachzuweisen, Berufswissen in unternehmenstypischen Situationen anzuwenden und sachgerechte Lösungen im Sinne der Unternehmenspolitik erarbeiten zu können. Das projektarbeitsbezogene Fachgespräch soll i. d. R. mindestens 30 Minuten dauern. Die Präsentationszeit soll dabei 15 Minuten nicht überschreiten.

Bestehen der Prüfung

Die Prüfung ist bestanden, wenn alle Prüfungsleistungen mit mindestens „ausreichend" bewertet wurden.

Wiederholen der Prüfung

Jeder Prüfungsteil, der nicht bestanden ist, kann zweimal wiederholt werden.

Lernen und Lernmethoden

Es gibt eine ganze Reihe von Lern- und Gedächtnistechniken sowie modernen Trainingsarten. Lernen muss man lernen. Verstehen Sie das Suchen und Finden der richtigen Lernmethode als Prozess in mehreren Phasen. Bekämpfen Sie Lernstress und geben Sie nie auf!

Abbildung 2   Lerntechnik

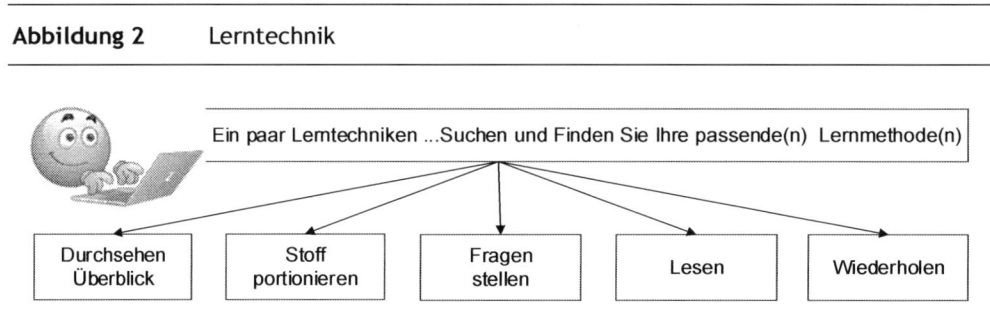

Subsumtionstechnik

Ohne die Technik des Subsumierens ist das Verstehen von Rechtsnormen schwierig. **Abbildung 3** zeigt das visualisierte Beispiel für eine kleine Subsumtion.

Abbildung 3   Die Technik des Subsumierens

Tatbestandsmerkmale	Obersatz	1.	Erwerbung, Sicherung, Erhaltung...
Lebenssachverhalt	Untersatz	2.	Der angestellte A kauft Bücher für seine Fortbildung i. H. v. 2.000 €
Rechtsfolge	Schlusssatz	3.	A hat Werbungskosten

Subsumieren

Tatbestandsmerkmale des § 9 EStG: Aufwendungen zur Erwerbung, Sicherung und Erhaltung des Arbeitslohns, ergo Aufwendungen, die durch den Beruf veranlasst sind.

Lebenssachverhalt: A hat Aufwendungen für Fachbücher in Höhe von 2.000 € getätigt.

Rechtsfolge: A hat Werbungskosten.

Tipp: In vielen Gesetzesbüchern gibt es hierzu Ausführungen. Diese könnten sich als dienlich erweisen, da Sie Gesetzestexte mit in die Prüfungen nehmen dürfen.

1 Das Steuersystem in seiner Bedeutung für das Unternehmen

Abbildung 1.1   Kapitelübersicht: Kapitel 1

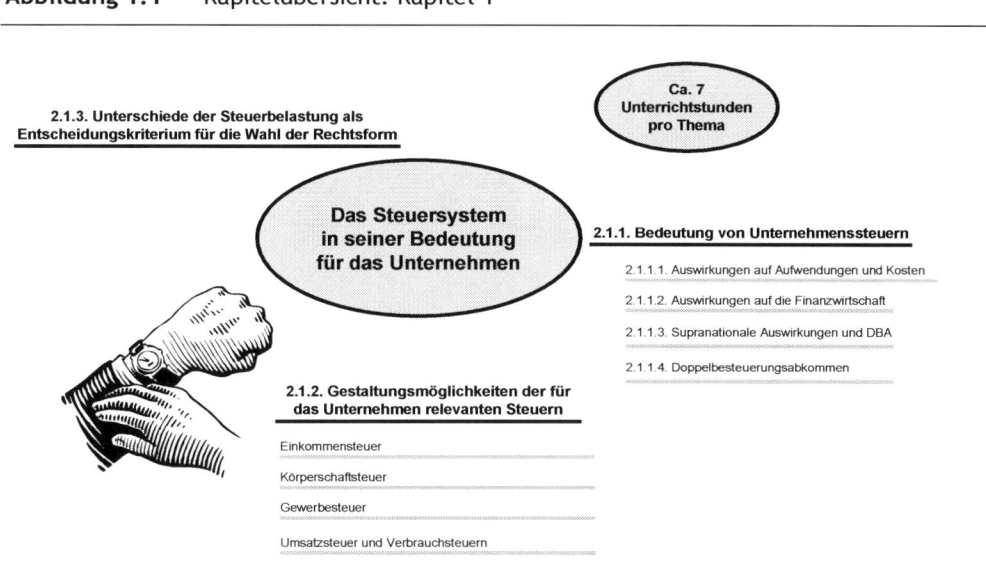

1.1 Kernfragen des Kapitels 1

1. Was ist unter dem Begriff „Steuersystem" zu verstehen?

2. Welche Bedeutung haben Steuern für Unternehmen?

3. Welche Gestaltungsmöglichkeiten haben Unternehmen in Bezug auf Steuern?

4. Wie wirkt sich die Wahl der Rechtsform auf die Steuerbelastung aus?

5. Wie wird der Inhalt des Kapitels in der schriftlichen Prüfung abgefragt?

6. Wie kann ich mich auf die Prüfung vorbereiten – Klausurtechnik?

Die Kernfragen bilden jeweils die wesentlichen Bestandteile der Qualifikationsinhalte des Rahmenplans der IHK ab. Mit diesem Überblick gewinnen wir eine grobe Vorstellung vom Aufbau und Inhalt des Kapitels.

Erfolgreich Prüfungen zu schreiben setzt voraus, dass wir Informationen im Gehirn in Kategorien einsortiert haben und diese reproduzieren können.

1.2   Wissenstest zu Kapitel 1

Können Sie die nachfolgenden Fachbegriffe dem Schwerpunkt des ersten Kapitels zuordnen? Lösungshinweis siehe Kapitel 5 in der „Lerncheckliste".

Abbildung 1.2   Wissenstest zu dem Kapitel 1

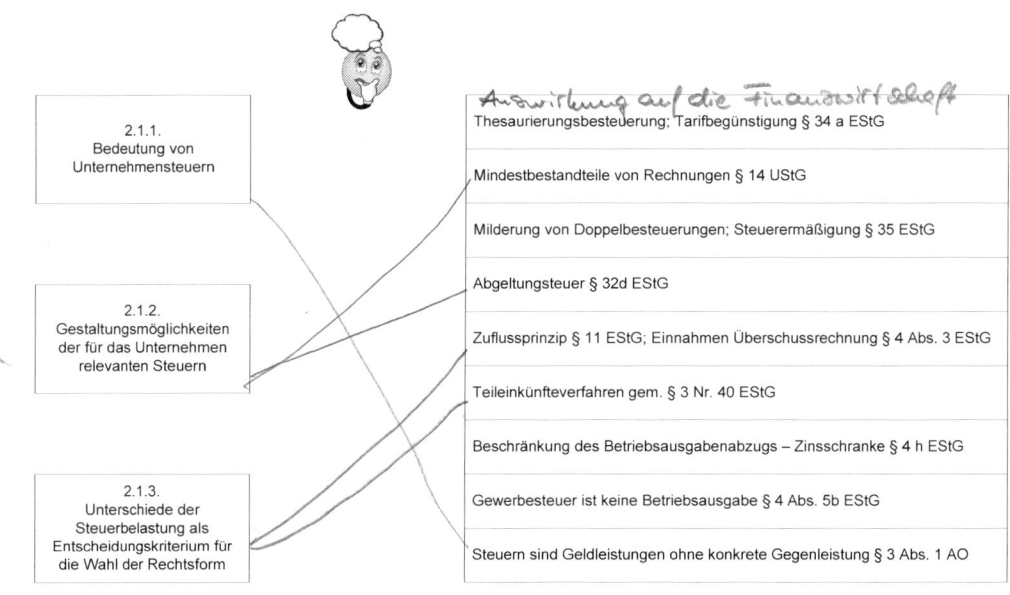

Rahmenplan Nr. 2.1.1. Bedeutung von Unternehmenssteuern

1.3   Bedeutung von Unternehmenssteuern

Ziel des Abschnitts ist das Wissen über die Grundlagen der betriebswirtschaftlichen Steuerlehre sowie deren Aufgaben und Methoden. d.h. den Einfluss der Besteuerung auf das Unternehmen analysieren und beschreiben zu können.

§ 3 Abs. 1 AO: „Steuern sind _Geldleistungen_ , die nicht eine _Gegenleistung_ für eine besondere Leistung darstellen und von einem öffentlich-rechtlichen Gemeinwesen zur Erzielung von Einnahmen _allen_ auferlegt werden, bei denen der Tatbestand zutrifft, an den das Gesetz die Leistungspflicht knüpft; die Erzielung von Einnahmen kann Nebenzweck sein.“

Wir werden im ersten Kapitel sehen, dass nahezu alle unternehmerischen Entscheidungen durch steuerliche Faktoren beeinflusst werden.

1.4   Unternehmenssteuern

? **Frage:** Was sind Unternehmenssteuern?

! **Antwort: Unternehmenssteuern** sind z.B. Körperschaftsteuer, Umsatzsteuer oder Gewerbesteuer.

> **Aufgabe:** Sortieren Sie die nachfolgenden Unternehmenssteuerarten nach **Steueraufkommen** in Deutschland! **Umsatz-/Mehrwertsteuer; Lohnsteuer; Gewerbesteuer; Energiesteuer; Einkommensteuer; Körperschaftsteuer**

! **Antwort:** Die Steuern stehen bereits in der richtigen Reihenfolge: Umsatz-/Mehrwertsteuer; Lohnsteuer; Gewerbesteuer; Energiesteuer; Einkommensteuer; Körperschaftsteuer. Siehe hierzu auch die abgebildete Steuerspirale 2014.

Abbildung 1.3 Steuerspirale 2015

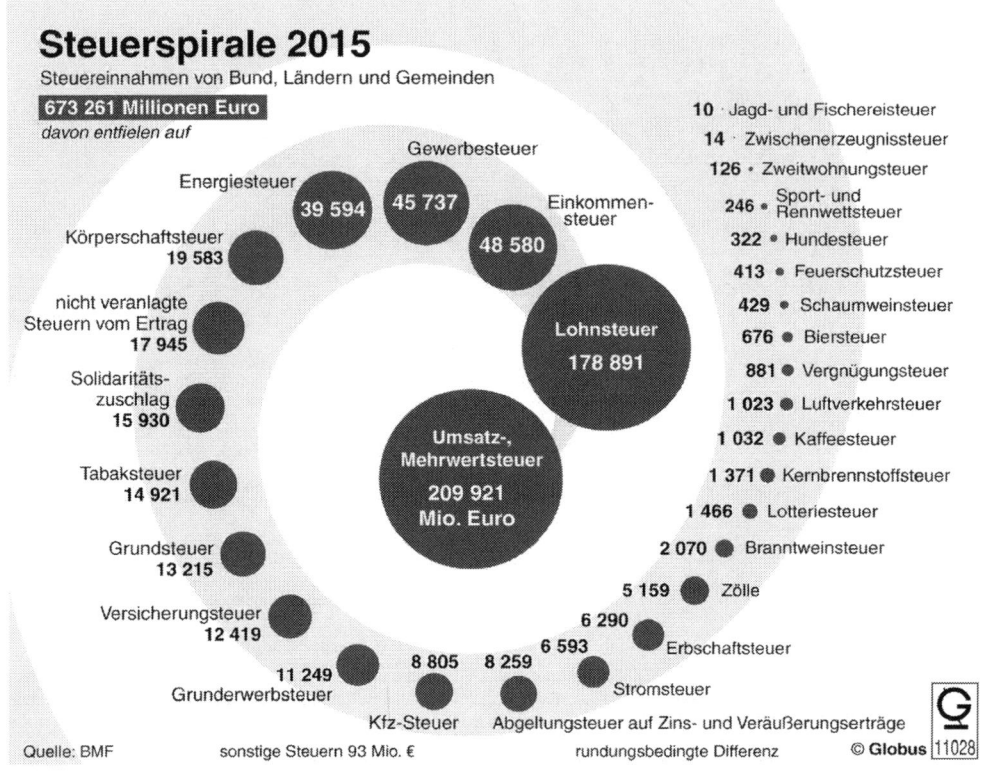

Steuerspirale 2015

Steuereinnahmen von Bund, Ländern und Gemeinden

673 261 Millionen Euro

davon entfielen auf

Gewerbesteuer

Energiesteuer

39 594

45 737

Einkommensteuer

48 580

Körperschaftsteuer
19 583

nicht veranlagte
Steuern vom Ertrag
17 945

Lohnsteuer
178 891

Solidaritäts-
zuschlag
15 930

Umsatz-,
Mehrwertsteuer
209 921
Mio. Euro

Tabaksteuer
14 921

Grundsteuer
13 215

Versicherungsteuer
12 419

11 249

8 805

8 259

6 593

Grunderwerbsteuer

Kfz-Steuer

Stromsteuer

Abgeltungsteuer auf Zins- und Veräußerungserträge

6 290   Erbschaftsteuer

5 159   Zölle

10 · Jagd- und Fischereisteuer
14 · Zwischenerzeugnissteuer
126 · Zweitwohnungsteuer
246 · Sport- und Rennwettsteuer
322 · Hundesteuer
413 · Feuerschutzsteuer
429 · Schaumweinsteuer
676 · Biersteuer
881 · Vergnügungsteuer
1 023 · Luftverkehrsteuer
1 032 · Kaffeesteuer
1 371 · Kernbrennstoffsteuer
1 466 · Lotteriesteuer
2 070 · Branntweinsteuer

Quelle: BMF   sonstige Steuern 93 Mio. €   rundungsbedingte Differenz   © Globus 11028

Frage: Was ist unter direkten, was unter indirekten Steuern zu verstehen? (4 P)

Antwort: Steuerschuldner und Steuerträger sind bei den direkten Steuern identisch. (1 P). Die Einkommensteuer und die Körperschaftsteuer sind ein Beispiel für direkte Steuern (1 P). Bei den indirekten Steuern wird die Steuer vom Steuerschuldner auf den Steuerträger abgewälzt (1 P). Ein Beispiel ist die Umsatzsteuer (1 P).

Frage: Wie lautet der Sammelbegriff für Steuern, Gebühren und Beiträge?

Antwort: Sammelbegriff für **„öffentlich-rechtliche Abgaben".**

Abbildung 1.4   Öffentlich-rechtliche Abgaben

Öffentlich-rechtliche Abgaben

Steuern	Steuerliche Nebenleistungen	Gebühren	Beiträge
§ 3 Abs. 1 AO	§ 3 Abs. 4 AO	z.B. Büchereigebühren	z.B. IHK Beiträge
Opfertheorie = keine Gegenleistung		Äquivalenztheorie = Gegenleistung	

> **Aufgabe:** Nennen Sie bitte Beispiele für **steuerliche Nebenleistungen**?

§ 3 Abs. 4 AO: Steuerliche Nebenleistungen sind _Verzögerungsgelder_ (§ 146 Abs. 2b), _Verspätungszuschläge_ (§ 152), Zuschläge gemäß § 162 Abs. 4, _Zinsen_ (§§ 233 bis 237), _Säumnuszuschläge_ (§ 240), _Zwangsgelder_ (§ 329) und Kosten (§§ 89, 178, 178a und §§ 337 bis 345) sowie Zinsen im Sinne des Zollkodexes.

> **Aufgabe:** Geben Sie bitte 3 Beispiele für **Gebühren**!

Antwort: z.B. Verwaltungsgebühren, Benutzungsgebühren z.B. Bücherei, Schwimmbäder, Müllabfuhr, Entgelt für die Ausstellung eines Reisepasses, Zollabfertigungsgebühren.

Frage: Nennen Sie bitte 3 Beispiele für **Beiträge**!

Antwort: z.B. Entgelt für angebotene öffentliche Leistungen: Anliegerbeiträge, Kurtaxen, Sozialversicherungsbeiträge, Kammerbeiträge, IHK Beiträge, Studienbeiträge, Rundfunkbeitrag.

Frage: Warum steht in der obigen Grafik „**Opfertheorie**" bei Steuern und steuerlichen Nebenleistungen?

Antwort: Steuern werden ohne Anspruch auf Gegenleistung gezahlt und als Opfer für die Allgemeinheit zur Erreichung des Staatszweckes gesehen.

Frage: Warum steht in der obigen Grafik „**Äquivalenztheorie**" bei Gebühren und Beiträge?

Antwort: Äquivalenz (v. lat.: aequus „gleich" und Valenz „Wertigkeit") Die Theorie hat als Hauptaussage, dass Beiträge und Gebühren Gegenleistungen für eine öffentlich angebotene Leistung darstellen.

Frage: Welche Bedeutung haben Unternehmenssteuern für das Unternehmen?

Antwort: Die Bedeutung der Unternehmenssteuern für Einzelunternehmen, Personen- und Kapitalgesellschaften ist gleichermaßen: Steuern bedeuten Aufwendungen und Kosten.

Jedes Unternehmen hat das Ziel, Gewinne zu erwirtschaften. Aufwendungen und Kosten müssen daher in einem angemessenen Verhältnis zum Unternehmensergebnis stehen. Steuern wirken sich folglich auf die Finanzwirtschaft des Unternehmens aus. Wie, werden wir nachfolgend untersuchen.

Unternehmen bewegen sich auf nationalen wie auch internationalen Marktplätzen. Folglich stellt sich die Frage: Welche Auswirkungen haben Steuern auf Unternehmen, welche neben der nationalen (deutschen) Steuergestaltung auch die internationale Steuergestaltung beachten müssen?

❯ **Fall:** Die Betriebswirt GmbH in Flensburg beschäftigt 3 Mitarbeiter und hat als Unternehmenszweck die Herstellung von T-Shirts.

❓ **Frage:** Welche Steuern fallen bei der GmbH an?

💡 **Lösung:** Gewerbesteuer, Körperschaftsteuer, Lohnsteuer, Umsatzsteuer.

Abbildung 1.5   Wir wirken sich Steuern auf Unternehmen aus?

Durch Zahlung von Steuern kommt es grundsätzlich zu einem Liquiditätsabfluss.

Produktionskosten werden beeinflusst durch Steuern (Mineralölsteuer, Grundsteuer, Biersteuer, Einfuhrumsatzsteuer, etc.)

Steuern verursachen Informationskosten, Buchhaltungskosten, EDV–Kosten etc.

Welchen Einfluss haben Steuern auf unternehmerische Entscheidungen?

Personalaufwendungen sind unterschiedlich je nach Entgeltform (Festanstellung, freie Mitarbeit, Minijob etc.)

Nationale Standortwahl (Hebesätze der Grundsteuer/ Gewerbesteuer sind regional unterschiedlich)

Internationale Standortwahl (unterschiedliche Steuersysteme, Bemessungsgrundlagen etc.)

Nationale Standortwahl durch steuerliche Förderung der neuen Bundesländer (Sonderabschreibungen, Investitionszulagen etc.)

Haben wir im allgemeinen ersten Teil die Bedeutung der Unternehmenssteuern für das Unternehmen aufgezeigt, wenden wir uns in den folgenden Kapiteln dem Einfluss von Steuern auf unternehmerische Entscheidungen im Speziellen zu.

Abbildung 1.6   Lang- und kurzfristige Unternehmensentscheidungen

Einteilung der lang- und kurzfristigen Unternehmensentscheidungen:	
Langfristige Entscheidungen bedürfen langfristiger Planung	Kurzfristige Entscheidungen lassen sich kurzfristig beeinflussen

Beispiele:
  Rechtsformwahl
  Rechtsformwechsel
  Unternehmensstruktur
  Standortentscheidungen
  Gründungsentscheidungen
	Beispiele:
	  Investition und Finanzierung
	  Controlling
	  Marketing
	  Personal
	  Produktion

1.4.1   Auswirkungen auf Aufwendungen und Kosten

Unternehmenssteuern wirken sich auf die Aufwendungen und Kosten aus, weil sie das Ergebnis schmälern und die Liquiditätssituation beeinflussen.

❯ **Beispiel:** Die Betriebswirt GmbH stellt auf einem großen Betriebsgrundstück Schränke her. Auf dem Grundstück befinden sich eine große Maschinenhalle und ein umfangreicher Fuhrpark.

Abbildung 1.7   Visualisierung der Aufgabe

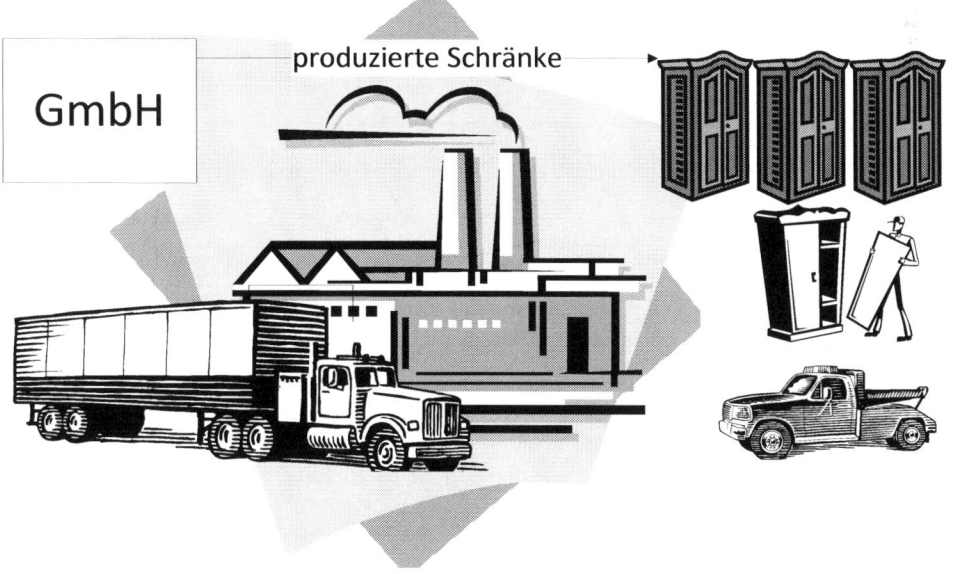

❓ Fragen: (15 P)

    a. Welche 5 Steuerarten belasten die GmbH?

    b. Was wird besteuert, was ist der Steuergegenstand, was ist das Steuerobjekt?

    c. Wie wirkt sich jede Steuerart im Rechnungswesen aus?

⚙ Klausurtechnik: Die Aufgabe ergibt insgesamt 15 P, so dass für jede richtige Antwort 1 Punkt erreicht werden kann. Mit dieser Faustformel können Sie fast jede Klausuraufgabe lösen, weil die Anzahl der Punkte Rückschlüsse auf die vom Prüfer erwarteten Fachbegriffe ermöglicht.

Steuerart	Steuergegenstand	Auswirkung
Körperschaftsteuer	Zu versteuernde Einkommen § 7 KStG	Betriebsausgabe/Aufwand
Gewerbesteuer	Gewerbeertrag, Gewerbebetrieb § 7 GewStG	Betriebsausgabe/Aufwand
Umsatzsteuer	Lieferungen und Leistungen gegen Entgelt § 1 UStG	Abhängig von der Gewinnermittlungsart, überwiegend neutraler Aufwand
Grundsteuer	Grundbesitz	Betriebsausgabe/Aufwand
Kfz-Steuer	Halten eines Kfz	Betriebsausgabe/Aufwand

1.4.2 Auswirkung auf die Finanzwirtschaft

Unternehmenssteuern wirken sich im Allgemeinen auf die Finanzierungsentscheidungen (kurzfristige Unternehmensentscheidung), d.h. Kapitalbeschaffung, Kapitalumschichtung, Kapitalsicherung und Kapitalreduzierung, aus. Die Auswirkungen dieser Entscheidungen lassen sich in der Bilanz auf vier Punkte subsumieren:

Aktivtausch:

■ Bezahlung einer Forderung auf das Bankkonto

■ Abhebung eines Betrages vom Bankkonto und Einzahlung in die Kasse

Passivtausch:

■ Umwandlung eines kurzfristigen in ein langfristiges Darlehen

■ Umwandlung eines langfristigen Darlehens in eine Beteiligung (Einlage)

Bilanzverlängerung Aktiv-Passiv-Mehrung:

- Kauf einer Maschine gegen Lieferantenkredit ⇒ *Verbindlichkeit* *(Anlagevermögen)*
- Aufnahme eines Darlehens und Auszahlung auf das Bankkonto ⇒ *Umlaufvermögen* *(Verbindlichkeit)*

Bilanzverkürzung Aktiv-Passiv-Minderung:

- Bezahlung einer Lieferantenverbindlichkeit durch Barzahlung
- Rückzahlung eines kurzfristigen Darlehens durch Banküberweisung

Die Auswirkung der Finanzierungsentscheidungen auf Unternehmenssteuern lassen sich im Speziellen anhand der Finanzierungsformen verdeutlichen:

Abbildung 1.8   Finanzierungsformen

Außenfinanzierung/Eigenfinanzierung: Finanzierung aus Einlagen/Beteiligungen

Bei der OHG/KG bedeutet dies z.B., dass ein neuer Gesellschafter in die Gesellschaft eintritt

Bei der GmbH bedeutet dies die Ausgabe neuer Geschäftsanteile

Bei der AG: Emission neuer Aktien/Bei der eG: Aufnahme neuer Mitglieder

Außenfinanzierung/Fremdfinanzierung: Finanzierung aus Krediten und Darlehen:

Aufnahme eines Bankkredits/Erhalten eines Lieferantenkredits ggf. mit Skonto

Innenfinanzierung/Eigenfinanzierung: Finanzierung aus Gewinnthesaurierung:

Einbehalte von Gewinnen siehe auch § 34a EStG

Lohmann Ruchti-Effekt (Finanzierung aus Abschreibungen)[3]

---

[3] Der Lohmann-Ruchti-Effekt wird auch als Kapitalfreisetzungs- und Kapitalerweiterungseffekt bezeichnet.

Innenfinanzierung/Fremdfinanzierung: Finanzierung aus Rückstellungen:

Bildung/Auflösung von Pensionsrückstellungen/Bildung/Auflösung von Steuerrückstellungen

Rückstellungen gehören zum Fremdkapital. Werden Rückstellungen gebildet, mindert dies den Gewinn des Unternehmens und mehr Kapital bleibt im Unternehmen. Dieses verbleibende Kapital kann dann für verschiedene Finanzierungszwecke eingesetzt werden.

1.4.3 Tarifbegünstigung für nicht entnommene Gewinne § 34a EStG

Abbildung 1.9   Begünstigung des nicht entnommenen Gewinns § 34a EStG

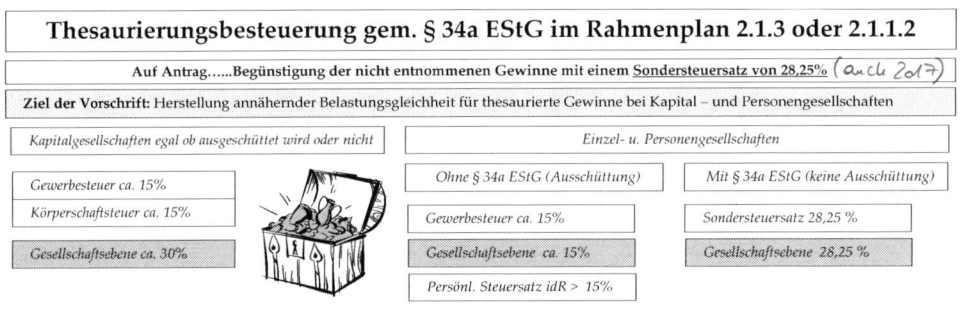

Begriff: „Thesauros" kommt aus dem Griechischen und steht für Schatzhaus, horten und ansammeln. Spricht man von thesaurierten Gewinnen, meint man die verbliebenen Gewinne im Unternehmen und sprichwörtlich das Ansammeln von Eigenkapital.

Frage: Erläutern Sie die Bedeutung der Tarifbegünstigung für nicht entnommene Gewinne!

Antwort: Laut einer Statistik vom 30.06.2010 gab es in Deutschland ca. 77% Einzel- und Personengesellschaften, die theoretisch in den Anwendungsfall des § 34a EStG kämen. Durch das Transparenzprinzip geschieht keine Ertragsbesteuerung bei der Personengesellschaft selbst, vielmehr werden die Einkünfte im Durchgriff auf die Gesellschafter bei deren Einkommensteuer- bzw. Körperschaftsteuerveranlagung berücksichtigt. Das Ziel der Gesetzgebung einer rechtsformunabhängigen Besteuerung kann durch die Anwendung des § 34a EStG nicht erreicht werden, weil die Steuerbelastung steigt, je niedriger der persönliche Steuersatz des Gesellschafters ist.

Steuerlich am Günstigsten war und bleibt die Kapitalgesellschaft mit einer Gesamtsteuerbelastung von rund 30%.

Personengesellschaften werden prinzipiell nur entlastet, wenn sie Gewinne im Unternehmen belassen, anstatt sie zu entnehmen (Thesaurierung). Mit Gewerbesteuer und Solidaritätszuschlag liegen dann auch Personengesellschaften bei einer Gesamtsteuerbelastung von rund 30%.

❓ Frage: Wer kann außer der PersGes vom § 34a EStG Gebrauch machen?

❗ Antwort: Neben Personengesellschaften können jetzt auch Personen mit gewerblichen Einkünften, Land- und Forstwirte sowie Freiberufler davon Gebrauch machen.

❯ Beispiel:[4] Der nicht entnommene Gewinn (§ 34a Abs. 2 EStG) beträgt 150.000 €. Der Steuerpflichtige stellt einen Antrag nach § 34a Abs. 1 Satz 1 EStG für 60.000 €.

Der Begünstigungsbetrag (§ 34a Abs. 3 Satz 1 EStG) beträgt 60.000 €. Der Steuerpflichtige muss 90.000 € mit dem progressiven persönlichen Steuersatz (Bemessungsgrundlage verbleibendes z. v. E. nach Abzug des nach § 34a EStG begünstigt zu versteuernden Gewinns) versteuern. Für den Begünstigungsbetrag zahlt er 16.950 € (28,25% v. 60.000 €) ESt zzgl. 932,25 € (5,5% v. 16.950 €) SolZ.

❯ Fortsetzung des Beispiels: Der Steuerpflichtige hat für 60.000 € seines im Jahr 01 nicht entnommenen Gewinns die Tarifbegünstigung nach § 34a EStG beantragt (wie voriges Beispiel). Der nachversteuerungspflichtige Betrag des Jahres 01 ermittelt sich wie folgt:

	Begünstigungsbetrag	60.000,00 €
./.	Abzgl. ESt (28,25% von 60.000 €)	16.950,00 €
./.	Abzgl. SolZ (5,5% von 16.950 €)	932,25 €
=	Nachversteuerungspflichtiger Betrag	42.117,75 €

❯ Fall 1: Wie hoch ist der Thesaurierungsvorteil bei einem persönlicher Einkommensteuersatz von 45%?

❂ Lösung: Thesaurierungsvorteil: 16,75%   *= 45% − 28,25%*

❯ Fall 2: Wie hoch ist der Thesaurierungsvorteil bei einem persönlichen Einkommensteuersatz von 28,25%?

❂ Lösung: Thesaurierungsvorteil: 0%

Der zinslose Stundungseffekt ist ein positives Merkmal, wohingegen die komplexe Berechnung sowie die Beachtung der Entnahmereihenfolge zeitraubend und kontraproduktiv für die Eigenkapitalstärkung des Unternehmens sind. Die Gesamteinkommensbelastung steigt jedoch auf über 45%, wenn bei späterer Entnahme der thesaurierten Gewinne die 25%-ige Nachversteuerung anfällt.

---

[4] BMF Schreiben vom 11. August 2008 IV C 6 – S 2290 – a/07/10001 DOK 2008/0431405.

1.4.4   Freibetrag und Freigrenze

Erläutern Sie den Unterschied zwischen Freibetrag (im Gesetz mit der Formulierung „soweit") und Freigrenze (im Gesetz mit der Formulierung „wenn") anhand von geeigneten Beispielen (4 P)!

Abbildung 1.10   Freibetrag und Freigrenze

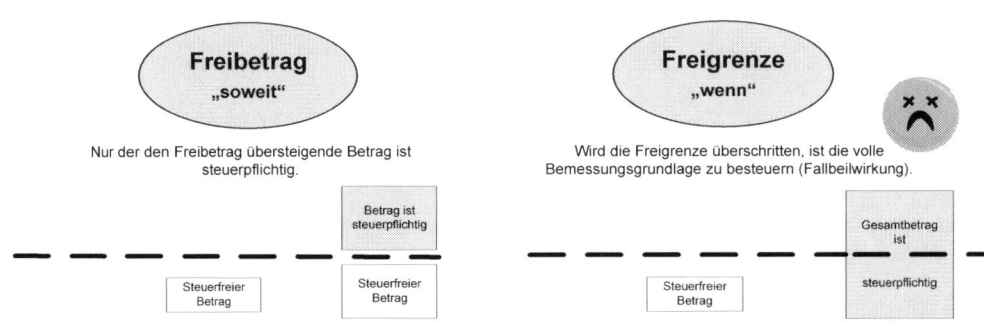

Der **Freibetrag** ist ein Geldbetrag, der immer von der Besteuerung ausgenommen ist. (1 P)

Die **Freigrenze** ist ein Geldbetrag, der von der Besteuerung ausgenommen ist. Wird die Grenze überschritten, so unterliegt der gesamte Betrag der Besteuerung. (1 P)

❯ Beispiele für Freibetrag: (1 P)

§ 8 Nr. 1 GewStG; Sparer-Pauschbetrag § 20 Abs. 9 EStG; Altersentlastungsbetrag nach § 24a EStG; Ausbildungsfreibetrag nach § 33a Abs. 2 EStG; Behindertenpauschbetrag nach § 33b EStG; Freibetrag für Einkünfte aus Land- und Forstwirtschaft nach § 13 Abs. 3 EStG; Übungsleiterfreibetrag nach § 3 Nr. 26 EStG.

❯ Beispiele für Freigrenze: (1 P)

§ 4 Abs. 5 Nr. 1 EStG (35 € netto Geschenke); A 3.3 Abs. 11 UStAE; § 4h Abs. 2 Bu. a.) EStG (Zinsschranke); § 23 Abs. 3 Satz 5 EStG (Veräußerungsgeschäfte).

1.4.5   Betriebsausgabenabzug für Zinsaufwendungen

Die sog. Zinsschranke gem. § 4h EStG/§ 8a KStG wurde durch das Unternehmenssteuerreformgesetz 2008 eingeführt. Über die Zinserträge hinausgehende Zinsaufwendungen eines Wirtschaftsjahres sind nur bis zu 30% des um die Zinsaufwendungen erhöhten (und um die Zinserträge geminderten) maßgeblichen Gewinns des Wirtschaftsjahres (sog. EBITDA) abziehbar. Nicht abziehbare Zinsaufwendungen werden in die folgenden Wirtschaftsjahre vorgetragen (Zinsvortrag). Sie erhöhen dort die abziehbaren Zinsaufwendungen, nicht aber den maßgeblichen Gewinn. Durch die Implementierung in das EStG und in das KStG ist die Zinsschranke rechtsformneutral wirksam.

Abbildung 1.11   Zinsschranke § 4h EStG im Rahmenplan

Beschränkung des Betriebsausgabenabzugs für Zinsaufwendungen § 4h EStG	
Grundsatz: Betriebsausgaben mindern den handelsrechtlichen Jahresüberschuss.	**Zinsschranke:** Die Beschränkung des Betriebsausgabenabzugs kann den steuerpflichtigen Gewinn erhöhen, weil sie nicht vollständig abzugsfähig sind.

Handelsrechtlicher Jahresüberschuss
./. / + Korrekturen innerhalb der Bilanz gem. § 60 Abs. 2 EStDV
= Steuerrechtlicher Jahresüberschuss
./. / + Korrekturen außerhalb der Bilanz
    z.B. ./. Kürzungen
    z.B. + Hinzurechnungen **(nicht abziehbare Zinsen (Zinsschranke) gem. § 4h EStG i.V.m. § 8a KStG)**
= Einkünfte aus § 15 EStG = Summe der Einkünfte
....
Zu versteuerndes Einkommen

Betragen die Zinsaufwendungen eines Betriebs im Wirtschaftsjahr nicht mehr als 3 Mio. €, ist die Zinsschranke nicht anzuwenden. Mittelständische Unternehmen werden damit weitestgehend von der Regelung ausgenommen.

Berechnung für Kapitalgesellschaften:[5]

> **Steuerpflichtiger Gewinn vor Anwendung des § 4h EStG**

./.   Zinserträge

+   Zinsaufwendungen

+   Abschreibungen nach § 6 Abs. 2 und 2a sowie § 7 EStG

=   Maßgeblicher Gewinn (steuerliches EBITDA § 4h Abs. 1 EStG)

§ 4h Abs. 2 EStG: Absatz 1 Satz 1 ist nicht anzuwenden, wenn

a. der Betrag der Zinsaufwendungen, soweit er den Betrag der Zinserträge übersteigt, weniger als _____3_____ Millionen Euro beträgt,

b. der Betrieb nicht oder nur anteilmäßig zu einem Konzern gehört oder…

Die Zinsschranke ist ein Element der Unternehmensbesteuerung in Deutschland. Sie regelt seit 2008 die Beschränkung des Betriebsausgabenabzugs von Zinsaufwendungen bei gewerblichen Unternehmen. Eine Freigrenze von 3 Mio. € soll verhindern, dass kleine und mittlere Unternehmen von der Zinsschranke betroffen sind.

---

[5] BMF Schreiben vom 4. Juli 2008 IV C 7 - S 2742-a/07/10001 DOK 2008/0336202; Tz. 40.

Die Zinsschranke hat sich in Krisenzeiten als krisenverschärfend erwiesen, zumal sie zu einer doppelten Verschlechterung der steuerlichen Rahmenbedingungen führen kann.

Der erhöhte Kapitalbedarf zusammen mit höheren Zinssätzen kann dazu führen, dass Unternehmen – verstärkt der Mittelstand – in die Zinsschranke hineinwachsen, weil der Sockelbetrag von 3 Millionen erreicht wird. Es bestehen aktuell ernstliche Zweifel an der Verfassungsmäßigkeit der Zinsschranke.[6]

Abbildung 1.12 Zinsschranke gem. § 4h EStG und die wichtigsten Eckpunkte

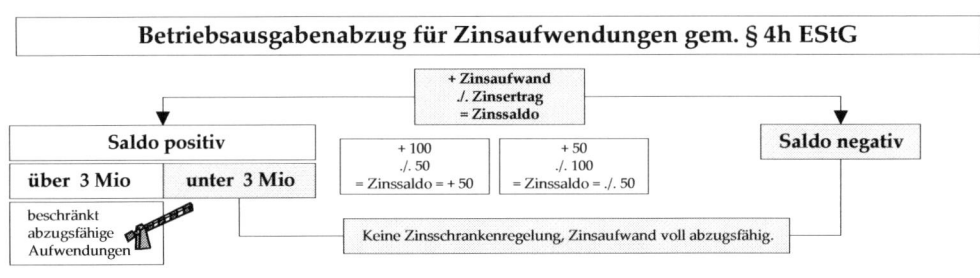

> **Beispiel:** Die Betriebswirt GmbH hatte in 01 Zinsaufwendungen in Höhe von 1.500.000 € und Zinserträge im gleichen Veranlagungszeitraum von 1.600.000 €.

> **Lösung:** Es liegt kein Anwendungsfall der Zinsschranke vor, weil die Zinsaufwendungen ./. Zinserträge zu einem negativen Saldo führen. Infolgedessen sind alle Zinsaufwendungen abzugsfähig.

> **Beispiel:** Die GmbH hatte in 01 Zinsaufwendungen in Höhe von 1.500.000 € und Zinserträge im gleichen Veranlagungszeitraum von 500.000 €.

> **Lösung:** Es liegt kein Anwendungsfall der Zinsschranke vor, weil die Zinsaufwendungen ./. Zinserträge zwar zu einem positiven Saldo führen, aber unter der Freigrenze von 3.000.000 € liegt. Infolgedessen sind alle Zinsaufwendungen abzugsfähig.

> **Beispiel:** Eine Kapitalgesellschaft hat einen steuerpflichtigen Gewinn von 100 Mio. €. Zinserträge in Höhe von 30 Mio. € und Zinsaufwendungen in Höhe von 50 Mio. €. Abschreibungen sind laut GuV in Höhe von 10 Mio. € vorhanden.

> **Lösung:** Es liegt ein Anwendungsfall der Zinsschranke vor, weil die Zinsaufwendungen ./. Zinserträge zu einem positiven Saldo führen und über der Freigrenze von 3.000.000 € liegt. Der abzugsfähige Zinsaufwand beträgt 30% des maßgeblichen Gewinns im Sinne des § 4h Abs. 1 EStG.

---

[6] BFH-Beschluss (I R 20/15) vom 14.10.2015.

1.4.6   Supranationale Auswirkungen

Immer mehr deutsche Unternehmen sind gezwungen die Chancen der Globalisierung zu nutzen, um Gewinne zu erzielen und damit ihre Überlebensfähigkeit zu sichern. Voraussetzungen sind Kenntnisse über die Auswirkungen von supranationalen (lat. Supra – über und natio Volk bzw. Staat) Beziehungen und Zuständigkeiten.

Abbildung 1.13   Nationale und internationale Beziehungen kennen

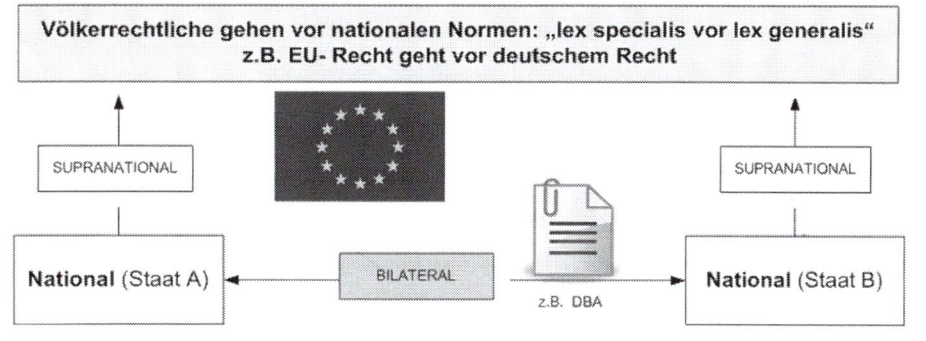

1.4.6.1   Grenzüberschreitende Funktionsverlagerungen

Der deutsche Fiskus verfolgt die Aktivitäten von Unternehmen, wenn die betrieblichen Funktionen, wie beispielsweise Produktion, Transport oder Forschung, in das Ausland verlagert werden und besteuert in Deutschland geschaffene Werte im Zuge von Funktionsverlagerungen gem. § 1 Abs. 3 AStG.

❓ **Frage:** Erläutern Sie den Begriff „Funktionsverlagerung"!

❗ **Antwort:** Eine Funktionsverlagerung liegt vor, wenn ein Unternehmen (verlagerndes Unternehmen) einem anderen nahe stehenden Unternehmen (übernehmendes Unternehmen) Wirtschaftsgüter und sonstige Vorteile sowie die damit verbundenen Chancen und Risiken überträgt oder zur Nutzung überlässt, damit das übernehmende Unternehmen eine Funktion ausüben kann, die bisher von dem verlagernden Unternehmen ausgeübt worden ist, und dadurch die Ausübung der betreffenden Funktion durch das verlagernde Unternehmen eingeschränkt wird. Werden mehrere Einzelfunktionen verlagert, liegt ein einheitlicher Verlagerungsvorgang vor, wenn die Verlagerungen der Einzelfunktionen in wirtschaftlichem Zusammenhang stehen.

Abbildung 1.14   Grenzüberschreitende Funktionsverlagerung § 1 Abs. 3 AStG

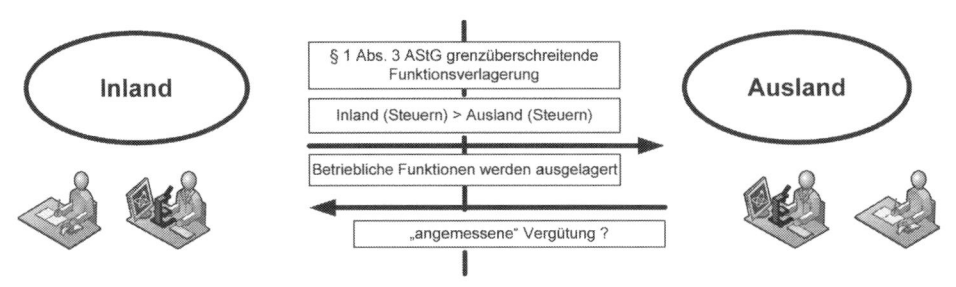

Die Verlagerung kann sowohl vom Inland ins Ausland als auch vom Ausland ins Inland erfolgen. Durch § 1 Abs. 3 AStG soll sichergestellt sein, dass die in Deutschland steuerverstrickten Besteuerungswerte dem deutschen Finanzamt nicht entzogen werden. § 1 AStG regelt für grenzüberschreitende Geschäftsbeziehungen, die Anwendung des Fremdvergleichsgrundsatzes als Maßstab für Einkünftekorrekturen und ist damit die nationale Rechtsgrundlage für die Wahrnehmung der Deutschland international durch DBA eingeräumten Besteuerungsrechte.

▶ **Beispiel:** Ein Produkt A, das bisher ausschließlich von der inländischen Konzernmuttergesellschaft (M) hergestellt und vertrieben wurde, wird zukünftig nur noch von ihrer ausländischen Tochtergesellschaft (T) hergestellt und vertrieben. Die materiellen und die immateriellen Wirtschaftsgüter werden auf T übertragen. M entlässt das betreffende Personal.

❓ **Frage:** Welches Ziel könnte ein Unternehmer bei der Funktionsverlagerung verfolgen?

❗ **Antwort:** Eine Funktionsverlagerung wird üblicherweise durchgeführt, um den Gewinn innerhalb einer Unternehmensgruppe zu verlagern und zu steigern, z. B. durch die Erzielung von Synergieeffekten oder das Ausschöpfen von Standortvorteilen in bestimmten Ländern.

1.4.7 Doppelbesteuerungsabkommen

Abbildung 1.15 Doppelbesteuerungsabkommen

Sachverhalt: Steuerpflichtiger A ist unbeschränkt einkommensteuerpflichtig in Deutschland und erzielt Einkünfte aus einem vermieteten Haus in Spanien.

Problem: Wo werden die Einkünfte besteuert?

Lösung ohne Doppelbesteuerungsabkommen:
Die Einkünfte aus dem vermieteten Haus würden in Deutschland wegen des Welteinkommensprinzips **und** in Spanien für denselben Zeitraum in gleicher oder ähnlicher Weise besteuert werden. Das bedeutet, dass es ohne ein Abkommen (DBA) zwischen den beiden Ländern zu einer Doppelbesteuerung kommen würde!

Aufgabe: Was sind Doppelbesteuerungsabkommen? Trennen Sie bitte die Wörter, so dass ein Klausursatz mit 6 Punkten Bewertung entsteht!

Doppelbesteuerungsabkommen|sind|bilaterale|völkerrechtliche|verträge,|durch|welche|die|besteuerung|grenzüberschreitender|sachverhalte|geregelt|wird.

Frage: Welche Methoden zur Vermeidung von Doppelbesteuerungen gibt es? (6 P)

Tipp: Werden in Klausuraufgaben 6 Punkte vergeben und Sie wissen, dass es zwei Methoden gibt, dann wird es pro Methode 3 Punkte geben. Mithin können Sie davon ausgehen, dass es zu jeder Methode 3 wichtige Stichwörter gibt.

Abbildung 1.16 Methoden zur Vermeidung von Doppelbesteuerungen

Vermeidung der Doppelbesteuerung durch die Freistellungs- oder Anrechnungsmethode	
Staat A: Gewinn aus inländischen Betriebsstätten: 100.000 €	Staat B: Gewinn aus ausländischen Betriebsstätten: 50.000 €
Welteinkünfte 150.000 €	
Angenommen, es liegt ein DBA mit Freistellungsmethode zwischen Staat A und B vor: Die ausländischen Einkünfte sind im Inland steuerfrei gestellt und damit betragen die steuerpflichtigen Einkünfte in Staat A vereinfacht dargestellt 100.000 €. Das andere Land B hat die Gewinne in Höhe von 50.000 € besteuert.	**Angenommen, es liegt ein DBA mit Anrechnungsmethode (oder es liegt kein DBA) zwischen Staat A und B vor:** Die ausländischen Einkünfte werden im Ausland B und auch im Inland A besteuert aber unter Anrechnung der ausländischen Steuer des Staates B. Damit sind vereinfacht 150.000 € steuerpflichtig in Staat A aber abzüglich der bereits gezahlten Steuer aus Staat B.

Antwort: Die Wirkungsweise der DBA liegt in der Beschränkung der Besteuerungsrechte der jeweiligen Staaten.

Freistellungsmethode (3 P): Nach der Freistellungsmethode verzichtet der Ansässigkeitsstaat auf die Besteuerung der ausländischen Einkünfte und nimmt diese von der Bemessungsgrundlage der Besteuerung aus.

Anrechnungsmethode (3 P): Nach der Anrechnungsmethode besteuert der Ansässigkeitsstaat die ausländischen Einkünfte voll nach seinem Steuerrecht und rechnet auf die Steuerschuld die im Ausland gezahlte Steuer an.

Aufgabe: Verbinden Sie bitte, welche Begriffe zusammengehören!

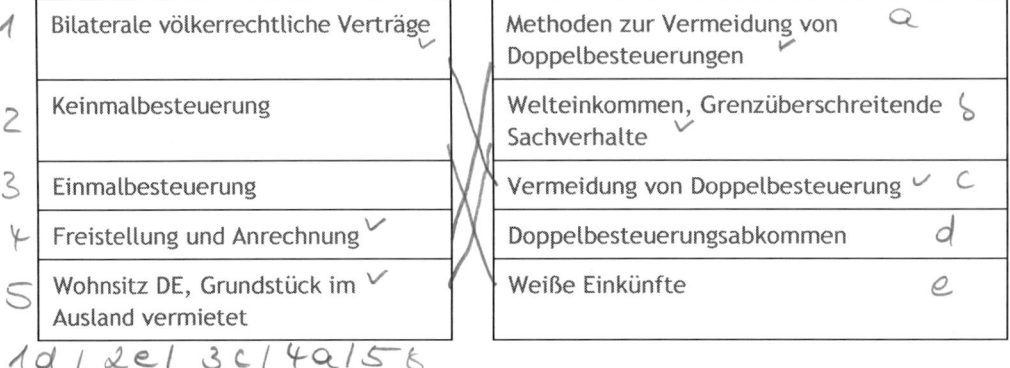

1 Bilaterale völkerrechtliche Verträge — Methoden zur Vermeidung von Doppelbesteuerungen a

2 Keinmalbesteuerung — Welteinkommen, Grenzüberschreitende Sachverhalte b

3 Einmalbesteuerung — Vermeidung von Doppelbesteuerung c

4 Freistellung und Anrechnung — Doppelbesteuerungsabkommen d

5 Wohnsitz DE, Grundstück im Ausland vermietet — Weiße Einkünfte e

1 d / 2 e / 3 c / 4 a / 5 b

Abbildung 1.17   Auszug aus dem OECD-Musterabkommen

Abschnitt I. Geltungsbereich des Abkommens

Art. 1 Unter das Abkommen fallende Personen.

Art. 2 Unter das Abkommen fallende Steuern.

Abschnitt II. Begriffsbestimmungen

Art. 3 Allgemeine Begriffsbestimmungen.

Art. 4 Ansässige Person.

Art. 5 Betriebstätte.

Abschnitt III. Besteuerung des Einkommens

Art. 6 Einkünfte aus unbeweglichem Vermögen.

Art. 7 Unternehmensgewinne.

Art. 8 Seeschifffahrt, Binnenschifffahrt und Luftfahrt.

Art. 9 Verbundene Unternehmen.

Art. 10 Dividenden.

Art. 11 Zinsen.

Art. 12 Lizenzgebühren.

Art. 13 Gewinne aus der Veräußerung von Vermögen.

Art. 14 Selbständige Arbeit.

Art. 15 Einkünfte aus unselbständiger Arbeit.

Art. 16 Aufsichtsrats- und Verwaltungsratsvergütungen.

Hinweis:

Weitere Informationen zum Stand der Doppelbesteuerungsabkommen und anderer Abkommen im Steuerbereich sowie der Abkommensverhandlungen werden immer im Januar beim Bundesministerium der Finanzen veröffentlicht.

1.4.8 Inwieweit wirken Steuern auf Standortentscheidungen?

Die Entscheidung für oder gegen einen Standort wird auf der Grundlage von Standortfaktoren getroffen. Die Bedeutung des Standortfaktors Steuern wird an Hand des nachstehenden Lückentextes beantwortet.

🌐 **Klausurtipp:** Ein zusammenhängender Text, wie der nachstehende, kann in Klausuren als Stellungnahme abgefragt werden (13 P). Die Anzahl der zu vergebenden Punkte gibt hier Rückschlüsse auf die Fachbegriffe, die erwartet wurden.

❯ Lückentext: Folgende Wörter fehlen im Text:

Hebesätze, Gewinnsteuern, nationale, Standortwahl, gewerbesteuerlichen, Aufwandssteuern, Staaten, Lohnsteuer, Standortvorteil, Steuersystem, Standortnachteil, Förderungen, Investitionszulagen

Im Hinblick auf die ① *Standortwahl* sind sowohl internationale als auch ② *nationale* Unterschiede gegeneinander abzuwägen. National sind insbesondere die verschiedenen ③ *gewerbesteuerlichen* und grundsteuerlichen ④ *Hebesätze* der Gemeinden zu berücksichtigen sowie regionale Unterschiede bei Verbrauchs- und ⑤ *Aufwandssteuern* (z.B. Vergnügungssteuer, Hundesteuer). Auch die steuerlichen ⑥ *Investitionszulagen* in den neuen Bundesländern (Sonderabschreibungen, ⑦ *Förderungen*) kann Einfluss auf Standortentscheidungen haben. Zwischen verschiedenen ⑧ *Staaten* (international) existieren verschiedene ⑨ *Steuersysteme* und damit differenzierte Steuerbe-und entlastungen für Unternehmen. Dies kann die ⑩ *Lohnsteuer* , aber auch die Sachverhalte wie verbrauchsabhängige Steuern, ⑪ *Gewinnsteuern* u. ä. beeinflussen. Ebenso sind die steuerlichen Förderungen zwischen den verschiedenen Staaten unterschiedlich. Daraus können sich ⑫ *Standortvorteile* oder ⑬ *Standortnachteile* ergeben.

6 Förderungen
7 Investitionszulagen
10 Gewinnsteuern
11 Lohnsteuer

Rahmenplan Nr. 2.1.2. Gestaltungsmöglichkeiten der für das UN relevanten Steuern

1.5 Gestaltungsmöglichkeiten der für das Unternehmen relevanten Steuern

Steuergestaltung bedeutet, die Gestaltungsmöglichkeiten, die der Gesetzgeber im Steuer- und Handelsrecht gibt, konsequent zur Steueroptimierung zu nutzen. Dies setzt wiederrum die Kenntnis der aktuellen und erwarteten zukünftigen Situation des Unternehmens einerseits und andererseits die staatliche Möglichkeiten der Ergebnisbeeinflussung voraus.

Die Kenntnis der relevanten Steuern in ihren Grundzügen wird beim geprüften Betriebswirt vorausgesetzt. Daher wird hier nur auf die Eckpunkte und auf Besonderheiten eingegangen, die in Klausuren im Zusammenhang abgefragt werden.

1.5.1 Einkommensteuer

Die Einkommensteuer ist die Steuer der natürlichen Personen mit Ihren Aktivitäten im In- und Ausland.

Abbildung 1.18 Eckpunkte der Einkommensteuer

Steuersubjekt	Wer unterliegt der Steuer?	Natürliche Person § 1 EStG
Steuergegenstand	Was wird besteuert?	Einkünfte, § 2 EStG
Bemessungsgrundlage	Worauf wird der Steuersatz angewendet?	Zu versteuerndes Einkommen, § 2 EStG; R 2 EStR
Tarif	Wie hoch ist die Steuer?	Persönlicher Steuersatz, § 32a EStG; § 32d EStG

1.5.2 Arten der Steuerpflicht

Klausurtipp: Wenn in Klausuren Fälle zur Einkommensteuerpflicht abgefragt werden, ist eine systematische Prüfung der folgenden Paragraphen zielführend. U. a. in den Klausuren 2010/2011 wurde nach der Steuerpflicht gefragt. Hierbei waren nicht nur die ESt, sondern auch die KSt und GewSt-pflicht zu prüfen.

Abbildung 1.19 Die Steuerpflichten EStG und AStG

	Unbeschränkt	Erweitert unbeschränkt	Antrag unbeschränkt	beschränkt	Erweitert beschränkt
	§ 1 Abs. 1 EStG	§ 1 Abs. 2 EStG	§ 1 Abs. 3 EStG	§ 1 Abs. 4 EStG	§ 2 Abs. 1 AStG
Natürliche Person	+	+	+	+	+
§ 8 / § 9 AO	++	–	–	–	–
		z.B. Diplomaten	Inländische Einkünfte § 49 EStG	Inländische Einkünfte § 49 EStG	Welteinkommen ./. ausländische Einkünfte § 34d EStG
	Welteinkommensprinzip				

❓ Frage: Wer ist unbeschränkt steuerpflichtig gem. § 1 Abs. 1 EStG?

Natürliche Personen, die im _Inland_ einen _Wohnsitz_ (§ 8 AO) oder ihren _gewöhnlichen Aufenthalt_ (§ 9 AO) haben, sind _unbeschränkt_ einkommensteuerpflichtig.

❓ Frage: Wer ist auf Antrag unbeschränkt steuerpflichtig gem. § 1 Abs. 3 EStG?

Auf Antrag werden auch natürliche Personen als unbeschränkt einkommensteuerpflichtig behandelt, die im Inland _weder_ einen Wohnsitz _noch_ ihren gewöhnlichen Aufenthalt haben, soweit sie _inländische_ Einkünfte im Sinne des § _49 EStG_ haben.

❓ Frage: Wer ist beschränkt steuerpflichtig gem. § 1 Abs. 4 EStG?

Natürliche Personen, die im Inland _weder_ einen Wohnsitz _noch_ ihren gewöhnlichen Aufenthalt haben, sind vorbehaltlich der Absätze 2 und 3 und des § 1a beschränkt einkommensteuerpflichtig, wenn sie _inländische_ Einkünfte im Sinne des § _49_ haben.

↳ Quellenland- und Territorialprinzip

❯ **Aufgabe:** Wie heißen die richtigen Fachbegriffe des § 2 Abs. 3; Abs. 4, Abs. 5, Abs. 6 und § 32a Abs. 1, 5 EStG in **Abbildung 1.20**? (siehe schattierte Kästchen)

Abbildung 1.20 Ermittlung des zu versteuernden Einkommens § 2 EStG/R 2 EStR

		Summe der Einkünfte aus den Einkunftsarten
	=	Summe der Einkünfte
	-	Altersentlastungsbetrag (§ 24a EStG)
	-	Entlastungsbetrag für Alleinerziehende (§ 24b EStG)
	-	Freibetrag für Land- und Forstwirte (§ 13 Abs. 3 EStG)
	=	(§ 2 Abs. 3 EStG) *Gesamtbetrag der Einkünfte*
	-	Verlustabzug nach § 10d EStG
	-	Sonderausgaben (§§ 10, 10a, 10b, 10c EStG)
	-	außergewöhnliche Belastungen (§§ 33 bis 33b EStG)
	-	Steuerbegünstigung der zu Wohnzwecken genutzten Wohnungen, Gebäude und Baudenkmal ...
	+	zuzurechnendes Einkommen gem. § 15 Abs. 1 AStG
	=	(§ 2 Abs. 4 EStG) *Einkommen*
	-	Freibeträge für Kinder (§§ 31, 32 Abs. 6 EStG)
	-	Härteausgleich nach § 46 Abs. 3 EStG, § 70 EStDV
	=	(§ 2 Abs. 5 EStG). *Zu versteuerndes Einkommen*

Abbildung 1.21   Ermittlung der festzusetzenden Einkommensteuer R 2 EStR

		Steuerbetrag
		a) nach § 32a Abs. 1, 5, § 50 Abs. 3 EStG oder
		b) nach dem bei Anwendung des Progressionsvorbehalts (§ 32b EStG) oder der Steuersatzbegrenzung
	+	Steuer auf Grund Berechnung nach den §§ 34, 34b EStG
		Steuer auf Grund Berechnung nach § 32 d Abs. 3 EStG (ab VZ 2009)
		Steuer auf Grund der Berechnung nach § 34a Abs. 1, 4 bis 6 EStG
	=	(§ 32a Abs. 1, 5 EStG) *tarifliche Einkommensteuer*
	-	ausländische Steuern nach § 34c Abs. 1 und 6 EStG, § 12 AStG
	-	Steuerermäßigung nach § 35 EStG
		Steuerermäßigung für Stpfl. mit Kindern bei Inanspruchnahme erhöhter Absetzungen für ...
	-	Steuerermäßigung bei Zuwendungen an politische Parteien und unabhängige Wählervereinigungen ...
	-	Steuerermäßigung nach § 34f Abs. 3 EStG
	-	Steuerermäßigung nach § 35a EStG
	+	Steuern nach § 34c Abs. 5 EStG
	+	Zuschlag nach § 3 Abs. 4 Satz 2 Forstschäden-Ausgleichsgesetz
	+	Anspruch auf Zulage für Altersvorsorge nach § 10a Abs. 2 EStG
	=	(§ 2 Abs. 6 EStG) *festzusetzende Einkommensteuer*

1.5.2.1   Gewerbliche Einkünfte § 15 EStG

Abbildung 1.22   Die Definition der Einkünfte aus Gewerbebetrieb § 15 EStG

Positive und negative Definition der Einkünfte aus Gewerbebetrieb § 15 EStG	
Positive Tatbestandsmerkmale:	**Negative Tatbestandsmerkmale:**
Selbständigkeit Nachhaltigkeit Gewinnerzielungsabsicht Beteiligung am allgemeinen wirtschaftlichen Verkehr	Keine Land- und Forstwirtschaft Keine selbständige Arbeit Keine Vermögensverwaltung

Die Unterscheidung der Einkünfte in Gewerbliche § 15 EStG und Selbständige § 18 EStG ist in der Praxis schwierig, da die gleichen positiven Tatbestandsmerkmale gelten. Das Tatbestandsmerkmal „keine Vermögensverwaltung" ist aus dem Gesetzestext nicht ableitbar, sondern ist ein sog. ungeschriebenes Tatbestandsmerkmal. Die Abgrenzungslisten in H 15.6 EStH[7] geben hier Rechtssicherheit und sollen nachfolgend an Hand einiger Beispiele verdeutlicht werden.

Abbildung 1.23   Übung zur Unterscheidung zwischen § 15 und § 18 EStG

	§ 15 EStG	§ 18 EStG
Buchhalter	x	
Fotograf	x	
Hebamme		x
Logopäde		x

1.5.2.2   Abgeltungsteuer (→ Kapitalertragsteuer)

Mit Wirkung ab 01.01.2009 gilt für die Besteuerung privater Kapitalanlagen die Tarifvorschrift „Abgeltungsteuer" gem. § 32d EStG. Die Veranlagung wird damit grundsätzlich für die sechs, anstatt wie bisher für die sieben, Einkunftsarten durchgeführt gem. § 43 Abs. 5 Satz 1 EStG und die Einkünfte aus Kapitalvermögen werden einheitlich mit 25% abgeltend im Rahmen des Steuerabzugs an der Einkunftsquelle erhoben.[8]

Hinweis: In Klausuren könnte der Bereich der Abgeltungsteuer und/oder Dividendenbesteuerung prüfungsrelevant sein.

Abbildung 1.24   Besteuerung von der Kapitalgesellschaft zum Anteilseigner

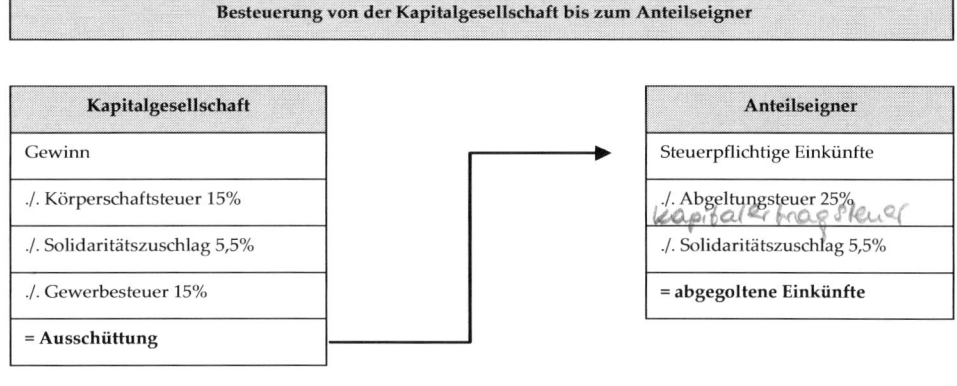

---

[7] H 15.6 EStH bedeutet: H = Hinweis und EStH sind die Einkommensteuerhinweise zum EStG.

[8] In der Praxis kann eine sog. Günstigerprüfung im Rahmen der Steuerveranlagung erfolgen.

❓ Frage: Der ledige Steuerpflichtige erhält eine Bruttodividende von 10.000 €. Auf seinem Konto werden ihm 7.362,50 € gutgeschrieben. Die Höhe der Kapitalerträge betragen dadurch 7.362,50 €. Wie viel Kapitalertragsteuer und Solidaritätszuschlag hat er gezahlt?

❗ Antwort:

	Bruttodividende		10.000 €
./.	Abgeltungsteuer	10.000 € x 25% gem. § 32d EStG	2.500 €
./.	Solidaritätszuschlag	2.500 € x 5,5% (gerundet)	137 €
	Nettodividende		**7.363 €**

1.5.3   Körperschaftsteuer[9]

Die Körperschaftsteuer (Gemeinschaftsteuer § 106 GG) ist die Einkommensteuer der juristischen Personen. Der Gewinn als Einkommen der Gesellschaft unterliegt der Körperschaftsteuer.

❗ Aufgabe: Begründen Sie bei den nachfolgenden drei Bespielen, ob eine beschränkte oder unbeschränkte KSt-Pflicht vorliegt.

1. A-AG mit Sitz und Geschäftsleitung in Stuttgart,

2. B-GmbH mit Sitz in Ludwigsburg und Geschäftsleitung in Stockholm,

3. C-Limited mit Sitz in Manchester und Geschäftsleitung in Stuttgart.

Alle Körperschaften erzielen inländische Einkünfte.

⚙ Lösung:

- Maßgeblich ist, ob die Körperschaft ihren Sitz oder ihre Geschäftsleitung im Inland hat (§ 1 Abs. 1 Satz 1 KStG). Es ist nicht notwendig, dass beide Voraussetzungen erfüllt sind.

- 1. A-AG: Es handelt sich bei der AG um eine Kapitalgesellschaft i.S.d. § 1 Abs. 1 Nr. 1 KStG, die ihren Sitz bzw. ihre Geschäftsleitung im Inland (Stuttgart) hat, sie ist somit unbeschränkt steuerpflichtig gem. § 1 Abs. 1 Nr. 1 KStG. Die Steuerpflicht erstreckt sich auf sämtliche Einkünfte, § 1 Abs. 2 KStG.

- 2. B-GmbH: Ausreichend ist der Sitz im Inland (Ludwigsburg), die Geschäftsleitung muss nicht ebenfalls im Inland sein. Somit liegt unbeschränkte KSt-Pflicht gem. § 1 Abs. 1 Nr. 1 KStG mit Welteinkommensprinzip nach § 1 Abs. 2 KStG vor.

---

[9] Bitte die neuen KStR 2015 beachten (Stand Februar 2016).

– 3. C-Limited: Da sich der Ort der Geschäftsleitung im Inland befindet, handelt es sich bei der C-Limited um eine nach § 1 Abs. 1 Nr. 1 KStG unbeschränkt körperschaftssteuerpflichtige Kapitalgesellschaft. Es gilt das Welteinkommensprinzip, § 1 Abs. 2 KStG.

Limited = Bezeichnung für eine Kapitalgesellschaft in vielen Ländern

Abbildung 1.25 Gründungsstadien einer Kapitalgesellschaft

Gründungsstadien einer GmbH zivilrechtlich und steuerrechtlich		
	zivilrechtlich	steuerrechtlich
Gründungsbeschluss	Vorgründergesellschaft, EU, GbR oder OHG	Keine Körperschaftsteuerpflicht
Notarielle Beurkundung	Vorgesellschaft, EU, GbR oder OHG	GmbH in Gründung; Beginn der Körperschaftsteuerpflicht
Handelsregister	Entstehung der GmbH	Körperschaftsteuerpflicht

Fall: Zwei Betriebswirte entschließen sich am 01.01.02 eine GmbH zu gründen. Der Vorvertrag wird von beiden unterzeichnet und die ersten Tätigkeiten beginnen am 01.03.02. Am 01.05.02 wird der Gesellschaftervertrag notariell beurkundet und die GmbH wird am 01.07.02 im Handelsregister eingetragen.

Frage: Wann beginnt die Körperschaftsteuerpflicht in diesem Fall?

Antwort: Die Steuerpflicht beginnt bei juristischen Personen mit der notariellen Beurkundung des Gesellschaftervertrages am 01.05.02. Bis zum 1. Mai sind die beiden Betriebswirte steuerlich eine OHG oder GbR und erzielen Einkünfte aus Gewerbebetrieb.

Frage: Welche Korrekturen nach körperschaftsteuerlichen Vorschriften kennen wir?

	Vorläufiger Jahresüberschuss/Jahresfehlbetrag laut Handelsbilanz
	+ bzw. ./. Korrekturen nach einkommensteuerlichen Vorschriften § 60 EStDV[10]
	= Gewinn/Verlust laut Steuerbilanz = endgültiger Jahresüberschuss
	+ bzw. ./. Korrekturen nach körperschaftsteuerlichen Vorschriften
	+ verdeckte Gewinnausschüttungen § 8 Abs. 3 KStG
	./. verdeckte Einlagen

---

[10] Siehe auch R 8.1 KStR 2015.

	+ sämtliche Spenden
	= Summe der Einkünfte
	./. abziehbare Spenden § 9 Abs. 1 Nr. 2 KStG
	Gesamtbetrag der Einkünfte
	./. Verlustabzug § 10d EStG
	= Einkommen
	./. Freibetrag nach §§ 24, 25 KStG (Hinweis: nur für besondere Unternehmen!)
	= zu versteuerndes Einkommen
	Z. v. E. x 15% KSt § 23 Abs. 1 KStG
	...
	./. KSt-Vorauszahlungen
	= zu zahlende/zu erhaltende Körperschaftsteuer

Beispiel: Die Betriebswirt AG, mit einem kalendergleichen Wirtschaftsjahr erzielt einen Gewinn von 100.000 €, der im Folgejahr an die Anteilseigner (Gesellschafter) ausgeschüttet wird. Der Hebesatz wird mit 400% angenommen. Die Anteilseigner sind konfessionslos. Welche Ausschüttungen kann die AG im Jahre 01 an ihre Gesellschafter vornehmen?

Lösung:

Gewinn vor Steuern		100.000 €
./. Gewerbesteuer	100.000 € x 3,5% x 400%	**14.000 €**
= Gewinn nach Gewerbesteuer		86.000 €
Körperschaftsteuer	100.000 € x 15%	**15.000 €**
./. Solidaritätszuschlag	15.000 € x 5,5%	**825 €**
Ausschüttung (Bruttodividende)		**70.175 €**

Gewinn der AG	100%		70.175 €
Kapitalertragsteuer	25%		17.543 €
Solidaritätszuschlag	1,375%		964 €
Auszahlung (Nettodividende)	**73,624%**		**51.666 €**

Frage: Können Verlustvorträge uneingeschränkt vorgetragen werden?

Antwort: Ein Verlustvortrag ist gem. § 8 Abs. 1 KStG, §10 d Abs. 2 EStG eingeschränkt möglich. Verluste können in den Folgejahren bis zu einem Gesamtbetrag der Einkünfte von 1.000.000 € voll abgezogen werden. Darüber hinaus ist ein Ausgleich bis zu 60% des 1.000.000 € übersteigenden Gesamtbetrages der Einkünfte möglich.

❓ Frage: Die Betriebswirt GmbH hat einen Gesamtbetrag der Einkünfte in 01 in Höhe von ./. 3.000.000 € gesondert festgestellt gem. § 10d Abs. 4 EStG und in 02 ein Gesamtbetrag der Einkünfte von 2.000.000 €. Kann der Verlust komplett vorgetragen werden?

Gesamtbetrag der Einkünfte in 02	2.000.000 €
Verlustabzug – Sockelbetrag	./. 1.000.000 €
verbleiben	1.000.000 €
weiterer Abzug: 60% aus 1.000.000 €	./. 600.000 €
übersteigender Betrag	400.000 €
zu versteuerndes Einkommen in 02	400.000 €
Verbleibender Verlust aus 01: 3 Mio ./. 1,6 Mio. =	1,4 Mio. €

Abbildung 1.26 Eckpunkte der Körperschaftsteuer

Steuersubjekt	Wer unterliegt der Steuer?	Kapitalgesellschaften etc. gem. § 1 Abs. 1 KStG[11]
Steuergegenstand	Was wird besteuert?	Das Einkommen i. S. des § 8 Abs. 1 KStG
Bemessungsgrundlage	Worauf wird der Steuersatz angewendet?	Zu versteuernde Einkommen § 7 KStG
Tarif	Wie hoch ist die Steuer?	15% gem. § 23 Abs. 1 KStG

Bei der Körperschaftsteuer kann die Einkommensermittlung ein Teil einer Klausuraufgabe darstellen. Bemessungsgrundlage für die tarifliche Körperschaftsteuer ist das zu versteuernde Einkommen. Bei Körperschaften, die nur gewerbliche Einkünfte haben können, ist das zu versteuernde Einkommen wie folgt zu ermitteln:

Abbildung 1.27 R 7.1 KStR 2015 Ermittlung des zu versteuernden Einkommens

Gewinn/Verlust lt. Steuerbilanz bzw. nach § 60 Abs. 2 EStDV korrigierter Jahresüberschuss / Jahresfehlbetrag lt. Handelsbilanz unter Berücksichtigung der besonderen Gewinnermittlung bei Handelsschiffen nach § 5a EStG	
+	Hinzurechnung nicht ausgleichsfähiger Verluste u. a. nach § 15 Abs. 4 Satz 1, 3 und 6, § 15a Abs. 1 und 1a, § 15b Abs. 1 Satz 1 EStG, § 2 Abs. 4 Satz 1, § 20 Abs. 6 Satz 4 UmwStG
+	Hinzurechnung nach § 15a Abs. 3 EStG

---

[11] Siehe auch R 1.1 KStR 2015

-		Kürzungen nach § 15 Abs. 4 Satz 2, 3 und 7, § 15a Abs. 2, Abs. 3 Satz 4, § 15b Abs. 1 Satz 2 EStG
+		Gewinnzuschlag nach § 6b Abs. 7 EStG
+/-		Bildung und Auflösung von Investitionsabzugsbeträgen i. S.d. § 7g EStG
+		Hinzurechnung von >vGA (§ 8 Abs. 3 Satz 2 KStG) und Ausschüttungen auf Genussrechte i. S.d. § 8 Abs. 3 Satz 2 KStG
-		Abzug von Gewinnerhöhungen im Zusammenhang mit bereits in vorangegangenen VZ versteuerten vGA
-		verdeckte Einlagen (§ 8 Abs. 3 Satz 3 bis 6 KStG), Einlagen (§ 4 Abs. 1 Satz 8 EStG)
+		nichtabziehbare Aufwendungen (z. B. § 10 KStG, § 4 Abs. 5 bis 8 EStG, § 160 AO)
+		Gesamtbetrag der Zuwendungen nach § 9 Abs. 1 Nr. 2 KStG
-		sonstige inländische steuerfreie Einnahmen
+		Hinzurechnungen nach § 3c EStG
+/-		Hinzurechnungen und Kürzungen bei Umwandlung u. a.
	-	nach § 4 Abs. 6 bzw. § 12 Abs. 2 Satz 1 UmwStG nicht zu berücksichtigender Übernahmeverlust oder -gewinn,
	-	Einbringungsgewinn I nach § 22 Abs. 1 UmwStG
+/-		Hinzurechnungen und Kürzungen bei ausländischen Einkünften u. a.
	-	Korrektur um nach DBA steuerfreie Einkünfte unter Berücksichtigung des § 3c Abs. 1 EStG,
	-	Abzug ausländischer Steuern nach § 26 KStG oder § 12 Abs. 3 AStG,
	-	Hinzurechnungsbetrag nach § 10 AStG einschließlich Aufstockungsbetrag nach § 12 Abs. 1 AStG,
	-	Hinzurechnungen und Kürzungen von nicht nach DBA steuerfreien negativen Einkünften nach § 2a Abs. 1 EStG
+		Berichtigungsbetrag nach § 1 AStG
+/-		Kürzungen / Hinzurechnungen nach § 8b KStG
+/-		Korrekturen bei Organschaft i. S.d. §§ 14 und 17 KStG (z. B. gebuchte Gewinnabführung, Verlustübernahme, Ausgleichszahlungen i. S.d. § 16 KStG)
+/-		Hinzurechnung der nicht abziehbaren Zinsen und Kürzung um den abziehbaren Zinsvortrag nach § 4h EStG i. V. m. § 8a KStG
+/-		sonstige Hinzurechnungen und Kürzungen
=		steuerlicher Gewinn (Summe der Einkünfte in den Fällen der R 7.1 Abs. 2 Satz 1)
-		Zuwendungen und Zuwendungsvortrag soweit nach § 9 Abs. 1 Nr. 2 KStG abziehbar
+		Sonstige Hinzurechnungen bei ausländischen Einkünften
	-	Hinzurechnung nach § 52 Abs. 2 EStG i. V. m. § 2a Abs. 3 und 4 EStG 1997,
	-	Hinzurechnung nach § 8 Abs. 5 Satz 2 AuslInvG
+		nicht zu berücksichtigender / wegfallender Verlust des laufenden VZ, soweit Hinzurechnungen nach § 8c KStG ggf. i. V. m. § 2 Abs. 4 Satz 1 und 2 , § 20 Abs. 6 Satz 4 UmwStG oder im Falle einer Abspaltung nach § 15 Abs. 3, § 16 UmwStG vor den Korrekturen nach Nr. 25 oder 26 vorzunehmen sind

	+/-	bei Organträgern:
		- Zurechnung des Einkommens von Organgesellschaften (§§ 14 und 17 KStG),
		- Kürzungen / Hinzurechnungen bezogen auf das dem Organträger zugerechnete Einkommen von Organgesellschaften (§ 15 KStG),
		- Abzug des der Organgesellschaft nach § 16 Satz 2 KStG zuzurechnenden Einkommens des Organträgers
	+/-	bei Organgesellschaften:
		- Zurechnung von Einkommen des Organträgers nach § 16 Satz 2 KStG,
		- Abzug des dem Organträger zuzurechnenden Einkommens (§§ 14 und 17 KStG)
	+	nicht zu berücksichtigender / wegfallender Verlust des laufenden VZ, soweit Hinzurechnungen nach § 8c KStG ggf. i. V. m. § 2 Abs. 4 Satz 1 und 2, § 20 Abs. 6 Satz 4 UmwStG oder im Falle einer Abspaltung nach § 15 Abs. 3, § 16 UmwStG nicht bereits nach Nr. 24 vorzunehmen sind
	+	Hinzurechnung der nach § 2 Abs. 4 Satz 3 und 4 UmwStG nicht ausgleichsfähigen Verluste des laufenden VZ des übernehmenden Rechtsträgers
	=	Gesamtbetrag der Einkünfte i. S.d. § 10d EStG
	-	Verlustabzug nach § 10d EStG
	=	Einkommen
	-	Freibetrag für bestimmte Körperschaften (§ 24 KStG)
	-	Freibetrag für Erwerbs- und Wirtschaftsgenossenschaften sowie Vereine, die Land- und Forstwirtschaft betreiben (§ 25 KStG)
	=	zu versteuerndes Einkommen

Abbildung 1.28　R 7.2 KStR 2015　Ermittlung der festzusetzenden und verbleibenden Körperschaftsteuer

		Die festzusetzende und die verbleibende Körperschaftsteuer sind wie folgt zu ermitteln:
		Steuerbetrag nach Regelsteuersatz (§ 23 Abs. 1 KStG) bzw. Sondersteuersätzen
	-	anzurechnende ausländische Steuern nach § 26 Abs. 1 KStG, § 12 AStG
	=	Tarifbelastung
	+	Körperschaftsteuererhöhung nach § 38 Abs. 2 i. V. m. § 34 Abs. 13 KStG
	=	festzusetzende Körperschaftsteuer
	-	anzurechnende Kapitalertragsteuer
	=	verbleibende Körperschaftsteuer

❯ **Beispiel:** Die Betriebswirt AG hat einen Gewinn von 200.000 € und folgende Buchungen in der GuV erfasst. Bitte ermitteln Sie das Einkommen der AG!

Erstatte Körperschaftsteuer	**§ 10 Nr. 2 KStG, R 48 KStR**	2.000 €
Gezahlte Körperschaftsteuer	**§ 10 Nr. 2 KStG**	20.000 €
Gezahlter Solidaritätszuschlag	**§ 10 Nr. 2 KStG**	1.000 €
Geschenke über 35 € an Geschäftsfreunde	**§ 4 Abs. 5 EStG**	3.000 €
Spenden für mildtätige und kirchliche Zwecke	**§ 9 Abs. 1 Nr. 2 KStG**	9.000 €
Spenden an politische Parteien	**§ 4 Abs. 6 EStG, § 8 Abs. 1 KStG**	8.000 €
Gezahlte Aufsichtsratsvergütungen	**§ 10 Nr. 4 KStG**	20.000 €

❶ Lösung mit einer zusätzlichen Variante:

Aufgabe:		Variante 1		Variante 2
Vorläufiger Gewinn		**200.000,00 €**		400.000,00 €
Erstatte Körperschaftsteuer		2.000 €		4.000,00 €
Gezahlte Körperschaftsteuer	§ 10 Nr. 2 KStG	20.000 €		40.000,00 €
Gezahlter Solidaritätszuschlag	§ 10 Nr. 2 KStG	1.000 €		2.000,00 €
Geschenke über 35 € an Geschäftsfreunde	§ 4 Abs. 5 EStG	3.000 €		6.000,00 €
Spenden für mildtätige und kirchliche Zwecke	§ 9 Abs. 1 Nr. 2 KStG	9.000 €		18.000,00 €
Spenden an politische Parteien	§ 4 Abs. 6 EStG, § 8 Abs. 1 KStG	8.000 €		16.000,00 €
Gezahlte Aufsichtsratsvergü-tungen	§ 10 Nr. 4 KStG	20.000 €		40.000,00 €
Körperschaftsteuerberechnung		Variante 1		Variante 2
Vorläufiger Gewinn		200.000,00 €	200.000,00 €	400.000,00 €
Erstatte Körperschaftsteuer	./.	2.000,00 €		4.000,00 €
Gezahlte Körperschaftsteuer	+	20.000,00 €		40.000,00 €
Gezahlter Solidaritätszuschlag	+	1.000,00 €		2.000,00 €
Geschenke über 35 € an Geschäftsfreunde	+	3.000,00 €		6.000,00 €
Spenden für mildtätige und kirchliche Zwecke	+	9.000,00 €		18.000,00 €
Spenden an politische Parteien	+	8.000,00 €		16.000,00 €
Gezahlte Aufsichtsratsvergü-tungen (50%)	+	10.000,00 €		20.000,00 €
Summe der nicht abziehbaren Aufwendungen		**49.000,00 €**	49.000,00 €	98.000,00 €
Summe der Einkünfte vor Abzug der Zuwendungen		249.000,00 €	249.000,00 €	498.000,00 €
Zuwendungen prüfen:				
Abzugsfähige Spenden nur 9.000 €	Politische Parteien nicht erlaubt			
Max. abzugsfähig: 20% von 249.000 € = 49.800 €				
Ergebnis: alle abzugsfähigen Spenden sind abzugsfähig	./.	9.000,00 €	9.000,00 €	18.000,00 €
Gesamtbetrag der Einkünfte = Einkommen	zu versteuerndes Einkommen	240.000,00 €	240.000,00 €	480.000,00 €
Körperschaftsteuer Tarif § 23 Abs. 1 KStG 15%		**36.000,00 €**		72.000,00 €
Vorauszahlungen (gezahlte) im Jahr gleistet	./.	20.000,00 €		40.000,00 €
Verbleibende Körperschaftsteuer noch zu zahlen		16.000,00 €		32.000,00 €
Solidaritätszuschlag		**1.980,00 €**		3.960,00 €
Vorauszahlungen SolZ zur KSt		1.000,00 €		2.000,00 €
Verbleibender Solidaritätszuschlag noch zu zahlen		980,00 €		1.960,00 €

Seitenbeschriftung links: Nicht abziehbare Aufwend. / Schattenrechnung

❓ Frage: Was versteht man unter dem Begriff verdeckte Gewinnausschüttung und nennen Sie ein Beispiel!

❶ Antwort: Die „verdeckte Gewinnausschüttung" ist in § 8 Abs. 3 Satz 2 KStG i.V. m. R 36 Abs. 1 KStR a.F. / R 8.5 KStR n.F. 2015 mit vier Voraussetzungen definiert: Eine vGA ist

1. eine Vermögensminderung oder verhinderte Vermögensmehrung,

2. die durch das Gesellschafterverhältnis veranlasst ist,

3. sich auf die Höhe des Unterschiedsbetrags im Sinne des § 4 Abs. 1 Satz 1 EStG auswirkt und

4. nicht auf einem den gesellschaftsrechtlichen Vorschriften entsprechenden Gewinnverteilungsbeschluss beruht.

❷ Beispiel: Eine verhinderte Vermögensmehrung bzw. eine Vermögensminderung ist der Fall, wenn die Betriebswirt GmbH an den Gesellschafter ein Gehalt von jährlich 100.000 € zahlt und ein Nichtgesellschafter nur ein Gehalt für 80.000 € erhalten würde.

Lösung: Die vGA beträgt hier 20.000 € mit der Rechtsfolge, dass diese außerhalb der Buchführung dem handelsrechtlichen Jahresüberschuss wieder hinzugerechnet werden muss und der Gesellschafter der GmbH Einkünfte aus Kapitalvermögen gem. § 20 Abs. 1 Nr. 1 EStG hat.

Abbildung 1.29   Verdeckte Gewinnausschüttung gem. § 8 Abs. 3 Satz 2 KStG

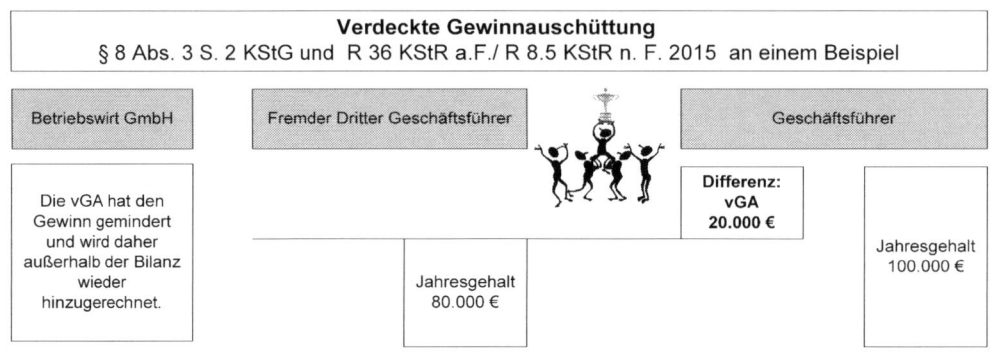

Frage: Was versteht man unter dem Begriff verdeckte Einlage gem. R 40 KStR a.F. bzw. R 8.9 KStR n.F. 2015?

Antwort: Eine verdeckte Einlage (vE) liegt vor, wenn ein Gesellschafter oder eine ihm nahestehende Person der Körperschaft außerhalb der gesellschaftsrechtlichen Einlage einen einlagefähigen Vermögensvorteil zuwendet und diese Zuwendung durch das Gesellschafterverhältnis veranlasst ist mit der Folge, dass sich die Einlage nicht auf die Höhe des Einkommens der Körperschaft auswirken darf und analog zur vGA außerhalb der Bilanz abgezogen werden muss. Beim Gesellschafter führt die vE grundsätzlich zu nachträglichen Anschaffungskosten auf die Beteiligung an der Gesellschaft gem. 8.9 KStR 2015.

1.5.4   Gewerbesteuer

Die Erhebung der Gewerbesteuer wird von den Gemeinden vorgenommen, so fern gem. § 2 GewStG ein Gewerbebetrieb im Sinne des § 15 Abs. 2 EStG vorliegt.

Frage: Ist die Gewerbesteuer als Betriebsausgabe abzugsfähig?

Antwort: Die Gewerbesteuer und die darauf entfallenden Nebenleistungen sind gem. § 4 Abs. 5b EStG als Betriebsausgaben nicht abzugsfähig. Der Aufwand wird außerhalb der Bilanz hinzugerechnet.

Abbildung 1.30 Eckpunkte der Gewerbesteuer

Steuersubjekt	Wer unterliegt der Steuer?	Gewerbebetrieb § 2 (1) GewStG /§ 15 Abs. 2 EStG
Steuergegenstand	Was wird besteuert?	Gewerbeertrag § 6 i V m § 7 GewStG
Bemessungsgrundlage	Worauf wird der Steuersatz angewendet?	Steuermessbetrag
Tarif	Wie hoch ist die Steuer?	Messbetrag x Hebesatz

Abbildung 1.31 Gewerbesteuer-Ermittlungs-Schemata

	Rechtsnorm:	Betrag in €
Gewinn aus Gewerbebetrieb	§ 4 / § 5 EStG	
Zzgl. Hinzurechnungen (Freibetrag von 100.000 € nicht vergessen!)	§ 8 GewStG	
Abzüg. Kürzungen	§ 9 GewStG	
Maßgebender Gewerbeertrag	§ 7 Abs. 1 GewStG	
Gewerbeverlust aus Vorjahren	§ 10a GewStG	
Uneingeschränkter Verlustabzug bis 1 Mio. €		
Eingeschränkter Verlustabzug (60% des verbleibenden Gewebeertrages)		
Vorläufiger Gewerbeertrag (abzurunden auf volle 100 €)		
Abzügl. Freibetrag	§ 11 (1) GewStG	
24.500 € bei natürlichen Personen und PersGes		
Endgültiger Gewerbeertrag (abzurunden auf volle 100 €)		
X (einheitliche) Steuermesszahl von 3,5%	§ 11 (2) GewStG	
Steuermessbetrag		
X Hebesatz der Gemeinde	§ 16 GewStG	
Gewerbesteuer		

? Frage: Gibt es bei der Gewerbesteuer einen Freibetrag?

! Antwort: Für natürliche Personen und Personengesellschaften gibt es z.B. gem. § 11 Abs. 1 Satz 3 GewStG einen Freibetrag in Höhe von 24.500 €.

>> Beispiel: Die Betriebswirt KG hat für ein Grundstück Pachtaufwendungen in Höhe von 400.000 €. Die Ermittlung der Hinzurechnungen nach § 8 Nr. 1 GewStG sind auf Grund der komplizierten Gesetzesformulierung schwierig und könnte ein Thema in Ihrer Klausur sein. Der Gewerbeertrag beträgt 200.000 €.

Sachverhalt und Aufgabe:			
Gewerbebetrieb mit Wirtschaftsjahr = Kalenderjahr			
mit der Bitte die Hinzurechnungen nach § 8 Nr. 1 GewStG zu ermitteln.			
Pachtaufwendungen für ein Grundstück		400.000,00 €	
Lösung für die KG (Personengesellschaft):			
vorläufiger Gewerbeetrag			200.000,00 €

Schattenrechnung

50% der Miet- und Pachtzinsen für unbewegliche Wirtsch.	*§ 8 Nr. 1e Gev*	*200.000,00 €*		
Summe der Finanzierungsanteile	*§ 8 Nr. 1 a - f*	*200.000,00 €*		
abzüglich Freibetrag		*100.000,00 €*		
verbleibender Betrag		*100.000,00 €*		
x 25% (= Hinzurechnungsbetrag gem. § 8 Nr. 1 GewStG)		*25.000,00 €*	**25.000,00 €**

vorläufiger Gewerbeertrag			225.000,00 €
abzüglich Freibetrag	§ 11 Abs. 1 GewStG		24.500,00 €
			200.500,00 €
endgültiger Gewerbeetrag x Steuermesszahl von 3,5% = Steuermessbetrag			7.017,50 €
x Hebesatz 415%	§ 16 Abs. 1 oder 4 GewStG		29.122,63 €
Gewerbesteuer			**29.122,63 €**

🔵 **Tipp:** Markieren Sie sich in Ihrem Gesetz, wann der Freibetrag in Höhe von 100.000 € abgezogen wird!

▶ **Beispiel:** Die Betriebswirt GmbH hat ein Wirtschaftsjahr = Kalenderjahr mit folgenden Geschäftsvorfällen. Ermitteln Sie die Hinzurechnungen gem. § 8 Nr. 1 GewStG!

1	Zinsaufwendungen für langfristige Kredite	20.000,00 €
2	Zinsaufwendungen für kurzfristige Kredite	5.000,00 €
3	Gewinnanteile eines stillen Gesellschafters	3.000,00 €
4	Mietaufwendungen für eine große Kopieranlage	10.000,00 €
5	Pachtaufwendungen für ein Grundstück	80.000,00 €
6	Aufwendungen für Konzessionen	140.000,00 €

Hinzurechnungen:

Finanzierungsanteile nach § 8 Nr. 1 GewStG (enden im Erhebungszeitraum zwei Wirtschaftsjahre, sind hier die Eintragungen für das erste Wirtschaftsjahr vorzunehmen und zusätzlich die Zeilen 42 bis 47 auszufüllen) ❷

Bitte die Beträge in voller Höhe eintragen, ggf. auf besonderer Anlage erläutern; der Hinzurechnungsbetrag wird von Amts wegen ermittelt.

36	Entgelte für Schulden (§ 8 Nr. 1 Buchst. a GewStG)	31	25.000
37	Renten und dauernde Lasten (§ 8 Nr. 1 Buchst. b GewStG)	32	
38	Gewinnanteile der stillen Gesellschafter (§ 8 Nr. 1 Buchst. c GewStG)	33	3.000
39	Miet- und Pachtzinsen (einschl. Leasingraten) für die Benutzung fremder **beweglicher** Betriebsanlagegüter (§ 8 Nr. 1 Buchst. d GewStG)	34	10.000
40	Miet- und Pachtzinsen (einschl. Leasingraten) für die Benutzung fremder **unbeweglicher** Betriebsanlagegüter (§ 8 Nr. 1 Buchst. e GewStG)	35	80.000
41	Aufwendungen für die zeitlich befristete Überlassung von Rechten – insbesondere Konzessionen und Lizenzen – (§ 8 Nr. 1 Buchst. f GewStG)	36	140.000

❂ **Lösung:**

		§ 8 Nr. 1a GewStG	
	100% der Entgelte für Schulden		
1	Zinsaufwendungen für langfristige Kredite		20.000,00 €
2	Zinsaufwendungen für kurzfristige Kredite		5.000,00 €
3	100% der Gewinnanteile des stillen Gesellschafters	§ 8 Nr. 1c GewStG	3.000,00 €
4	20% der Miet- und Pachtzinsen für bewegliche Wirtschaftsgüter des AV	§ 8 Nr. 1d GewStG	2.000,00 €
5	50% der Miet- und Pachtzinsen für unbewegliche Wirtschaftsgüter des AV	§ 8 Nr. 1e GewStG	40.000,00 €
6	25% der Aufwendungen für Konzessionen	§ 8 Nr. 1f GewStG	35.000,00 €
	Summe der Finanzierungsanteile	§ 8 Nr.1a – f GewStG	105.000,00 €
	abzüglich Freibetrag		100.000,00 €
	verbleibender Betrag		5.000,00 €
	x 25% (=Hinzurechnungsbetrag § 8 Nr. 1 GewStG)		1.250,00 €

Nachfolgend das obige Beispiele sowie zwei Alternativen zum besseren Verständnis nebeneinandergestellt:

				Alternative 1	Alternative 2
1	Zinsaufwendungen für langfrisitge Kredite		20.000,00 €		
2	Zinsaufwendungen für kurzfristige Kredite		5.000,00 €	1.000,00 €	50.000,00 €
3	Gewinnanteile eines stillen Gesellschafters		3.000,00 €	3.000,00 €	30.000,00 €
4	Mietaufwendungen für eine große Kopieranlage		10.000,00 €		100.000,00 €
5	Pachtaufwendungen für ein Grundstück		80.000,00 €		80.000,00 €
6	Aufwendungen für Konzessionen		140.000,00 €		100.000,00 €

Lösung:			Aufgabe	Alternative 1	Alternative 2
	100% der Entgelte für Schulden	§ 8 Nr. 1a GewStG			
1	Zinsaufwendungen für langristige Kredite		20.000,00 €	- €	- €
2	Zinsaufwendungen für kurzfristige Kredite		5.000,00 €	1.000,00 €	50.000,00 €
3	100% der Gewinnanteile des stillen Gesellschafters	§ 8 Nr. 1c GewStG	3.000,00 €	3.000,00 €	30.000,00 €
4	20% der Miet- und Pachtzinsen für bewegliche Wirtschaf	§ 8 Nr. 1d GewStG	2.000,00 €	- €	20.000,00 €
5	50% der Miet- und Pachtzinsen für unbewegliche Wirtsch	§ 8 Nr. 1e GewStG	40.000,00 €	- €	40.000,00 €
6	25% der Aufwendungen für Konzessionen	§ 8 Nr. 1f GewStG	35.000,00 €	- €	25.000,00 €
	Summe der Finanzierungsanteile	§ 8 Nr. 1 a - f	105.000,00 €	4.000,00 €	165.000,00 €
	abzüglich Freibetrag		100.000,00 €	100.000,00 €	100.000,00 €
	verbleibender Betrag		5.000,00 €	- €	65.000,00 €
	x 25% (= Hinzurechnungsbetrag gem. § 8 Nr. 1 GewStG)		1.250,00 €	- €	16.250,00 €

1.5.5   Gewerbesteuer- und Gewerbesteuermessbescheid

? Frage: Erklären Sie den Unterschied zwischen einem Gewerbesteuermessbescheid und einem Gewerbesteuerbescheid (6 P).

! Antwort: Bitte füllen Sie den Lückentext mit folgenden Begriffen: *Gewerbesteuermessbetrag*; *Gewerbesteuerbescheid*; *Gewerbesteuererklärung*; *Gewerbesteuer*; *Gewerbesteuermessbescheid*;

Der Steuerpflichtige gibt seine ① _Gewerbesteuererklärung_ beim Finanzamt ab. Das Finanzamt ermittelt den ② _Gewerbesteuermessbetrag_ und erlässt einen ③ _Gew.St.messbescheid_. Das Finanzamt teilt der hebeberechtigten Gemeinde den Gewerbesteuermessbetrag mit. Diese berechnet dann die ④ _Gewerbesteuer_ .Die Gemeinde erlässt anschließend einen ⑤ _Gewerbest.bescheid_ gem. § 16 Abs. 1 AO.

Abbildung 1.32 Von der Gewerbesteuererklärung zum Gewerbesteuerbescheid

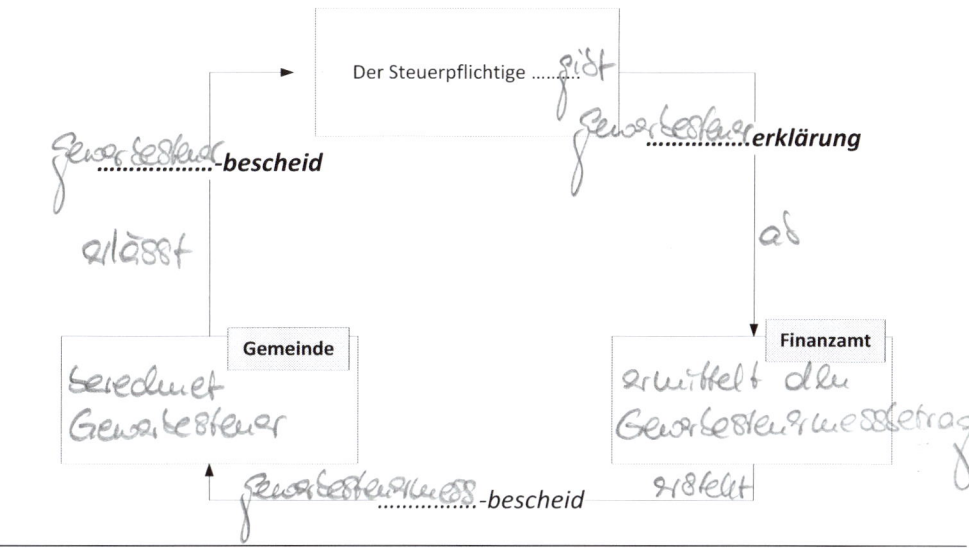

Der Steuerpflichtige ......*gibt* ....Gewerbesteuer............erklärung

Gewerbesteuer............-bescheid

erlässt

ab

Gemeinde

berechnet Gewerbesteuer

Finanzamt

ermittelt den Gewerbesteuermessbetrag teilt teilt

Gewerbesteuermess............-bescheid

1.5.6 Gewerbesteuerzerlegung

Beispiel: Eine Schreinerei unterhält in den Gemeinden I, II und III jeweils eine Betriebstätte. Das Finanzamt hat einen Steuermessbetrag von insgesamt 20.000 € ermittelt und die Summe der gezahlten Arbeitslöhne beträgt unstrittig 500.000 €. Berechnen Sie den Zerlegungsanteil und die Gewerbesteuer!

Steuermessbetrag! § 28 Abs. 1 GewStG

Betriebstätte:	Arbeitslöhne	Zerlegungsanteil	Hebesatz	Gewerbesteuer
Gemeinde I	*30%* 150.000 €	*30%* 6.000	300%	*18.000*
Gemeinde II	*50%* 250.000 €	*50%* 10.000	340%	*34.000*
Gemeinde III	*20%* 100.000 €	*20%* 4.000	350%	*14.000*
Summe	*100%* 500.000 €	*100%* 20.000 €		*66.000*

§ 30 GewStG

1.5.7 Steuerermäßigung gem. § 35 EStG[12]

Bei der Ermäßigung der Einkommensteuer um die Gewerbesteuer wird die Einkommensteuer des Unternehmers durch eine pauschalierte Anrechnung der Gewerbesteuer

[12] BMF Schreiben vom 24.02.2009 – BMF IV C 6 – S 2296 – a/08/10002; DOK 2007/0220243.

gemindert. Die Einkommensteuerermäßigung beträgt das 3,8-fache des Gewerbesteuermessbetrags.

Auf die tatsächliche Höhe der GewSt kommt es bei der pauschalen Steuerermäßigung nicht an. Die Höhe des Hebesatzes ist nicht entscheidend, weil die Ermäßigung nur an den GewSt-Messbetrag und nicht an die festgesetzte Gewerbesteuer anknüpft.

Abbildung 1.33   Steuerermäßigung § 35 EStG

Steuerermäßigung bei Einkünften aus Gewerbebetrieb gem. § 35 EStG
Der Gewinn unterliegt bei EU und PersGes der Gewerbe- und der Einkommensteuer (Doppelbesteuerung).
Schritt 1: Gewerbesteuerveranlagung: Ergebnis: **zu zahlende Gewerbesteuer / Gewerbesteuermessbetrag**
Schritt 2: Einkommensteuerveranlagung: Ergebnis: tarifliche Einkommensteuer
Schritt 3: Schattenrechnung: Ergebnis: **Ermäßigungshöchstbetrag** § 35 Abs. 1 Satz 2 EStG
Einkommensteuerveranlagung: Ergebnis: **Endgültig festzusetzende Einkommensteuer**

❯ **Beispiel:** Einzelunternehmer A (1980, ledig; Steuersatz siehe § 32a Abs. 1 EStG) hatte im Jahr 01 einen Gewinn aus Gewerbebetrieb in Höhe von 100.000 € erwirtschaftet. Der Gewerbeertrag für 01 beträgt 100.000 €. Die Summe der Einkünfte und das zu versteuernde Einkommen 100.000 €. Rechtslage 2015.

❓ **Frage:** Wie hoch ist die festzusetzende Einkommensteuer 01?

💡 **Lösung:** Bei dem Einzelunternehmer ermäßigt sich die tarifliche Einkommensteuer um das 3,8-fache des für seinen Gewerbebetrieb festgesetzten GewSt-Messbetrages.

Um die Höhe der festzusetzenden ESt zu ermitteln, muss zunächst die GewSt-Veranlagung (Hebesatz 420%) durchgeführt werden.

Gewerbesteuerveranlagung (Finanzamt)	
Gewerbeertrag § 7 GewStG	100.000 €
./. Freibetrag § 11 Abs. 1 GewStG	24.500 €
Zwischenbetrag	75.500 €
75.500 € x Messzahl 3,5% § 11 Abs. 2 GewStG = *Gewerbesteuermessbetrag*	2.642 €
Messbetrag x Hebesatz 420% = zu zahlende Gewerbesteuer	11.096 €

Einkünfte aus Gewerbebetrieb

Anlage EÜR elektronisch zu übermitteln.

Gewinn (ohne die Beträge in den Zeilen 31, 34, 38, 40, 41 und 44; bei ausländischen Einkünften : Anlage AUS beachten) | 44
als Einzelunternehmer
(Art des Gewerbes, bei Verpachtung: Art des vom Pächter betriebenen Gewerbes)

EUR

1. Betrieb

Einzelunternehmen Peter Müller | 10/11 | 100.000,-

2. Betrieb

Zusätzliche Angaben bei Steuerermäßigung nach § 35 EStG

Für 2012 festzusetzender (anteiliger) Gewerbesteuer-Messbetrag | **4**
i. S. d. § 35 EStG des Betriebs / des Mitunternehmeranteils lt. Zeile
(ohne Gewerbesteuer-Messbetrag, der auf nach § 5a Abs. 1 EStG ermittelten Gewinn | 64/65 | 2.642,-
oder Gewinn i. S. d. § 18 Abs. 3 UmwStG entfällt) - Berechnung auf besonderem Blatt -
Für 2012 tatsächlich zu zahlende Gewerbesteuer, die auf den Gewerbesteuer-Mess- | 66/67 | 11.096,-
betrag lt. Zeile 15 entfällt. - Berechnung auf besonderem Blatt -

---

Einkommensteuerveranlagung (ohne Berücksichtigung der Sonderausgaben von 36 €)

Einkünfte aus Gewerbe § 15 EStG = Summe der Einkünfte § 2 Abs. 1 EStG	100.000 €
Zu versteuerndes Einkommen § 2 Abs. 5 EStG	100.000 €
100.000 € x 0,42 – ./. 8239 € gem. § 32a Abs. 1 Nr. 4 = Tarifliche Einkommensteuer	*33.761 €*

Anteilige Einkommensteuer berechnen § 35 Abs. 1 Nr. 1 EStG

(Tarifliche Einkommensteuer (33.761 €) x positive gewerbliche Einkünfte (100.000 €)) / Summe aller positiven Einkünfte (100.000) = Höchstbetrag = 33.761 €	
./. Ermäßigung (Anrechnungsbetrag) *(Gewerbesteuermessbetrag 2.642 € x 3,8)* =	./. 10.040 €
= festzusetzende Einkommensteuer § 2 Abs. 6 EStG	23.721 €

❯ Fortsetzung des Beispiels: A möchte wissen, ob es sich aus steuerrechtlicher Sicht lohnt eine GmbH zu gründen. Er hat einen Gewinn vor Steuern (=Gewerbeertrag) in Höhe von 100.000 €.

❓ Frage: Berechnen Sie den Belastungsvergleich und gehen Sie auf die GewSt (Hebesatz von 420%) und KSt ein!

❗ Antwort:

	Einzelunternehmen	GmbH
Gewerbeertrag	100.000	100.000
Freibetrag § 11 GewStG	24.500	-----
Gekürzter Gewerbeertrag	75.500	100.000
Steuermessbetrag § 11 GewStG	2.642	3.500
GEWST Zahlung	11.096	14.700

EST = 100.000 € x 0,42 – 8.172 €	= 33.828	-----
KST= 100.000 x 0,15 (§ 23 KStG)		= 15.000
./. § 35 EStG (s. Aufgabe zu § 35 EStG)	10.040	-----
EST =	23.788	

Steuerliche Belastung	GewSt + ESt	GewSt + KSt
GEWST + EST/ bzw. KST	11.096 + 23.788	14.700 + 15.000
Netto in der „Tasche"	Ca. 65.100 €	Ca. 70.300 €

1.5.8   Umsatzsteuer

❓ Frage: Erläutern Sie den Begriff „Umsatzsteuer"!

❗ Antwort: Die Umsatzsteuer ist eine Verkehrsteuer, mit der grundsätzlich der gesamte private und öffentliche Verbrauch belastet wird.

Abbildung 1.34   Eckpunkte der Umsatzsteuer

Steuersubjekt	Wer unterliegt der Steuer?	Unternehmer § 2 UStG
Steuergegenstand	Was wird besteuert?	Steuerbare Umsätze § 1 bis 3 UStG
		Steuerpflicht sofern keine Steuerbefreiung § 4 UStG
Bemessungsgrundlage	Worauf wird der Steuersatz angewendet?	Entgelt § 10 UStG
Tarif	Wie hoch ist die Steuer?	Steuersatz 7% bzw. 19% gem. § 12 Abs. 1 UStG

In Klausuren werden diese Eckpunkte regelmäßig steuerübergreifend abgefragt.

Abbildung 1.35 Prüfschemata für Umsatzsteueraufgaben

1	Unternehmereigenschaft	§ 2 Abs. 1 UStG
2	Umfang des Unternehmens	§ 2 Abs. 1 Satz 2 UStG
3	Besteuerungsform des Unternehmens	§ 16 (SOLL) / § 19 (IST) UStG
4	Zeitpunkt der Entstehung der Steuer	§ 13 Abs. 1 UStG
5	Steuerbarer Umsatz ?	§ 1 bis 3 UStG
6	Steuerbar und steuerpflichtig ?	§ 4 bis 9 UStG
7	Bemessungsgrundlage	§ 10 / § 11 UStG
8	Steuersatz	§ 12 Abs. 1 Abs. 2 UStG
9	Entstehung der Steuerschuld	§ 13 UStG
10	Steuerschuldner	§ 13a UStG, § 13b UStG
11	Haftung für entstandene Umsatzsteuer	§ 13c / § 13d / § 14c UStG
12	Rechnungsvorschriften	§ 14 bis 14b UStG
13	Vorsteuer abzugsfähig	§ 15 i V m § 14 UStG
14	Berichtigung der Vorsteuer	§ 15a UStG
15	Umsatzsteuerzahllast	§ 16 UStG
16	Anmeldung der Umsatzsteuer	§ 18 UStG

❓ **Aufgabe** (10 P):

a. Welche Umsätze unterliegen der Umsatzsteuer und werden gem. § 1 UStG unterschieden (4 P)?

b. Nennen Sie die Voraussetzungen, die erfüllt sein müssen, damit Lieferungen in andere Länder umsatzsteuerfrei sind (6 P).

Abbildung 1.36 Der Umsatzsteuer unterliegende Umsätze

Der Umsatzsteuer unterliegende Umsätze gem. § 1 UStG			
Lieferungen	Sonstige Leistungen	Einfuhr von Gegenständen	Innergemeinschaftlicher Erwerb
§ 1 Abs. 1 Nr. 1 UStG	§ 1 Abs. 1 Nr. 1 UStG	§ 1 Abs. 1 Nr. 4 UStG	§ 1 Abs. 1 Nr. 5 UStG

❗ **Lösung** (10 P):

Ad a. § 1 UStG: Der Umsatzsteuer unterliegen die folgenden Umsätze:

1. die Lieferungen § 1 Abs. 1 Nr. 1 i V m § 3 Abs. 1 UStG (1 P)

2. die sonstigen Leistungen § 1 Abs. 1 Nr. 1 i V m § 3 Abs. 9 UStG (1 P)

3. die Einfuhr von Gegenständen im Inland § 1 Abs. 1 Nr. 4 UStG (1 P)

4. der innergemeinschaftliche Erwerb im Inland gegen Entgelt § 1 Abs. 1 Nr. 5 i V m § 1a UStG (1 P).

Ad b. Voraussetzung für die Umsatzsteuerfreiheit von innergemeinschaftlichen Lieferungen gem. § 4 Nr. 1b UStG i V m § 6 UStG ist, dass der Warenweg in das andere Land anhand geeigneter Unterlagen gem. § 17a ff UStDV, wie z. B. Transportpapiere, nachgewiesen werden kann (2 P).

Bei Ausfuhren in Drittländer (**Ausfuhrlieferungen** gem. § 4 Nr. 1a UStG i V m § 6 Abs. 1 Nr. 1 UStG) sind die Ausfuhrnachweise gem. § 8 ff UStDV durch Zollbelege zu erbringen (2 P).

Abnehmer aus anderen EU-Ländern müssen zum Zeitpunkt der Lieferung eine gültige Umsatzsteueridentifikationsnummer[13] ihres Landes besitzen (2 P).

❓ **Frage:** Nennen und erläutern Sie ein Beispiel für einen steuerbaren innergemeinschaftlichen Erwerb!

❗ **Antwort:** Der deutsche Mr. Betriebswirt erwirbt ein neues französisches Kraftfahrzeug gem. § 1b Abs. 2 und 3 UStG in Frankreich und nimmt dieses mit nach Deutschland. Es liegt ein Fall des innergemeinschaftlichen Erwerbs vor, weil ein Gegenstand aus dem Gebiet eines Mitgliedstaates (Frankreich) in das Gebiet eines anderen Mitgliedstaates (Deutschland) gelangt. Der Erwerb wird gem. § 3d UStG in Deutschland und damit im Inland bewirkt und der Vorgang ist gem. § 1 Abs. 1 Nr. 5 UStG steuerbar.

▶ **Aufgabe:** Sie sind ein Unternehmer der, der Regelbesteuerung unterliegt. Alle Unternehmer treten mit der Umsatzsteueridentifikationsnummer Ihres Landes auf. Ihre Rechnungen entsprechenden gesetzlichen Vorschriften.

Folgende Sachverhalte machen Ihnen bei der Erstellung der Umsatzsteuererklärung Probleme.

❓ **Fragen:** Nehmen Sie zu den jeweiligen Leistungen Stellung. Gehen Sie dabei, soweit sich aus der Aufgabenstellung nichts anderes ergibt, auf folgende Punkte ein:

a. Steuerbarkeit (Umsatzart und -ort)

b. Steuerpflicht

c. Bemessungsgrundlage

d. Steuersatz

e. Höhe der Umsatzsteuer

---

[13] http://www.bzst.de/DE/Steuern_International/USt_Identifikationsnummer/USt_Identifikationsnummer_node.html.

Geschäftsvorfall 1:

Sie als Einzelunternehmer benutzen einen betrieblichen Pkw (betriebsgewöhnliche Nutzungsdauer fünf Jahre), den Sie am 24. April 01 für 20.000 € + 3.800 € Umsatzsteuer erworben hatten, auch für Privatfahrten. Aus dem ordnungsgemäß geführten Fahrtenbuch für 01 und den anderen Unterlagen ergibt sich Folgendes:

- Mit dem Pkw insgesamt gefahren: 30.000 km

- Davon privat gefahren: im Inland 2.500 km

- Urlaubsreise im Inland: 100 km

- Urlaubsreise im Ausland: 400 km

- Kfz-Steuer 500 €

- Kfz-Versicherung 1.200 €

- Benzinkosten (netto) 3:600 €

- Absetzung für Abnutzung (AfA) 3.000 €

Die Vorsteuer aus der Anschaffung und den vorgenannten Kfz-Aufwendungen wurde zutreffend als Vorsteuer zum Abzug gebracht.

Geschäftsvorfall 2:

Eine Schweizer Lebensversicherung mit Sitz in Basel zahlte Ihnen im Jahr 01 einen Betrag in Höhe von 3.750 €. Als Gegenleistung hatten Sie sich verpflichtet, auf seinen unternehmerisch genutzten Lkw einen Werbeaufdruck der Versicherung anzubringen.

🛈 **Lösung:**

Geschäftsvorfall 1:

Ad a. Art des Umsatzes: Bei der privaten Pkw-Nutzung handelt es sich um eine sonstige Leistung / unentgeltliche Wertabgabe gem. § 3 Abs. 9a Nr. 1 UStG.

Ort: Der Ort der unentgeltlichen Wertabgabe liegt gem. § 3f Satz 1 UStG im Inland.

Ad b. Steuerpflicht: Damit ist diese fiktive sonstige Leistung steuerbar und mangels Befreiungsvorschrift auch steuerpflichtig.

Berechnung: Die Privatnutzung umfasst insgesamt 3.000 km (Privat- und gesamte Urlaubsfahrten), das entspricht 10% der Gesamtfahrleistung von 30.000 km.

Ad c. Bemessungsgrundlage: Bemessungsgrundlage gem. § 10 Abs. 4 Nr. 2 UStG sind folgende mit Vorsteuer belasteten Kosten (nicht mit Vorsteuer belastete Kosten scheiden aus):

- Benzinkosten netto 3.600 €

- Absetzung für Abnutzung (AfA): 20.000 € x 20 % x 9 / 12 = 3.000 €

- Mit Vorsteuer belastete Gesamtkosten 01: 6.600 €

- Davon 10% Privatnutzung 660 €

- **Ad d. und e.** Steuersatz: Hierauf entfallende Umsatzsteuer mit 19% (§ 12 Abs. 1 UStG) 125,40 €.

Geschäftsvorfall 2:

Art des Umsatzes: Bei der Anbringung der Werbung der Werbung auf dem unternehmerisch genutzten Lkw handelt es sich um eine sonstige Leistung gem. § 3 Abs. 9 UStG.

Ort: Der Ort der sonstigen (Werbe-)Leistung ist gemäß § 3a Abs. 2 UStG Basel (Schweiz).

Steuerbar: Die Leistung ist somit im Inland nicht steuerbar. § 1 UStG nicht erfüllt.

1.5.9   Steuerbar oder nicht steuerbar?

In den letzten Klausuren wird verstärkt das Thema Umsatzsteuer abgefragt und erfordert eine tiefere Beschäftigung mit den Standardfällen der Umsatzsteuer. Hier nochmal eine kleine Zusammenstellung und Übersicht:

Abbildung 1.37   Übersicht und Einteilung der Umsatzsteuer

	steuerbar	steuer-pflichtig	steuerfrei	Nicht steuerbar
Innergemeinschaftliche Lieferung von DE nach FR	in DE § 1 UStG		In DE § 4 Nr. 1b UStG § 6a UStG	
Innergemeinschaftlicher Erwerb von FR nach DE	In DE § 1 UStG	In DE § 1a UStG		
Verkauf eines Schrankes aus dem Privatvermögen				Nicht steuerbar Kein § 1 UStG

1.5.10 Umkehr der Steuerschuldnerschaft § 13b UStG

Wird eine Leistung steuerbar und steuerpflichtig im Inland ausgeführt, ist grundsätzlich gem. § 13a UStG der leistende Unternehmer der Steuerschuldner. Liegt ein Fall des § 13b UStG vor, wird die Steuerschuld auf den Leistungsempfänger übertragen.

Abbildung 1.38   Beispiel zu § 13b UStG

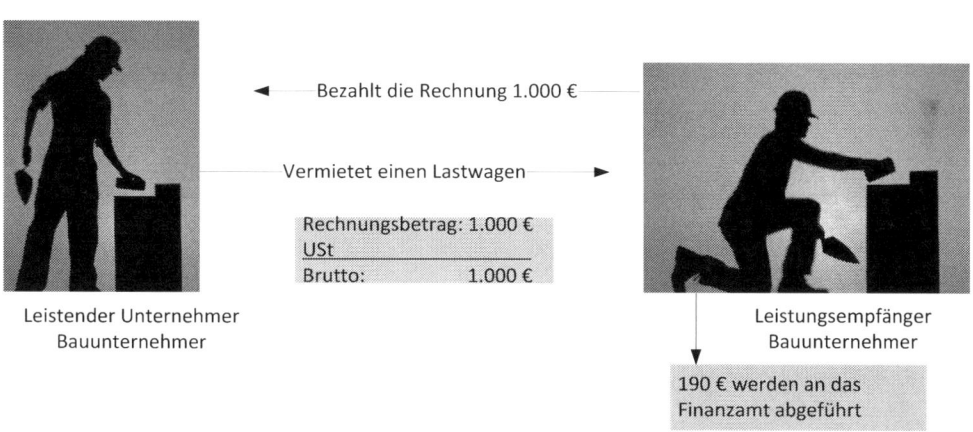

Bezahlt die Rechnung 1.000 €

Vermietet einen Lastwagen

Rechnungsbetrag: 1.000 €
USt
Brutto: 1.000 €

Leistender Unternehmer
Bauunternehmer

Leistungsempfänger
Bauunternehmer

190 € werden an das
Finanzamt abgeführt

❓ **Frage:** Welcher englische Begriff wird für „die Umkehr der Steuerschuldnerschaft" benutzt?

❗ **Antwort:** Reverse-Charge-Verfahren.

❓ **Frage:** Was bedeutet der Begriff „B2B"?

❶ Antwort: Wird eine steuerbare und steuerpflichtige Dienstleistung zwischen zwei Unternehmern (zwischenunternehmerisch) erbracht, spricht man von B2B-Leistungen.

❷ Beispiel: Die Betriebswirt GmbH beauftragt eine in der Schweiz ansässige Werbe-agentur mit der Erstellung und Durchführung von Anzeigen in der Schweiz.

❸ Lösung: Die Leistung ist am Sitz des deutschen Leistungsempfängers, d. h. in Deutschland steuerbar. Die Abrechnung der schweizerischen Werbeagentur erfolgt ohne Ausweis der Umsatzsteuer und die GmbH ist Steuerschuldner.

❷ Beispiel: Der tschechische Bauunternehmer vermietet dem deutschen Bauunterneh-mer einen Lastwagen zum Einsatz in Tschechien.

❸ Lösung: Die Vermietungsleistung ist am Sitzort des deutschen Leistungsempfängers, d. h. in Deutschland steuerbar. Die Abrechnung des tschechischen Unternehmens erfolgt ohne Ausweis von Umsatzsteuer und der deutsche Bauunternehmer ist Steuerschuldner.

❷ Beispiel: Die Betriebswirt GmbH erhält von einem in Frankreich ansässigen Berater im Januar 01 eine Beratungsleistung über 50.000 €. Der französische Berater hat die deutsche Umsatzsteueridentifikationsnummer der GmbH vorliegen.

❸ Lösung: Die Leistung ist gem. § 3a Abs. 2 Satz 1 UStG in Deutschland ausgeführt und damit gem. § 1 Abs. 1 Nr. 1 UStG steuerbar. Eine Steuerbefreiung gem. § 4 UStG liegt nicht vor. Die GmbH ist in Deutschland gem. § 13b Abs. 1 UStG Steuerschuldner. Die Umsatzsteuer entsteht mit Ablauf des Voranmeldezeitraums im Januar. Die GmbH muss auf die 50.000 € noch die 19% USt berechnen und gegenüber dem Finanzamt für Januar anmelden. Gleichzeitig ist die GmbH Vorsteuerabzugsberechtigt und kann die 19% als Vorsteuer geltend machen.

1.5.11   Steuersatz § 12 UStG

Ein Einzelunternehmer hat folgende Umsätze, die er gem. § 20 UStG versteuern muss:

1. Warenverkauf: 19% Erlöse: 1.085,20 €

2. Warenverkauf: 7% Erlöse: 1.926,10 €

3. Steuerfreie Umsätze: 230 €

4. Abziehbare Vorsteuer aus Wareneinkäufen: 123,45 €

❓ Frage: Wie hoch ist die Steuererstattung bzw. Steuerzahllast?

❸ Lösung: Zahllast: 175,83 €

Zeile				
1	10019			
2				
3				**2 0 1 5**
4				
5				
6	**Finanzamt**		**30**	
7			Eingangsstempel oder -datum	

Umsatzsteuer-Voranmeldung 2015

Voranmeldungszeitraum

März 2015

Zeile				
11	Unternehmen - ggf. abweichende Firmenbezeichnung - Anschrift - Telefon - E-Mail-Adresse **Mr. Umsatzsteuer** **UST Weg 3**			
12	**71638 Ludwigsburg**	Berichtigte Anmeldung	**10**	
13		Belege	**22**	
14		(Verträge, Rechnungen, Erläuterungen usw.		
15		sind beigefügt, bzw. werden gesondert eingereicht.)		
16				

I. Anmeldung der Umsatzsteuer-Vorauszahlung

Zeile				Bemessungsgrundl. volle EUR	Steuer EUR ... Ct
18	**Lieferungen, sonstige Leistungen** **(einschließlich unentgeltlicher Wertabgaben)**				
19	**Steuerfreie Umsätze mit Vorsteuerabzug**				
20	**Innergemeinschaftliche Lieferungen (§ 4 Nr. 1b UStG)**				
	an Abnehmer mit USt-IdNr.	41			
21	neuer Fahrzeuge an Abnehmer ohne USt-IdNr.	44			
22	neuer Fahrzeuge außerhalb eines Unternehmens (§ 2a UStG)	49			
23	Weitere steuerfreie Umsätze mit Vorsteuerabzug (z.B. Ausfuhrlieferungen, Umsätze nach § 4 Nr. 2 bis 7 UStG) . .	43			
24	**Steuerfreie Umsätze ohne Vorsteuerabzug**				
25	Umsätze nach § 4 Nr. 8 bis 28 UStG	48		230	
26	**Steuerpflichtige Umsätze**				
	zum Steuersatz von 19 %	81		911	173,27
27	zum Steuersatz von 7 %	86		1.800	126,01
28	zu anderen Steuersätzen	35	36		
29	Lieferungen land- und forstwirtschaftlicher Betriebe				
30	nach § 24 UStG an Abnehmer mit USt-IdNr.	77			
31	Umsätze, für die eine Steuer nach § 24 UStG zu entrichten ist (Sägewerkserz., Getränke u. alkoh. Flüssigkeiten z.B. Wein) . .	76	80		
32	**Innergemeinschaftliche Erwerbe** **Steuerfreie innergemeinschaftl. Erwerbe**				
33	Erwerbe nach §§ 4b und 25c UStG	91			
	Steuerpfl. innergemeinschaftl. Erwerbe				
34	zum Steuersatz von 19 %	89			
35	zum Steuersatz von 7 %	93			
36	zu anderen Steuersätzen	95	98		
37	neuer Fahrzeuge von Lieferern ohne USt-IdNr. zum allgemeinen Steuersatz	94	96		
38	**Ergänzende Angaben zu Umsätzen**				
39	Lieferungen des ersten Abnehmers bei **innergemeinschaftl.** **Dreiecksgeschäften** (§ 25b Abs. 2 UStG)	42			
	Stpfl. Umsätze, für die der **Leistungsempfänger** die Steuer nach § 13b Abs. 5 Satz 1 i.V.m. Abs. 2 Nr. 10 UStG schuldet	68			
40	Übrige steuerpfl. Umsätze, für die der **Leistungsempfänger** **die Steuer nach § 13b Abs. 5 UStG schuldet**	60			
41	**Nicht steuerbare sonstige Leistungen** gem. § 18b Satz 1 Nr. 2 UStG	21			
42	**Übrige nicht steuerbare Umsätze** (Leistungsort nicht im Inland)	45			
43	**Übertrag**				299,28

Zeile				Steuer EUR	Ct
44	Steuernummer:				
45			Übertrag		299,28
46	**Leistungsempfänger als Steuerschuldner**		Bemessungsgrundl. ohne Umsatzsteuer volle EUR		
47	**(§ 13b UStG)**				
48	Im Inland stpfl. sonst. Leistungen eines im übrigen Gemeinschafts-gebiet ansässigen Unternehmers (§ 13b Abs. 1 UStG)	46		47	
49	Andere Leistungen eines im Ausland ansässigen Unternehmers (§ 13b Abs. 2 Nr. 1 und 5 Buchst. a UStG)	52		53	
50	Lieferungen sicherungsübereigneter Gegenstände und Umsätze, die unter das GrEStG fallen (§ 13b Abs. 2 Nr. 2 und 3 UStG)	73		74	
51	Lief. v. Mobilfunkgeräten, Tablet-Computern, Spielekonsolen u. integrierten Schaltkreisen (§13b Abs. 2 Nr. 10 UStG)	78		79	
52 53	Andere Leistungen (§ 13b Abs. 2 Nr. 4, 5 Buchst. b, Nr. 6 bis 9 und 11 UStG)	84		85	
	Steuer infolge Wechsels der Besteuerungsform sowie Nachsteuer auf versteuerte Anzahlungen u. ä. wegen Steuersatzänderungen			65	
54	**Umsatzsteuer**				299,28
55	**Abziehbare Vorsteuerbeträge**				
56	Vorsteuerbeträge aus Rechnungen von anderen Unternehmern (§ 15 Abs. 1 Satz 1 Nr. 1 UStG), aus Leistungen im Sinne des § 13a Abs. 1 Nr. 6 (§ 15 Abs. 1 Satz 1 Nr. 5 UStG) und aus				
57	innergemeinschaftlichen Dreiecksgeschäften (§ 25b Abs. 5 UStG)			66	123,45
58	Vorsteuerbeträge aus dem innergemeinschaftlichen Erwerb von Gegenständen (§ 15 Abs. 1 Satz 1 Nr. 3 UStG)			61	
59	Entrichtete Einfuhrumsatzsteuer (§ 15 Abs. 1 Satz 1 Nr. 2 UStG)			62	
60	Vorsteuerbeträge aus Leistungen i. S. des § 13b UStG (§ 15 Abs. 1 Satz 1 Nr. 4 UStG) ...			67	
61	Vorsteuerbeträge, die nach allgemeinen Durchschnittssätzen berechnet sind (§§ 23 und 23a UStG)			63	
	Berichtigung des Vorsteuerabzugs (§ 15a UStG)			64	
62	Vorsteuerabzug für innergem. Lieferungen neuer Fahrzeuge außerhalb eines Unternehmens (§ 2a UStG) sowie von Kleinunternehmern i. S. des § 19 Abs. 1 UStG (§ 15 Abs. 4a UStG) ...			59	
63	Verbleibender Betrag				175,83
64	**Andere Steuerbeträge**				
65	in Rechnungen unrichtig oder unberechtigt ausgewiesene Steuerbeträge (§ 14c UStG) sowie Steuerbeträge, die nach § 6a Abs. 4 S. 2, § 17 Abs. 1 S. 6, § 25b Abs. 2 UStG od. v. e.				
66	Auslagerer od. Lagerhalter nach § 13a Abs. 1 Nr. 6 UStG geschuldet werden.			69	
67	**Umsatzsteuer-Vorauszahlung/Überschuss**				175,83
68	**Anrechnung** (Abzug) der festgesetzten **Sondervorauszahlung** für Dauerfristverlängerung			39	
69	**Verbleibende Umsatzsteuer-Vorauszahlung / Verbleibender Überschuss**			83	**175,83**
70					
71	**II. Sonstige Angaben und Unterschrift**				
72 73	**Verrechnung des Erstattungsbetrages erwünscht/ Der Erstattungsbetrag ist abgetreten**			29	
74 75	Das **SEPA - Lastschriftmandat** wird ausnahmsweise (z.B. wegen Verrechnungswünschen) für diesen Voranmeldungszeitraum **widerrufen**			26	

Die Angabe der Telefonnummer und E-Mail-Adresse ist freiwillig

Bei der Anfertigung dieser Steueranmeldung hat mitgewirkt:

- nur vom Finanzamt auszufüllen -

11		19	
		12	

Bearbeitungshinweis

1. Die aufgeführten Daten sind mit Hilfe des geprüften und genehmigten Programms sowie ggf. unter Berücksichtigung der gespeicherten Daten maschinell zu verarbeiten

2. Die weitere Bearbeitung richtet sich nach den Ergebnissen der maschinellen Verarbeitung

6. 4.2015

Datum, Unterschrift

Datum, Namenszeichen

1.5.12 Rechnung § 14 UStG[14]

Abbildung 1.39 Beispiel einer ordnungsgemäßen Rechnung[15]

Ausstellung von Rechnungen § 14 Abs. 4 UStG – eine Rechnung muss folgende Angaben enthalten:			
Name, Anschrift	**Steuernummer/ Umsatzsteuer- identifikationsnummer**	**Ausstellungsdatum**	**Rechnungsnummer**
§ 14 Abs. 4 Nr. 1 UStG	§ 14 Abs. 4 Nr. 2 UStG	§ 14 Abs. 4 Nr. 3 UStG	§ 14 Abs. 4 Nr. 4 UStG
Bezeichnung	**Lieferdatum**	**Entgelt, Steuersatz, Steuerbetrag**	**Ggf. Aufbewahrungspflicht**
§ 14 Abs. 4 Nr. 5 UStG	§ 14 Abs. 4 Nr. 6 UStG	§ 14 Abs. 4 Nr. 7, 8 UStG	§ 14 Abs. 4 Nr. 9 UStG

In der Klausur könnten Sie eine Rechnung bekommen, die Sie auf ihre Ordnungsmäßigkeit zu prüfen hätten. Gehen Sie hierbei systematisch die Pflichtangaben im § 14 Abs. 4 UStG durch.

❓ Frage: Welche Konsequenz hat eine nicht ordnungsgemäße Rechnung?

❗ Antwort: Der Leistungsempfänger ist nicht berechtigt, einen Vorsteuerabzug aus der Rechnung geltend zu machen und hat zivilrechtlich das Recht, die Zahlung der ausgewiesenen Mehrwertsteuer zu verweigern, solange der Leistende keine ordnungsgemäße Rechnung ausgestellt hat.

❓ Frage: Was ist eine „elektronische Rechnung"?

❗ Antwort: Elektronische Rechnungen werden in einem elektronischen Format, über Kabel- und Funknetze versendet und empfangen. Siehe bitte auch § 14 Abs. 1 und 3 UStG.

❓ Frage: Welche Voraussetzungen gelten für den Vorsteuerabzug bei elektronischen Rechnungen?

❗ Antwort: Für den Vorsteuerabzug werden folgende Voraussetzungen additiv zu § 14 Abs. 4 UStG gefordert: Echtheit der Herkunft, Unversehrtheit des Rechnungsinhalts, Lesbarkeit der Rechnung.

---

[14] zum Thema Kleinbetragsrechnung 150 € brutto siehe bitte § 33 UStDV.

[15] z.B. die Oberfinanzdirektion Niedersachsen hat auf Ihrer Homepage ein Musterbeispiel.

1.5.13   Diverse Fragen und Antworten zu umsatzsteuerlichen Themen

❓ Frage: Was bedeutet „Besteuerung nach vereinbarten Entgelten" oder „Sollversteuerung"?

❗ Antwort: Bei der Besteuerung nach vereinbarten Entgelten entsteht die Steuer grundsätzlich mit Ablauf des Voranmeldezeitraums, in dem die Lieferung oder sonstige Leistung ausgeführt worden ist gem. 13 Abs. 1 Nr. 1a UStG.

❓ Frage: Was bedeutet „Besteuerung nach vereinnahmten Entgelten" oder „Istbesteuerung"?

❗ Antwort: Bei der Besteuerung nach vereinnahmten Entgelten entsteht die Steuer mit Ablauf des Voranmeldezeitraums, in dem die Entgelte vereinnahmt worden sind gem. § 13 Abs. 1 Nr. 1b UStG.

❓ Frage: Was ist eine „Zusammenfassende Meldung"?

❗ Antwort: Seit 1993 müssen Unternehmer gem. § 18a UStG innergemeinschaftliche Lieferungen in einer zusammenfassenden Meldung beim Bundeszentralamt für Steuern (BZSt) anmelden.

❓ Frage: Bis wann muss bei monatlicher Abgabe die Zusammenfassende Meldung für Juli 01 abgegeben sein[16]?

❗ Antwort: Bis zum 25.8.01.

❓ Frage: Bis wann muss bei quartalsweiser Abgabe die Zusammenfassende Meldung für das dritte Quartal 01 abgegeben sein?

❗ Antwort: Bis zum 25.10.01.

❓ Frage: Bis wann muss bei jährlicher Abgabe die Zusammenfassende Meldung für 01 abgegeben sein?

❗ Antwort: Bis zum 25.1.02.

---

[16] BMF-Schreiben v. 15.06.2010 - IV D 3 - S 7427/08/10003-03 (2010/0343051) – DOK 2010/0457796.

1.5.14 Kleinunternehmer § 19 Abs. 1 UStG

Abbildung 1.40 Besteuerung der Kleinunternehmer § 19 UStG

Die Besteuerung der Kleinunternehmer gem. § 19 UStG			
Umsatzsteuer wird nicht erhoben, wenn...	Gesamtumsatz 17.500 € und ....50.000 €...	Bindung für mindestens fünf Kalenderjahre...	Gesamtumsatz ist der Umsatz...
§ 19 Abs. 1 UStG	§ 19 Abs. 1 UStG	§ 19 Abs. 2 UStG	§ 19 Abs. 3 UStG

❓ **Frage:** Beschreiben Sie den „Kleinunternehmer" gem. § 19 UStG !

❗ **Antwort:** Hat der Umsatz (zuzüglich der darauf entfallenden Steuer) eines inländischen Unternehmens im vorangegangenen Kalenderjahr nicht mehr als 17.500 € betragen und wird gleichzeitig im laufenden Kalenderjahr der Betrag 50.000 € voraussichtlich nicht überschritten, wird auf Antrag die vom Unternehmer geschuldeten Steuer nicht erhoben. Ein Vorsteuerabzug ist damit korrespondierend ausgeschlossen.

❓ **Frage:** Welche Konsequenz hat die Kleinunternehmerschaft?

❗ **Antwort:** Bei der Inanspruchnahme der Kleinunternehmerregelung finden folgende Vorschriften keine Anwendung: Vorsteuerabzug gemäß § 15 UStG, gesonderter Ausweis der Steuer in einer Rechnung gemäß § 14 Abs. 1 UStG. Weist ein Kleinunternehmer aber dennoch in einer Rechnung den Steuerbetrag offen aus, so schuldet er den ausgewiesenen Betrag.

⬥ **Beispiel:** Mr. Betriebswirt ist Unternehmer mit einem Gesamtumsatz in Höhe von 15.000 € (01). 02 rechnet er mit einem Gesamtumsatz von 35.000 €.

❗ **Lösung 02:** Er ist im gesamten Jahr 02 als Kleinunternehmer anzusehen. Abzustellen ist auf den tatsächlichen Umsatz zuzüglich Steuer des Vorjahres (01) und den voraussichtlichen Gesamtumsatz des laufenden Jahres (02).

❗ **Lösung 03:** Im Jahr 02 erzielt Mr. Betriebswirt Umsätze in Höhe von 35.000 €, somit ist er verpflichtet, da er die Grenze von 17.500 € überschritten hat, ab dem 1.1.03 die Umsatzsteuer-Regelbesteuerung durchzuführen und die Umsatzsteuer auf Entgelte in Rechnungen auszuweisen.

Rahmenplan Nr. 2.1.3. Unterschiede der Steuerbelastung als Entscheidungskriterium für die Wahl der Rechtsform

1.6   Unterschiede der Steuerbelastung als Entscheidungskriterium für die Wahl der Rechtsform

Wie die weiteren Ausführungen zeigen werden, hat die gewählte Unternehmensform grundlegende Bedeutung für viele steuerliche und betriebswirtschaftliche Fragestellungen. Die Frage nach der richtigen oder optimalen Rechtsform ist von vielen Faktoren begleitet, die nachfolgend mit Schwerpunkten dargestellt werden sollen.

	Einzelunter-nehmen	Personengesell-schaften	Kapitalgesellschaften
Geeignet für z.B.	Freiberufler, Ge-werbetreibende	Kaufleute, Klein-gewerbetreibende	Handels- und Dienst-leistungsgewerbe
Steuerbelastung	ESt; ggf. GewSt	ESt, ggf. GewSt	GewSt, KSt

1.6.1   Einzelunternehmer

❯ **Lückentext:** Folgende Wörter fehlen im Text: *Einkommensteuer*; *unbeschränkte*; *Haftung*; *Einzelunternehmer*; *privaten*; *teilen*; *Verluste*;

Führt ein Gewerbetreibender seine Geschäfte ohne weitere Gesellschafter, so wird er als① _____ tätig. Er führt seine Geschäfte allein und mit 100% persönlicher ② _____. Er steht mit seinem gesamten③ _____ und betrieblichen Vermögen für seine Handlungen ein. Das heißt, er trägt auch alle ④ _____ selbst und braucht anfallende Gewinne nicht mit anderen zu ⑤ _____. Vorteilhaft ist die Selbstbestimmung und hohe Flexibilität bei Gleichzeitiger hoher Risikobelastung durch alleinige ⑥ _____ Haftung. Der Gewinn aus Gewerbebetrieb oder aus selbständiger oder freiberuflicher Tätigkeit unterliegt grundsätzlich der ⑦ _____ und/oder der Gewerbesteuer.

1.6.2   Personengesellschaft z.B. OHG

❯ **Lückentext:** Folgende Wörter fehlen im Text: *Haftungsbeschränkung, Gläubigern*; *Geschäftsleben*; *Mitunternehmerrisiko, Vertrauen*; *unbeschränkte*; *Gewerbesteuer*

Die OHG (§§ 105 ff HGB) ist ein Zusammenschluss von mindestens zwei Gesellschaftern (Mitunternehmern), die ein Handelsgewerbe unter einer gemeinschaftlichen Firma

(Name) betreiben, ohne dass eine ①_____der Gesellschafter gegenüber ②_____besteht. Die Gesellschafter bilden somit eine Tätigkeits-, Vermögens-, Risiko- und Haftungsgemeinschaft und erfüllen sowohl das Kriterium der Mitunternehmerinitiative als auch das③_____. Vorteilhaft ist das Ansehen im ④_____. Die Rechtsform bedingt aber auch großes gegenseitiges ⑤_____aller Beteiligten und die ⑥_____Haftung mit betrieblichem und persönlichem Vermögen. Der Gewinn aus Gewerbebetrieb unterliegt grundsätzlich der Einkommensteuer und der ⑦_____. Vermögensverwaltende Gesellschaften oder Freiberufliche Zusammenschlüsse werden hier nicht berücksichtigt.

1.6.3   Kapitalgesellschaften z.B. GmbH und UG

❯ **Lückentext:** Folgende Wörter fehlen im Text: *beschränkter; Unternehmergesellschaft; Gesellschaftsvermögen; Geschäftsverkehr; steuerpflichtig; losgelöst; Mindestkapital; Körperschaftsteuer*

Die Gesellschaft mit ①_____Haftung (GmbH) und die ②_____ gem. § 5a GmbHG (UG (haftungsbeschränkt)) sind Kapitalgesellschaften mit eigener Rechtspersönlichkeit (= juristische Personen), bei denen die Haftung auf das ③_____beschränkt ist. GmbH und UG (haftungsbeschränkt) treten – vertreten durch die Geschäftsführung – selbstständig im ④_____auf, können selbst klagen und verklagt werden, sie können Eigentum erwerben und eigenes Vermögen besitzen. Sie sind eigenständig⑤_____. Die eigenen Rechte und Pflichten der GmbH und der UG (haftungsbeschränkt) bestehen ⑥_____von denen der Gesellschafter und der Geschäftsführer. Vorteilhaft ist diese Form, weil die Gesellschafter beschränkt haften. Nachteilig ist abgesehen von der UG, das aufwendige und teure Gründungsverfahren mit ⑦_____ von 25.000 €. Der Gewinn unterliegt grundsätzlich der Gewerbesteuer und der⑧_____.

1.6.3.1   Gewinnermittlungsmethoden

❓ **Frage:** Welche Gewinnermittlungsarten gibt es bei Gewinneinkünften?

❗ **Antwort:** Bei den Gewinneinkünften des § 2 Abs. 1 Nr. 1 bis 3 EStG gibt es grundsätzlich zwei Gewinnermittlungsarten:

Die Gewinnermittlung durch Betriebsvermögensvergleich (Bestandsvergleich) nach § 4 Abs. 1 bzw. § 5 EStG (H 5.1 EStH) und die Gewinnermittlung durch Einnahmen-Überschussrechnung nach § 4 Abs. 3 EStG.

Darüber hinaus kennt das Gesetz die Gewinnermittlung nach Durchschnittssätzen gem. § 13a EStG, die ausschließlich von Land- und Forstwirten unter bestimmten Voraussetzungen in Anspruch genommen werden kann. Außerdem gibt es für deutsche Reeder eine weitere pauschalierte Form der Gewinnermittlung (§ 5a EStG).

Abbildung 1.41   Gewinnermittlungsarten § 4 Abs. 3 EStG und § 5 EStG

Gewinnermittlungsarten	
§ 4 Abs. 3 EStG	§ 5 EStG
Betriebseinnahmen	Betriebsvermögen am Ende 01
./. Betriebsausgaben	./. Betriebsvermögen am Ende 02
= Gewinn	+ Entnahmen
	./. Einlagen
	= Gewinn
Für Gewerbetreibende, die nicht zur Buchführung verpflichtet sind und auch freiwillig keine Bücher führen.	Für Gewerbetreibende, die nach Handels- oder Steuerrecht zur Buchführung verpflichtet sind (§§ 140, 141 AO, §§ 1ff. 238 HGB) oder freiwillig Bücher führen.

R 4.7 EStR: Betriebseinnahmen sind in Anlehnung an § 8 Abs. 1 EStG und § 4 Abs. 4 EStG alle Zugänge in Geld und Geldeswert, die durch den Betrieb veranlasst sind. Die Bilanzierung wird ausführlich in Kapitel 3 und 4 behandelt. Nachfolgend ein Beispiel für eine Einnahmen- Überschussrechnung.

> **Beispiel:** Erstellen Sie bitte die Einnahmen-Überschussrechnung gem. § 4 Abs. 3 EStG mit folgenden Angaben: Barkauf von Waren: 60.000 € + 11.400 € USt und Barverkauf von Waren: 100.000 € + 19.000 € USt.

Gewinnermittlung nach § 4 Abs. 3 EStG

Vom 1. Januar 01 bis 31. Dezember 01

A.	Betriebseinnahmen		
	Einnahmen	100.000 €	
	Umsatzsteuer	19.000 €	
	Summe der Betriebseinnahmen		**119.000 €**
B.	Betriebsausgaben		
	Materialausgaben	./. 60.000 €	
	Vorsteuer	./. 11.400 €	
	Summe der Betriebsausgaben		**./. 71.400 €**
C.	**Betrieblicher/steuerlicher Gewinn**		**47.600 €**

1.6.3.2   Transparenz- und Trennungsprinzip

Das Transparenzprinzip beschreibt die transparente Besteuerung der Personengesellschaft und Einzelunternehmen im Gegensatz zum Trennungsprinzip, wo die Kapitalgesellschaft getrennt von den Gesellschaftern besteuert wird, weil zwei Steuersubjekte vorliegen. Die nachfolgende Grafik verdeutlicht die Prinzipien!

Abbildung 1.42   Das Transparenz und Trennungsprinzip

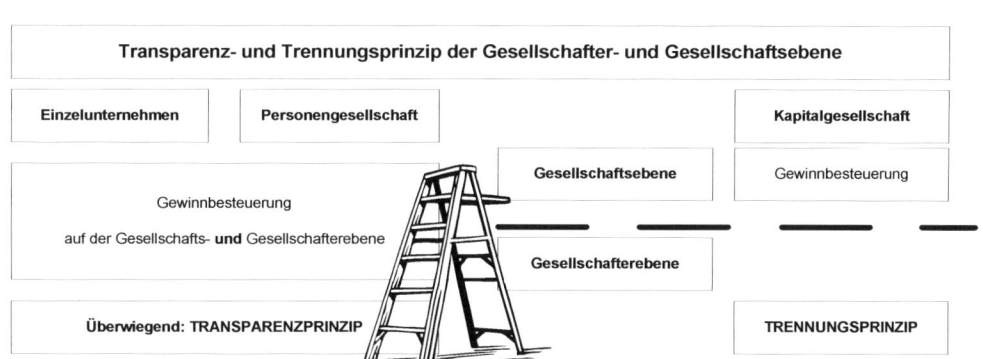

1.6.3.3   Additive oder zweistufige Gewinnermittlung

Die Gewinnermittlung der Einkünfte einer gewerblichen Mitunternehmerschaft erstreckt sich über zwei Stufen. In der ersten Ebene der Gewinnermittlung wird der Anteil des Mitunternehmers am gesamthänderisch erwirtschafteten Gewinnes ermittelt und auf der zweiten Ebene, die sich aus den Vergütungen ergebenden Einkünften, die der Gesellschafter im Dienste der Gesellschaft gem. § 15 Abs. 1 Nr. 2 EStG für die Hingabe von Darlehen oder für die Überlassung von Wirtschaftsgütern bezogen hat. Auf der zweiten Ebene werden auch die jeweiligen Sonderbetriebseinnahmen und -ausgaben berücksichtigt.

In H 4.2. Abs. 11 EStH wird das steuerliche Betriebsvermögen der Personengesellschaft dargestellt: Gesamthandvermögen + Sonderbetriebsvermögen der Mitunternehmer.

Abbildung 1.43   Additive oder zweistufige Gewinnermittlung

Additive Gewinnermittlung = zweistufige Gewinnermittlung	
G Handelsbilanz der Gesellschaft	
E Ergänzungsbilanzen und Ergänzungs GuV	**Stufe Nr. 1**
S Sonderbilanzen und Sonder GuV	**Stufe Nr. 2**

❯ **Aufgabe:** Die Maus KG hat einen Handelsbilanzgewinn von 50.000 € erwirtschaftet. Der Kommanditist erhält 30% und der Komplementär 70%. Der Komplementär erhält zusätzlich ein Geschäftsführergehalt (Tätigkeitsvergütung) § 15 Abs. 1 Nr. 2 2. HS EStG (Qualifikationsnorm) in Höhe von 60.000 €, den er als Einkünfte aus Gewerbebetrieb zu versteuern hat.

❷ Frage: Ermitteln Sie die Einkünfte der beiden Mitunternehmer!

❂ Lösung:

Einkünfte des Komplementärs Maus			
	KG	Komplementär	Kommanditist
Beteiligung:		70%	30%
Handelsbilanz der Gesellschaft	50.000 €	35.000 €	15.000 €
+GF - Gehalt § 15 Abs. 1 2. HS EStG	60.000 €	60.000 €	
Steuerbilanz der Gesellschaft	**110.000 €**		
Einkünfte der Mitunternehmer:		95.000 €	15.000 €

❷ Frage: Was ist eine Ergänzungsbilanz?

❶ Antwort: Auch Korrekturbilanz genannt. Anwendung: Gründungsfälle, durch unterschiedliche Bewertung, Gesellschafterwechsel, Inanspruchnahme gesellschafterbezogener, steuerlicher Vorschriften (z.B. § 6b EStG).

❷ Frage: Was ist eine Sonderbilanz/Sonderbetriebsvermögen?

❶ Antwort: Anwendung:

- Sondervergütungen an Arbeitnehmer (Dienstleistungen) § 15 Abs. 1 Nr. 2 EStG (Zurechnungsnorm),

- Hingabe von Darlehen des Gesellschafters an die PersGes,

- Sonderbetriebsausgaben (Reisekosten),

- Grundstücksvermietung an die Gesellschaft.

❸ Beispiel: Der Steuerpflichtige ist ledig und erhält 100.000 € als Dividendengutschrift (Brutto-Dividende). Die Beteiligung ist fremdfinanziert und ihm sind Aufwendungen in Höhe von 10.000 € entstanden. Der individuelle Steuersatz ergibt sich aus § 32a Abs. 1 EStG.

Wie wird er als Anteilseigner besteuert, wenn er

1. als natürliche Person diese Dividende im Rahmen der Einkünfte aus Kapitalvermögen erhält?

2. als natürliche Person diese Dividende im Rahmen der Einkünfte aus selbständiger Arbeit erhält?

⚙ **Lösung:**

	Dividenden-besteuerung E aus Kap-Abgeltungsteuer	Dividendenbe-steuerung E aus selbständiger Arbeit - Teilein-künfteverfahren
Gewinn der Kapitalgesellschaft	100.000 €	100.000 €
Körperschaftsteuer 15% gem. § 23 (1) KStG	15.000 €	15.000 €
Zwischensumme	85.000 €	85.000 €
Steuerpflichtige Brutto-Dividende mit Abgeltungsteuer (100%) gem. § 20 (8) EStG	85.000 €	----------
Steuerpflichtige Brutto-Dividende mit Teileinkünfteverfahren (60%) § 3 Nr. 40 d EStG (85.000 € x 0,6= 51.000 €)	----------	51.000 €
Betriebsausgaben/Werbungskosten (60%) § 3c EStG	----------	10.000 x 0,6 = 6.000 €
Sparer-Pauschbetrag § 20 Abs. 9 EStG	801 €	
Einkünfte aus Kapitalvermögen/aus selbständiger Arbeit	84.199 €	45.000 €
Einkommensteuer 25% gem. § 32d Abs. 1 EStG (84.199 € x 0,25)	21.049,75 €	
Einkommensteuer gem. § 32a Abs. 1 EStG (ca. 37%) (43.800 € x 0,37)		16.650 €

❓ **Frage:** Erläutern Sie den Begriff „Lock-in-Effekt" in Bezug auf das obige Beispiel!

❗ **Antwort:** Die Besteuerung mit 25% Abgeltungsteuer ist im Vergleich zum Teilein-künfteverfahren (regelmäßig) nicht von Vorteil. Kritisch betrachtet spricht man vom Lock-in-Effekt (engl. to lock in: einschließen), weil die unterschiedliche Behandlung, der thesaurierten zu den ausgeschütteten Gewinnen zu einer Neutralität der Besteuerung und nicht zu einer effizienten Verwendung von Kapital führt. Die Anteilseigner werden unterschiedlich besteuert, davon abhängig ob natürliche Person, Personalge-sellschaft oder Kapitalgesellschaft. Thesaurierte Gewinne unterliegen 15% Körper-schaftsteuer und auf die ausgeschütteten Gewinne entfällt 15% KSt und in unter-schiedlicher Höhe noch zusätzlich Einkommensteuer.

❓ **Frage:** Was bedeutet das Teileinkünfteverfahren?

❗ **Antwort:** Werden Beteiligungen an einer Kapitalgesellschaft im Betriebsvermögen gehalten, dann unterliegen diese dem sog. Teileinkünfteverfahren.

Abbildung 1.44 Teileinkünfteverfahren gem. § 3 Nr. 40 EStG und § 3c EStG

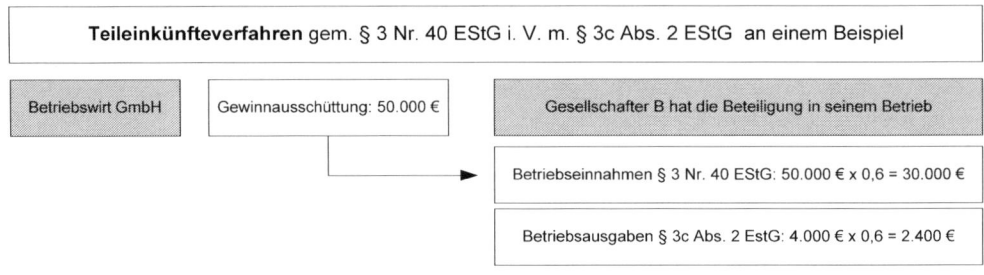

▶ **Beispiel:** Mr. Betriebswirt hat Zinseinkünfte in Höhe von 100.000 €. Stellen Sie einen Belastungsvergleich (ohne Berücksichtigung der Kirchensteuer und mögliche Finanzierungsaufwendungen) an, ob er die Zinsen im Privatvermögen halten oder die Zinspapiere in eine GmbH einlegen soll! Gewerbesteuer ist mit 15% anzunehmen.

✪ **Lösung:**

		Privatvermögen (€)	Betriebsvermögen (€)
Zinseinnahmen		100.000	100.000
davon	100% steuerpflichtig		100.000
Körperschaftsteuer	15% § 23 KStG		15.000
Solidaritätszuschlag	5,5% § 4 SolzG		825
Gewerbesteuer	15% lt. Aufgabe		15.000
Summe:			30.825
Nettoertrag Gesellschaft			69.175
Abgeltungsteuer	25% § 32d EStG	25.000	17.293
Solidaritätszuschlag	5,5% § 4 SolzG	1.375	951
Summe:		26.375	18.244
Steuerbelastung insgesamt		26.375	49.069
Nettoertrag Gesellschafter		73.625	50.931

Aus dem obigen Beispiel ist erkennbar, dass die Entscheidung einer privaten oder betrieblichen Beteiligung zu Steuer- und Liquiditätsdifferenzen führt.

Abbildung 1.45   Steuerliche Folgen einer Gewinnausschüttung

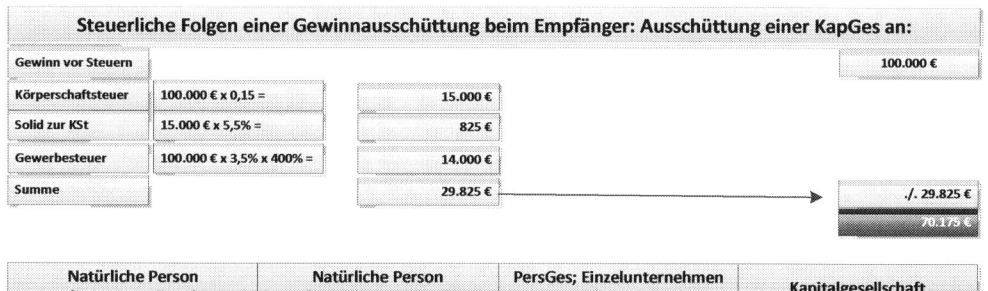

Steuerliche Folgen einer Gewinnausschüttung beim Empfänger: Ausschüttung einer KapGes an:			
Gewinn vor Steuern			100.000 €
Körperschaftsteuer	100.000 € x 0,15 =	15.000 €	
Solid zur KSt	15.000 € x 5,5% =	825 €	
Gewerbesteuer	100.000 € x 3,5% x 400% =	14.000 €	
Summe		29.825 €	./. 29.825 €
			70.175 €

Natürliche Person (Privatvermögen)	**Natürliche Person (Betriebsvermögen)**	**PersGes; Einzelunternehmen (Betriebsvermögen)**	**Kapitalgesellschaft**
Abgeltungsteuer § 32d EStG	Teileinkünfteverfahren § 3 Nr. 40 EStG; § 3c Abs. 2 EStG		Freistellung mit 5% Korrektur § 8b (1) / (5) KStG
Gewinnausschüttung 70.175 €	Gewinnausschüttung 70.175 €		Gewinnausschüttung 70.175 €
...	...		...
Steuer Gesellschafter = 18.298 €	Steuerbelastung des Gesellschafters = 9.836 €		Steuer Gesellschafter = 1.046 €

❯ Beispiel: Der ledige Steuerpflichtige A ist an der B-GmbH zu 35% beteiligt. Anfang 02 erhält er eine Dividendenausschüttung in Höhe von brutto 45.000 € von der GmbH.

Bei der Ausschüttung behält die GmbH 25% KapESt plus 5,5% SolZ (Annexsteuern) von den 45.000 € ein, führt die Steuern an das Finanzamt ab und stellt A eine Steuerbescheinigung aus.

A erhält eine Nettogutschrift in Höhe von 33.131,25 € (45.000 € minus 11.250 € KapESt und 618,75 € SolZ) auf seinem Bankkonto.

Zur Finanzierung der Beteiligung hatte A ein Bankdarlehen in Höhe von 50.000 € aufgenommen, für das er im VZ 02 Zinsen (50.000 € x 3% Zinsen = 1.500 €) in Höhe von 1.500 € bezahlt.

❓ Frage: Berechnen Sie die Einkünfte aus Kapitalvermögen und erläutern Sie die Annexsteuern!

Bei der Veranlagung zur Einkommensteuer 02 kann A den Antrag stellen, diese Einkünfte im Rahmen des regulären Besteuerungsverfahrens zu berücksichtigen. Seine Einkünfte aus Kapitalvermögen betragen:

❶ **Berechnung:**

	Bruttodividende	45.000,00 €
./.	davon steuerfrei nach § 3 Nr. 40d (40%)	18.000,00 €
=	steuerpflichtige Einnahme	27.000,00 €
./.	Werbungskosten (Zinsen)	
	60% (vgl. § 3c Abs. 2 EStG) von 1.500 € =	900,00 €
=	Einkünfte aus Kapitalvermögen	26.100,00 €

❶ **Ergebnis:** Die 26.100,00 € erhöhen dann das zu versteuernde Einkommen von A.

Vorauszahlung: Die von der GmbH einbehaltene Kapitalertragsteuer (25% von 45.000 € = 11.250 €) und der einbehaltene SolZ (5,5 % von 11.250 € = 618,75 €) werden als Vorauszahlungen auf die Steuerschuld des VZ 02 angerechnet.

❯ **Beispiel:** Die in Deutschland ansässige Betriebswirt-GmbH hat zum Gegenstand die Herstellung von Fahrradreifen. Der Jahresumsatz beträgt 5 Millionen €. Der steuerliche Gewinn (=zu versteuerndes Einkommen = Gewerbeertrag) beträgt 350.000 €. Der Hebesatz sei 400%. In den Niederlanden hat die BW-GmbH eine 100% Tochterkapitalgesellschaft, die Wirtschaftsfachwirt-GmbH, welche Fahrräder produziert und von der Muttergesellschaft mit Fahrradreifen beliefert wird. Die deutsche Muttergesellschaft unterstützt die WIFW-GmbH bei der Verwaltung, für die sie Rechnungen ausstellt.

Abbildung 1.46   Skizze zur Aufgabe

❓ **Frage:** Nehmen Sie Stellung zur Körperschaft- und Gewerbesteuerpflicht der BW-GmbH.

❶ **Antwort:** Die BW-GmbH ist nach § 1 Abs. 1 Nr. 1 KStG unbeschränkt körperschaftsteuerpflichtig, da sie im Inland ihren Sitz hat. Sie ist ebenfalls gewerbesteuerpflichtig gem. § 2 Abs. 2 GewStG.

❓ **Frage:** Berechnen Sie nachvollziehbar die Tarifbelastung der Körperschaftsteuer (ohne Solidaritätszuschlag) und die Gewerbesteuer der BW-GmbH.

❗ **Antwort:** Die Körperschaftsteuer beträgt 15% von 350.000 € = 52.500 € (§ 23 Abs. 1 KStG). Die Gewerbesteuer beträgt 350.000 € x Steuermesszahl 3,5 % (§ 11 Abs. 2 GewStG) x Hebesatz 400% (§ 16 GewStG) = 49.000 €.

❓ **Frage:** Erläutern Sie, in welcher Höhe die BW-GmbH eventuelle Gewinnausschüttungen (Dividenden) der WIFW-GmbH versteuern muss.

❗ **Antwort:** Die Gewinnausschüttungen der WIFW-GmbH sind bei der BW-GmbH nach § 8b Abs. 1 KStG steuerfrei. 5% der Ausschüttung gelten gem. § 8b Abs. 5 KStG als nicht abziehbare Betriebsausgaben, sodass insgesamt 95% der Gewinnausschüttung steuerfrei sind.

❓ **Frage:** Beurteilen Sie, ob die BW-GmbH Unternehmereigenschaft nach dem UStG besitzt und erläutern Sie die umsatzsteuerliche Behandlung der Fahrradreifen der BW-GmbH an die WIFW-GmbH.

❗ **Antwort:** Die BW-GmbH ist Unternehmerin nach § 2 Abs. 1 UStG. Die Warenlieferungen der BW-GmbH an die WIFW-GmbH sind steuerbar, da sich der Ort der Lieferungen gem. § 3 Abs. 6 UStG im Inland befindet. Die Lieferung der Fahrradreifen sind gem. § 4 Nr. 1b i. V. m. § 6a UStG als innergemeinschaftliche Lieferungen steuerfrei.

❓ **Frage:** Geben Sie an, welche Meldung in diesem Zusammenhang erstellt werden muss!

❗ **Antwort:** Es ist eine zusammenfassende Meldung gem. § 18a UStG[17] zu erstellen, in welcher alle Warenlieferungen des Unternehmens in das EU-Ausland zu melden sind.

---

[17] Siehe bitte: http://www.bzst.de/DE/Steuern_International/USt_Kontrollverfahren_ZM_eCommerce/Zusammenfassende_Meldungen/Zusammenfassende_Meldungen_node.html

Abbildung 1.47 Zusammenfassende Meldung gem. § 18a UStG

Umsatzsteuer-Identifikationsnummer (USt-IdNr.) Bitte 9 Ziffern eintragen

| 01 | D | E | | | | | | | | | |

Bundeszentralamt für Steuern
- Dienstsitz Saarlouis -

66738 Saarlouis

Unternehmer, Anschrift, Telefon (Angabe freiwillig)

Zusammenfassende Meldung
über innergemeinschaftliche Warenlieferungen
und innergemeinschaftliche sonstige Leistungen
und innergemeinschaftliche Dreiecksgeschäfte

| 02 | **201** |

(Bitte nur **einen** Meldezeitraum ankreuzen)

Jan.		April		Juli		Okt.	
Feb.		Mai		Aug.		Nov.	
März		Juni		Sept.		Dez.	

| Jan/Feb | | April/Mai | | Juli/Aug | | Okt/Nov | |

| 1. Quart. | | 2. Quart. | | 3. Quart. | | 4. Quart. | |

| Kalenderjahr | |

Berichtigung | 03 | |
(falls ja, bitte "x" eintragen)

Einlagebogen | 04 | | Anzahl

Anzeige nach § 18a Abs. 1 UStG

☐ Die in § 18a Abs. 1 Satz 2 enthaltene Regelung nehme ich nicht in Anspruch. Ich gebe die ZM künftig monatlich ab. Diese Anzeige bindet mich bis zum Zeitpunkt des Widerrufes, mindestens aber für die Dauer von 12 Kalendermonaten.

☐ Widerruf meiner Anzeige nach § 18a Abs. 1 UStG

Ich versichere, die Angaben in dieser Zusammenfassenden Meldung wahrheitsgemäß nach bestem Wissen und Gewissen gemacht zu haben.

Hinweis:
Wer vorsätzlich oder leichtfertig entgegen seinen Verpflichtungen gem. § 18 a Umsatzsteuergesetz (UStG) eine Zusammenfassende Meldung nicht, nicht richtig, nicht vollständig oder nicht rechtzeitig abgibt oder nicht bzw. nicht rechtzeitig berichtigt, handelt ordnungswidrig. Die Ordnungswidrigkeit kann mit einer Geldbuße bis zu 5.000 Euro geahndet werden (§ 26 a UStG).

Bei der Anfertigung dieser ZM hat mitgewirkt:

Name, Anschrift, Telefon (Angabe freiwillig)

Hinweis nach den Vorschriften der Datenschutzgesetze:
Die mit der Zusammenfassenden Meldung angeforderten Daten werden aufgrund der §§ 149 ff Abgabenordnung (AO) und § 18 a UStG erhoben.
Die Angaben der Telefonnummern sind freiwillig.

Abbildung 1.48   Zusammenfassende Meldung gem. § 18a UStG

Einlagebogen Nr. [| |]   zur Zusammenfassenden Meldung für den Meldezeitraum

[02]   **201**

Jan.	April	Juli	Okt.
Feb.	Mai	Aug.	Nov.
März	Juni	Sept.	Dez.

Umsatzsteuer-Identifikationsnummer
(USt-IdNr.) Bitte 9 Ziffern eintragen

| Jan/Feb | April/Mai | Juli/Aug | Okt/Nov |

[01] D E [| | | | | | | | |]

| 1. Quart. | 2. Quart. | 3. Quart. | 4. Quart. |

Kalenderjahr [ ]

Berichtigung   [03] [ ]
(falls ja, bitte "x" eintragen)

Meldung der Warenlieferungen vom Inland in das
übrige Gemeinschaftsgebiet (§ 18a Abs. 7 Nr. 1 u. 2
UStG), der sonstigen Leistungen (§ 18a Abs. 7 Satz 1
Nr. 3 UStG) und der Lieferungen i.S.d. § 25 b Abs. 2
UStG im Rahmen innergemeinschaftlicher
Dreiecksgeschäfte (18a Abs. 7 Satz 1 Nr. 4 UStG)

Bitte beachten!

Sonstige Leistungen bzw. Dreiecksgeschäfte sind in Spalte 3
jeweils durch Eintragung der Ziffer "1" oder "2" entsprechend
zu kennzeichnen. Wurden sowohl Warenlieferungen, sonstige
Leistungen und/oder Dreiecksgeschäfte an denselben
Unternehmer erbracht, sind diese in getrennten Zeilen
anzugeben.

		1	2	3
Zeile	Länder-kenn-zeichen	USt-IdNr. des Erwerbers/ Unternehmers in einem anderen EU-Mitgliedstaat	Summe der Bemessungsgrundlagen volle EUR / Ct	Sonstige Leistungen (falls JA, bitte 1 eintragen) / Dreiecksgeschäfte (falls JA, bitte 2 eintragen)
1				
2				
3				
4				
5				
6				
7				
8				
9				
10				
11				
12				
13				
14				
15				
16				
17				
18				
19				
20				
21				
22				
23				
24				
25				

❓ Frage: Erklären Sie, wie die Verwaltungsarbeiten der BW-GmbH umsatzsteuerlich zu behandeln sind. Geben Sie dabei auch an, ob die Fakturierung mit oder ohne Umsatzsteuer erfolgen sollte!

❗ Antwort: Bei den Verwaltungsarbeiten handelt es sich um sonstige Leistungen gem. § 3 Abs. 9 UStG. Der Ort der sonstigen Leistungen befindet sich gem. § 3a Abs. 2 UStG in den NL. Diese Leistung ist somit nicht in Deutschland steuerbar und damit ist die Rechnung ohne Umsatzsteuer zu stellen.

Abbildung 1.49   Ort der sonstigen Leistungen

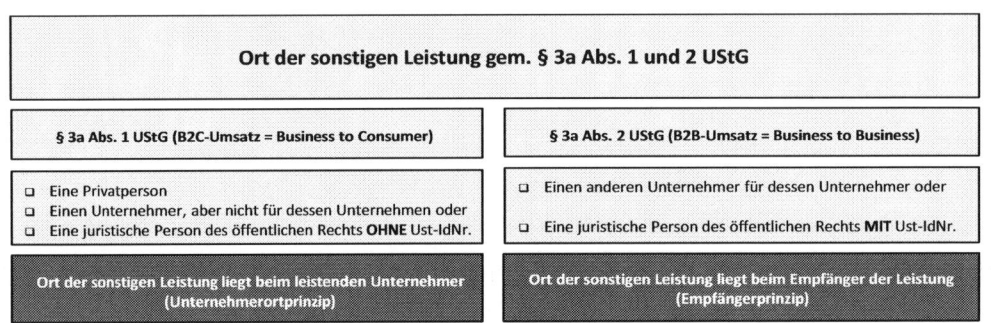

1.7   Zusammenfassung und Wiederholung

Das erste Kapitel ist abgehandelt – das ist schon ¼ des Lernstoffes! Im Sinne von Konfuzius: "Sag mir etwas, und ich werde es vergessen. Zeige mir etwas, und ich erinnere mich daran. Beteilige mich an etwas, und ich werde verstehen" ermutigen Sie sich, weiterzumachen und Ihr Wissen mit den nachfolgenden Übungen in das Langzeitgedächtnis zu transferieren.

1.7.1   Kreuzworträtsel Kapitel 1

1. Vervollständigen Sie bitte: Steuern sind Geldleistungen, die nicht eine ...? gem. § 3 Abs. 1 AO sind.

2. Unternehmerische Entscheidungen lassen sich in kurz- und ...? einteilen.

3. Vervollständigen Sie bitte: Unternehmenssteuern wirken sich auf ...? und Kosten aus.

4. Welche Steuer fällt beim Kauf eines Grundstücks an?

5. In § 34a EStG finden wir ein Beispiel für die Innenfinanzierung aus eigenen Mitteln. Wie nennt man diese Besteuerungsform?

6. Der Sparer – Pauschbetrag gem. § 20 Abs. 9 EStG ist ein Freibetrag. Die Zinsschranke in § 4h EStG ist eine ...?

7. Werden betriebliche Funktionen in das Ausland verlagert, dann kann der § 1 Abs. 3 AStG zur Anwendung kommen. Wie heißt dieses Phänomen?

8. Gesucht ist ein anderes Wort für 'bilaterale völkerrechtliche Verträge'?

9. Vervollständigen Sie bitte: Natürliche Personen mit Wohnsitz oder gewöhnlichen Aufenthalt im Inland sind gem. § 1 Abs. 1 EStG ...? Steuerpflichtig.

10. Welches positive Tatbestandsmerkmal der Einkünfte aus Gewerbebetrieb fehlt nachfolgend: Selbständig, Nachhaltig, Beteiligung am allgemeinen wirtschaftlichen Verkehr?

11. Welche Steuer steht im Zusammenhang mit Kapitaleinkünften und ist in § 32d EStG geregelt?

12. Wie heißt die Einkommensteuer für juristische Personen?

13. Was wird bei der Gewerbesteuer besteuert gem. § 7 GewStG?

14. Vervollständigen Sie bitte: Der Gewerbesteuermessbescheid kommt vom ...? und der Gewerbesteuerbescheid von der Gemeinde.

15. Die Einkommensteuerermäßigung gem. § 35 EStG beträgt das 3,8 fache des ...?

16. Wie heißt die Verkehrsteuer, die den gesamten privaten und öffentlichen Verbrauch belastet?

17. Wie nennt man die Bemessungsgrundlage der Umsatzsteuer gem. § 10 UStG?

18. Bei Kapitalgesellschaften folgt die Besteuerung dem 'Trennungsprinzip'. Bei Einzelunternehmen bzw. Personengesellschaften haben wir überwiegend welches Prinzip?

19. Bei den Gewinneinkünften gibt es grundsätzlich zwei Gewinnermittlungsmethoden: Gewinnermittlung durch Einnahmen-Überschussrechnung und Gewinnermittlung durch...? gem. § 4 Abs. 1 bzw. § 5 EStG?

20. Die GmbH & Co. KG ist keine Kapitalgesellschaft sondern eine ...?

Kapitel 1 Das Steuersystem in seiner Bedeutung für das Unternehmen

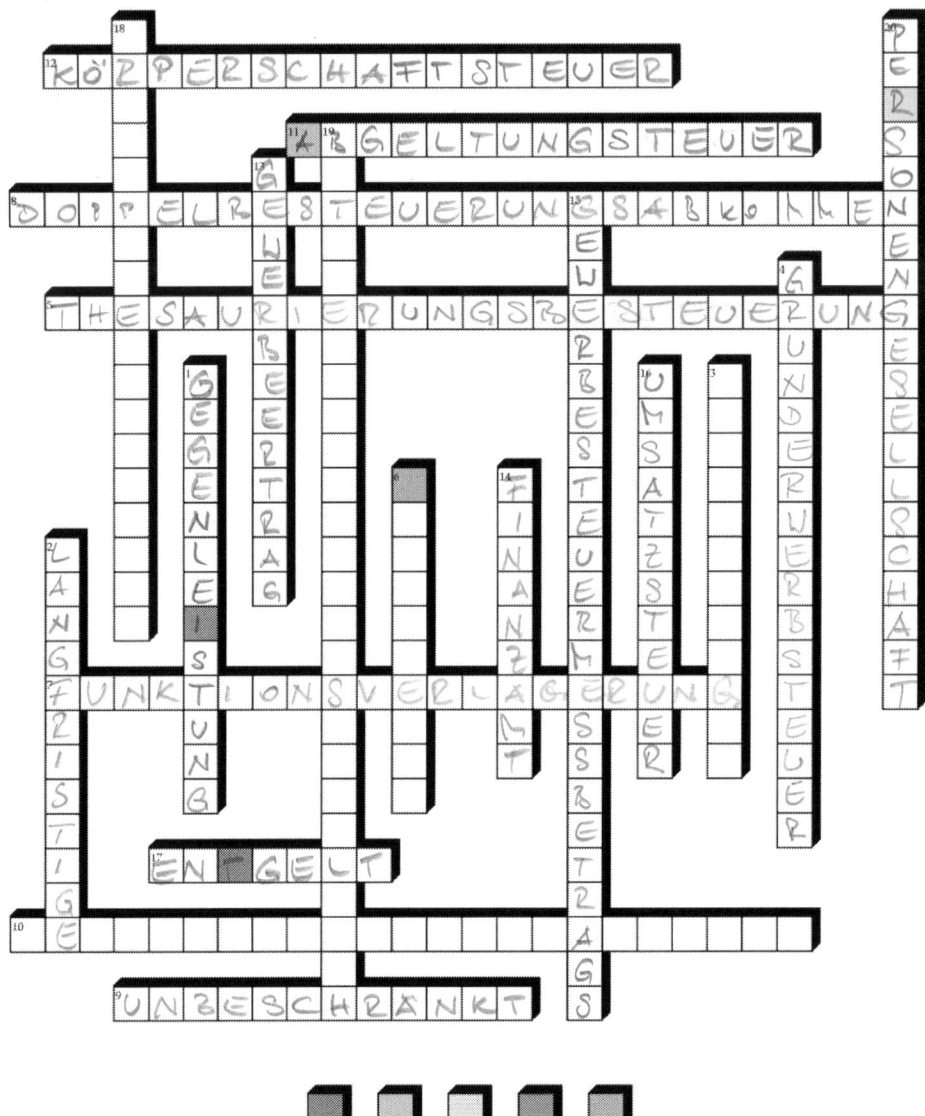

1.7.2 Welche Themenkomplexe haben wir in Kapitel 1 behandelt?

Abbildung 1.50 Die Übersicht behalten über die Themen des Kapitels

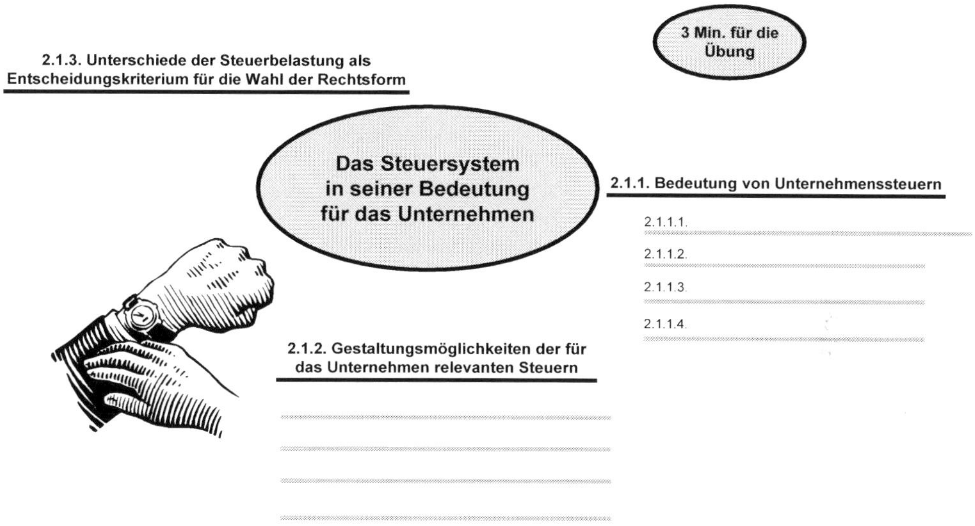

3 Min. für die Übung

2.1.3. Unterschiede der Steuerbelastung als Entscheidungskriterium für die Wahl der Rechtsform

Das Steuersystem in seiner Bedeutung für das Unternehmen

2.1.1. Bedeutung von Unternehmenssteuern

2.1.1.1.

2.1.1.2.

2.1.1.3.

2.1.1.4.

2.1.2. Gestaltungsmöglichkeiten der für das Unternehmen relevanten Steuern

1.7.3   Fachbegriffe und §§ zum Kapitel

Abbildung 1.51   Fachbegriffe Kapitel 1

Welche Fachbegriffe fallen Ihnen zu dem 1 Kapitel: „Das Steuersystem in seiner Bedeutung für das Unternehmen" ein?

A:	K:
B:	L:
C:	M:
D:	N / O:
E:	P / Q:
F:	R:
G:	S / T:
H:	U / V:
I / J:	W / X / Y / Z:

Wenn Ihnen später noch Stichwörter einfallen, nutzen Sie die nachfolgende Liste auch als Merkhilfe und Wiederholungshilfe vor der Prüfung! Es ist Ihre Gedankenarbeit. Betrachten Sie Ihre Prüfungsvorbereitung als Trampelpfade. Beim ersten Versuch, vor lauter Bäumen einen Weg durch den Wald zu finden, tun wir uns schwer, sind vorsichtig und brauchen lange. Beim zweiten Versuch, den Weg durch den dichten Wald zu finden, geht es schneller; wenn man sich an seinem letzten Pfad orientiert, ist man sicherer und beim dritten Versuch können Sie schon pfeifend durch den Wald schlendern und kommen an Ihr Ziel!

Probieren Sie es aus!

1.7.4   Wie wird das Kapitel in der Prüfung abgefragt?

Die schriftliche Prüfung besteht aus mehreren Aufgaben und Sie haben hierfür zwischen 90 und 120 Min. Zeit. In den letzten Jahren waren alle Prüfungen auf 120 Min. ausgelegt. Ca. 20 von 100 Punkten entfallen auf das Kapitel 1: Begriffsdefinitionen, reinen Rechenaufgaben oder Steuerbelastungsvergleichen. Allgemeine Hinweise zur Klausurtechnik finden Sie am Ende des Buches. Hier nur ein Anstoß für Ihre Lesetechnik: Lesen Sie die Klausur nur oberflächlich durch und machen Sie sich auf einer Kladde nur Stichworte/

Themenschwerpunkte zu jeder Aufgabe. Dieses „Brainstorming" oder „Mindmap- Verfahren hilft Ihnen die Klausuraufgaben stichhaltig zu beantworten, ohne wertvolle Zeit zu verschenken. Aus diesem Grund finden Sie zu Beginn eines jeden Kapitels die wesentlichen Fachbegriffe und Themen im Mindmap-Verfahren aufgezeigt und jeweils am Ende des Kapitels haben Sie die Möglichkeit, dies zu üben.

1.7.5   Klausurthemen 2011-2015 zu Kapitel 1

Abbildung 1.52   Klausurthemen 2011-2015 zu Kapitel 1

Rahmenplannummer und Klausurjahr		2015	2015	2014	2014	2013	2012	2012	2011	2011
		Frühjahr	Herbst	Frühjahr	Herbst	Frühjahr	Herbst	Frühjahr	Herbst	Frühjahr
2.1. Das Steuersystem in seiner Bedeutung										
2.1.1.	Bedeutung von Unternehmenssteuern	20	21					23	20	
2.1.1.1	Auswirkung auf Aufwendungen und Kosten									
2.1.1.2	Auswirkungen auf die Finanzwirtschaft					19				
2.1.1.3	Supranationale Auswirkungen									
2.1.1.4	Doppelbesteuerungsabkommen									
2.1.2.	Gestaltungsmöglichkeiten der für das UN ...			23	23		17			15
2.1.3.	Unterschiede der Steuerbelastung als...									
	Summe:	20	21	23	23	19	17	23	20	15

Das Kapitel „Das Steuersystem in seiner Bedeutung für das Unternehmen" macht laut neuer Strukturierung 20 Punkte in der Prüfung aus. Planen Sie daher vor Prüfungsbeginn, wenn die Prüfung aus 4 Aufgaben besteht z.B.: 120 Min: 4 = 30 Min.

30 Min: 10 Min. Lesen/Verstehen – 10 Min. Schreiben – 10 Min. Kontrolle

Üben Sie das eigene zeitliche Planen bei den Übungsklausuren, damit es in der richtigen Prüfung unter Zeitdruck und Nervosität gelingt. Wer nicht täglich Klausuren schreibt, kann beim Üben ein gutes Gefühl dafür bekommen, wie sich 120 Min. anfühlen.

Übungsklausur zum Rahmenplan Nr. 2.1

1.8 Übungsklausur zu Kapitel 1 (120 Min./100 P)

1.8.1 Aufgabe 1

8 P   Erläutern Sie die Unterschiede zwischen den Begriffen: Steuern, Beiträge, Abgaben und Gebühren und geben Sie jeweils ein Beispiel an!

8 P

1.8.2 Aufgabe 2

Wenn ein Steuerpflichtiger von zwei Staaten für denselben Besteuerungszeitraum, für dasselbe Besteuerungssubjekt mit der gleichen Art von Steuer belegt wird, liegt eine Doppelbesteuerung vor.

2 P   a.) Stellen Sie anhand eines Beispiels dar, wie es zu einer Doppelbesteuerung kommen kann.

2 P   b.) Erläutern Sie die beiden Methoden zur Vermeidung von Doppelbesteuerungen!

3 P   c.) Erläutern Sie, unter welchen Voraussetzungen es zu einer Keinmalbesteuerung (weiße Einkünfte) kommen kann!

7 P

1.8.3 Aufgabe 3

4 P   a.) Erläutern Sie die Auswirkungen verschiedener Steuern auf die Liquidität bzw. das Unternehmensergebnis anhand von zwei Beispielen.

6 P   b.) Erläutern Sie am Beispiel der Gewerbesteuer die Bedeutung dieser Steuerart für die Standortentscheidung eines Unternehmens!

8 P   c.) Unterscheiden Sie die Begriffe: Steuerschuldner, Steuerpflichtiger, Steuerobjekt, Steuersubjekt, Steuerzahler.

18 P

1.8.4   Aufgabe 4

Die Betriebswirt GmbH hat Standorte in drei verschiedenen Gemeinden. Im Rahmen eines Jahresabschlussgespräches soll die Rolle der Gewerbesteuerbelastung für das Unternehmen betrachtet werden.

5 P   a.) Erläutern Sie, in welchen Fällen der Gewerbesteuermessbetrag zerlegt wird!

7 P   b.) Erklären Sie den Unterschied zwischen Gewerbesteuermessbescheid, Gewerbesteuerbescheid sowie Steuermessbetrag und Gewerbesteuer. Gesetzliche Vorschriften bitte angeben.

12 P

1.8.5   Aufgabe 5

Die Betriebswirt GmbH entscheidet sich im Ausland einen Standort zu gründen. Im Rahmen eines Beratungsgespräches vergleicht der Geschäftsführer die Körperschaftssteuersätze der folgenden europäischen Staaten mit einander:

Österreich	25%
Deutschland	15%
Finnland	26%
Griechenland	35%

7 P   a.) Erläutern Sie inwieweit die Ertragssteuersätze nicht als Kriterium für eine Standortentscheidung geeignet sind.

10 P   b.) Beschreiben Sie fünf Beispiele, wie sich Steuern auf ein Unternehmen auswirken können.

17 P

1.8.6   Aufgabe 6

20 P   Nennen Sie bitte die Gewinn- und Überschusseinkunftsarten mit § und erläutern Sie bitte kurz, wie sich die Einkünfte ermitteln!

20 P

1.8.7   Aufgabe 7

Eine inländische AG erzielt in 01 einen Gewinn von 200.000 €, der in 01 an die Anteilseigner ausgeschüttet wird.

6 P   a.) Die AG kann in 01 welche Ausschüttung an ihre Gesellschafter (ohne Berücksichtigung der Gewerbesteuer) vornehmen?

6 P   b.) Gleicher Sachverhalt wie oben. Nur jetzt erwirtschaftet die AG einen Gewinn von 100.000 € und der Hebesatz der Gemeinde ist bekannt: 400%. Welche Ausschüttung ergibt sich jetzt?

6 P   c.) Erläutern Sie allgemein, wie die Einkünfte aus Kapitalvermögen beim Anteilseigner erfasst werden, wenn er (ledig, konfessionslos) Dividendeneinkünfte auf dem Konto in Höhe von 4.049,35 € gutgeschrieben bekommt. Die Bank hat 1.375 € an Kapitalertragsteuer und 75,65 € an Solidaritätszuschlag einbehalten und abgeführt. Ein Freistellungsauftrag in Höhe von 801 € liegt der Bank vor.

18 P

1.8.8   Aufgabe 8: Unternehmenssteuern (Extraaufgabe ohne Punkte)

Die inländische A-GmbH stellt Traktoren her und vertreibt diese auch selbst. Sitz der Gesellschaft ist die Lüneburger Heide. Für das Jahr 01 liegen folgende Informationen vor:

– Der Jahresumsatz beträgt 30 Mio. €.

– Der Jahresüberschuss beträgt 1 Mio. €.

– Das zu versteuernde Einkommen (= Gewerbeertrag) beträgt 1,5 Mio. €.

Die A-GmbH plant, in der Lüneburger Heide ein neues Betriebsgebäude zu errichten. Das Finanzierungsvolumen beträgt 10 Mio. €. Die Bank bietet zwei Finanzierungsalternativen zur Auswahl an:

– Fremdfinanzierung über ein Bankdarlehen, endfällig, jährlicher Zinsaufwand 500.000 €.

– Eigenfinanzierung durch Kapitalerhöhung, keine laufenden Finanzierungsaufwendungen.

Die A-GmbH hat eine Tochtergesellschaft (T-GmbH) in Kroatien, welche Traktoren-betriebe produziert. Die T-GmbH ist eine 100-prozentige Tochtergesellschaft der A-GmbH.

Die A-GmbH beliefert die Tochtergesellschaft in Kroatien regelmäßig mit Material für die Herstellung der Traktoren.

Frage 1: Berechnen Sie nachvollziehbar für 01 die Steuern vom Einkommen und Ertrag der A-GmbH. Der Hebesatz der Stadt Lüneburg beträgt 490 %. Bitte vergessen Sie nicht den Solidaritätszuschlag!

Frage 2: Ermitteln Sie rechnerisch nachvollziehbar die jährliche gewerbesteuerliche Mehrbelastung für den Fall, dass sich die A-GmbH für die Fremdfinanzierung über das Bankdarlehen entscheidet. Es liegen keine weiteren Finanzierungsentgelte im Sinne des § 8 Nr. 1 GewStG vor.

Frage 3: Erläutern Sie ausführlich, wie die Lieferungen der A-GmbH an die Tochtergesellschaft umsatzsteuerlich zu behandeln sind.

1.8.9   Aufgabe 9 Extraaufgabe ohne Punkte

Frage 1: Bitte vervollständigen Sie das nachfolgende Schaubild!

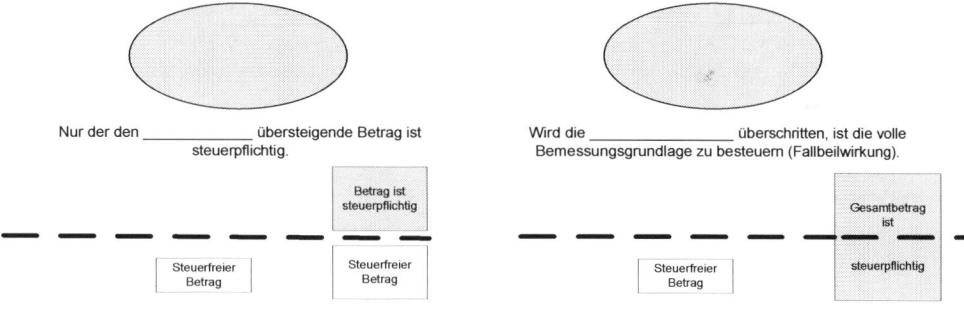

Frage 2: Bitte vervollständigen Sie das nachfolgende Schaubild zur Umsatzsteuer!

Verbinden Sie bitte immer zwei Wörter miteinander!

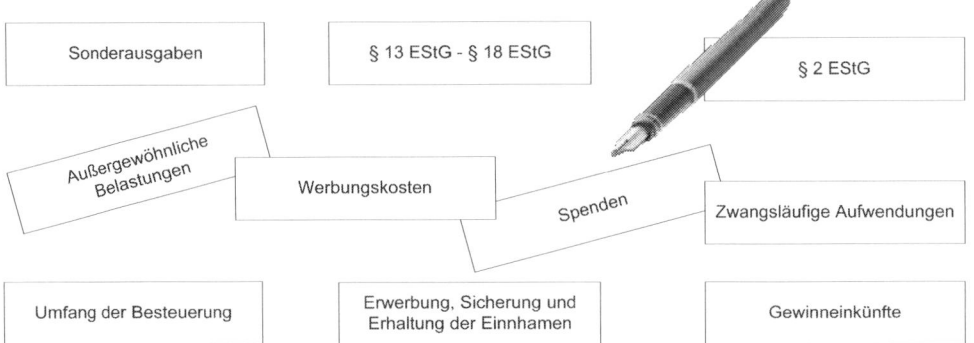

Verbinden Sie bitte immer zwei Wörter miteinander!

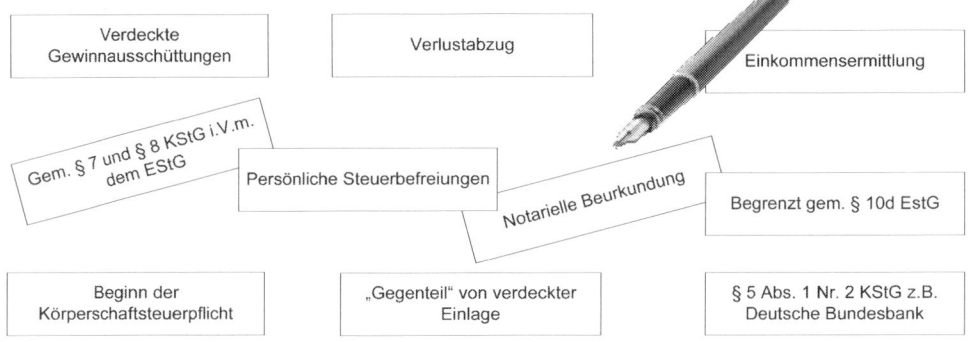

Verbinden Sie bitte immer zwei Wörter miteinander!

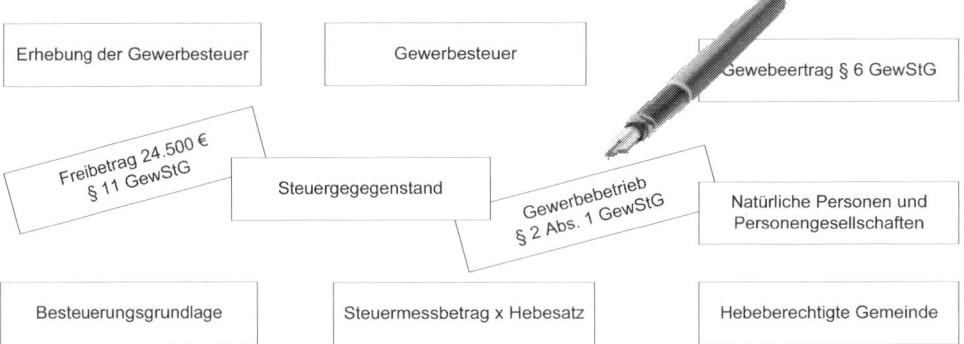

1.8.10   Lösung zur Übungsklausur Kapitel 1

Punkteverteilung:

			Punkte	Erzielte Punkte
Aufgabe 1			**8**	
Aufgabe 2		a	2	
		b	2	
		c	3	
			7	
Aufgabe 3		a	4	
		b	6	
		c	8	
			18	
Aufgabe 4		a	5	
		b	7	
			12	
Aufgabe 5		a	7	
		b	10	
			17	
Aufgabe 6			**20**	
Aufgabe 7		a	6	
		b	6	
		c	6	
			18 P	
			100 P	
				Ihre Note:
Notenschlüssel	100 – 92 Punkte		**Sehr gut**	
	Unter 92 – 81 Punkte		**Gut**	
	Unter 81 – 67 Punkte		**Befriedigend**	

	Unter 67 – 50 Punkte	**Ausreichend**	
	Unter 50 – 30 Punkte	**Mangelhaft**	
	Unter 30 – 0 Punkte	**Ungenügend**	

1.8.11   Aufgabe 1: Begriffsdefinition

2 P   Steuern = keine Gegenleistung des Steuerzahlers (Opfertheorie); ESt, KSt.

2 P   Beiträge = Gegenleistung gegeben für angebotene öffentliche Leistungen (Äquivalenztheorie); Kammerbeiträge, Kurtaxe.

2 P   Abgaben = Oberbegriff für Steuern, Beiträge und Gebühren.

2 P   Gebühren = Gegenleistung gegeben (Äquivalenztheorie); Eintrittsgeld für ein öffentliches Schwimmbad.

8 P

1.8.12   Aufgabe 2: Doppelbesteuerung, Methoden

2 P   a.) Herr Schmidt wohnt in Belgien und vermietet in Aachen seine Eigentumswohnung. In Deutschland ist Herr Schmidt beschränkt steuerpflichtig (§ 1 Abs. 4 EStG), da er weder Wohnsitz noch gewöhnlichen Aufenthalt im Inland hat (§ 8, 9 AO) und erzielt durch die Vermietung inländische Einkünfte (§ 49 EStG). In Belgien ist er unbeschränkt steuerpflichtig, da er dort seinen Wohnsitz hat. Sein Welteinkommen unterliegt der belgischen Steuerpflicht. Die Problematik der Doppelbesteuerung ist anhand dieses Beispiels veranschaulicht, weil sowohl der deutsche wie der belgische Staat auf die Besteuerung der Einkünfte Anspruch hat.

2 P   b.) Es gibt zwei Methoden zur Vermeidung der Doppelbesteuerung. Die Freistellungsmethode (die ausländischen Einkünfte werden in Deutschland von der Besteuerung freigestellt und unterliegen ggf. dem Progressionsvorbehalt). Freistellungsmethode kommt oft bei DBA-Staaten vor. Die zweite Methode ist die Anrechnungsmethode: Hierbei werden die ausländischen Steuern auf die deutsche angerechnet.

3 P   c.) Weiße Einkünfte oder Keinmalbesteuerung sind Begriffe, die Einkünfte beschreiben, welche aufgrund von „unglücklichen" Regelungen im DBA dazu führen, dass die Einkünfte gar nicht besteuert werden.

7 P

1.8.13   Aufgabe 3: Einfluss von Steuern

4 P a.) Steuern führen zum Liquiditätsabfluss. (Auszahlungen) Aufwandssteuern (Grundsteuer, Kraftfahrzeugsteuer, Versicherungssteuer) und
beeinflussen (schmälern) das Unternehmensergebnis.

2 P b.) Die Gewerbesteuer ist eine Gemeindesteuer, bei deren Berechnung die
jeweilige Gemeinde den Hebesatz selbst bestimmen kann, jedoch mind.
200% (§ 106 GG, § 16 Abs. 4 GewStG). Niedrige Hebesätze führen zu
geringen Steuerbelastungen.

2 P Insbesondere nach der Unternehmenssteuerreform 2008 hat die Gewerbesteuer bei Kapitalgesellschaften die Standortentscheidung beeinflusst, nicht zuletzt auch wegen des Wegfalls der Abzugsfähigkeit als
Betriebsausgabe § 4 Abs. 5b EStG.

2 P Bei Personengesellschaften wird die Gewerbesteuer zwar weiterhin auf
die Einkommensteuer angerechnet, aber sie bleibt ein Belastungsfaktor,
der das Eigenkapital mindert § 35 Abs. 1 Nr. 1 EStG (Steuerermäßigung).

2 P c.) Steuerpflichtiger = Steuersubjekt ist, wer eine Steuer schuldet, für eine
Steuer haftet, eine Steuer für Rechnung eines Dritten einzubehalten und
abzuführen hat, wer eine Steuererklärung abzugeben, Sicherheit zu leis-
ten, Bücher und Aufzeichnungen zu führen oder andere ihm durch die
Steuergesetze auferlegte Verpflichtungen zu erfüllen hat, § 33 AO.

2 P Steuerschuldner = natürliche oder juristische Person, die eine Steuer
schuldet, für eine Steuer haftet, eine Steuer für einen Dritten abzuführen oder einzubehalten hat oder sonstige Steuerverpflichtungen erfüllen muss, z. B. Unternehmen bei der Umsatzsteuer. Derjenige, der die
Steuer zu zahlen hat oder einen Anspruch auf Zahlung (z.B. Rückerstat-
tung) gegen das Finanzamt hat, § 43 AO. Steuerschuldner sind also die-
jenigen Steuerpflichtigen, die Geld an das Finanzamt zu zahlen haben
oder von ihm bekommen. Wer Steuerschuldner ist, ist auch Steuerpflichtiger, wer Steuerpflichtiger ist, muss aber nicht Steuerschuldner sein.

2 P Steuerobjekt = Sache, Handlung oder Geldsumme, die die Steuerpflicht
begründet, z. B. Besitz eines zugelassenen PKWs. Als Steuerobjekt bezeichnet man den Tatbestand, an dessen Vorliegen ein spezielles Steu-
ergesetz die Steuerpflicht dem Grunde nach knüpft. Hierbei kann es
sich um eine genau definierte wirtschaftliche Größe oder um einen
Vorgang des Wirtschaftslebens handeln. Steuerobjekt ist z. B. bei der
Einkommensteuer und Körperschaftsteuer das Einkommen, bei der
Vermögensteuer das Vermögen, bei der Gewerbesteuer der Gewerbebetrieb, bei der Umsatzsteuer der Umsatz, bei der Grund erwerbsteuer
der Übergang des Eigentums an einem Grundstück. Vom Steuerobjekt

grundsätzlich zu unterscheiden ist die Bemessungsgrundlage, die sich erst durch Quantifizierung des Steuerobjekts ergibt. So ist z. B. die Bemessungsgrundlage der Gewerbesteuer der Gewerbeertrag und das Gewerbekapital.

2 P   Steuerzahler = führt die Steuer an das Finanzamt ab; z.B. § 36 Abs. 4 EStG; §§ 29, 31 GrStG; §§ 13, 18 UStG).

In Ausnahmefällen bestimmt der Gesetzgeber jedoch jemand anderen zum Steuerzahler für Rechnung des Steuerschuldners, z.B. bei der Lohnsteuer statt des Arbeitnehmers den Arbeitgeber (§§ 38 Abs. 3, 41a EStG), bei der Kapitalertragsteuer statt des Gläubigers der Kapitalerträge den Schuldner der Kapitalerträge (in § 44 EStG).

18 P

1.8.14   Aufgabe 4: Gewerbesteuer und Zerlegung

5 P   a.) Der Gewebesteuermessbetrag ist gem. § 28 ff GewStG zu zerlegen, wenn z.B. ein Gewebebetrieb Betriebsstätten in mehreren Gemeinden unterhält oder wenn sich die eine Betriebstätte über mehrere Gemeinden gem. § 30 GewStG erstreckt. Eine Zerlegung ist auch durchzuführen, wen n innerhalb eines Erhebungszeitraums die Betriebsstätte in eine andere Gemeinde verlegt wurde.

7 P   b.) Der Steuerpflichtige gibt seine Steuererklärung beim Finanzamt ab. Das Finanzamt ermittelt den Gewebesteuermessbetrag und erlässt einen Gewebesteuermessbescheid gem. § 14 GewStG. Das Finanzamt teilt der hebeberechtigten Gemeinde den Gewerbesteuermessbetrag mit. Diese berechnet dann die Gewerbesteuer. Die Gemeinde erlässt anschließend einen Gewerbesteuerbescheid gem. § 16 Abs. 1 AO.

12 P

1.8.15   Aufgabe 5: Standortentscheidung

3 P   a.) Die Betrachtung der Körperschafsteuerbelastung alleine ist nicht ausrei-
2 P   chend, weil eine GmbH in Deutschland auch Gewerbesteuer und Solidaritätszuschlag zahlt. Die Steuerbelastung einer GmbH mit KSt und GewSt
2 P   ergibt ca. 30% (15% + 15%). Weitere Faktoren kommen hinzu (beispielhafte Aufzählung): Zinsschranke § 4h EStG, eingeschränkte bzw. uneingeschränkte Abzugsfähigkeit von Finanzierungskosten, Verlustvorträge § 10d EStG, Hebesatz der Gemeinde etc. Grundsätzlich lässt sich eine Standor-

tentscheidung nicht auf Steuern alleine reduzieren, weil: (beispielhafte Aufzählung): Nähe zu Zulieferern, Absatzmarkt; Flächen- und Grundstückspreise; Ausbildungs- und Lohnniveau; staatliche Förderungen.

10 P   b.) Steuern wirken sich auf Unternehmen aus (beispielhafte Aufzählung): Steuerzahlungen bewirken einen Liquiditätsabfluss; Steuern verursachen Informationskosten; Steuern wirken sich auf die nationale Standortwahl aus; Steuern sind für internationale Standortkriterien entscheidend; Die Umsatzsteuer wirkt sich auf Beschaffungsvorgänge aus, wenn sie nicht als Vorsteuer abzugsfähig ist; Die Entgeltform ist für Personalentscheidungen wichtig; Bei den Produktionskosten sind Verbrauchsteuern zu berücksichtigen: Mineralölsteuer, Einfuhrumsatzsteuer etc.

17 P

1.8.16   Aufgabe 6: Gewinn- und Überschusseinkünfte

	§§	Einkunftsarten	Einkunftsermittlung		Einkünfte
5 P	13	Einkünfte aus Land und Forstwirtschaft	Betriebs-einnahmen	Betriebs-ausgaben	Gewinn (Verlust)
2 P	15	Einkünfte aus Gewerbebetrieb			
2 P	18	Einkünfte aus selbständiger Arbeit			
5 P	19	Einkünfte aus nicht selbständiger Arbeit	Einnahmen	Werbungs-kosten	Überschuss (Verlust)
2 P	20	Einkünfte aus Kapitalvermögen			
2 P	21	Einkünfte aus Vermietung und Verpachtung			
2 P	22	Sonstige Einkünfte			

20 P

Hinweis: Prägen Sie sich die Systematik der Einkünfte gut ein und wiederholen Sie bitte auch die Einkünfte gem. § 2 EStG. Nachfolgendes Schaubild soll dabei helfen.

Bitte vervollständigen Sie das Schaubild zu § ?????!

Einkünfte gem. §				????		EStG
1	2	3	4	5	6	7
		... Selbständiger Arbeit	... Nicht selbständiger Arbeit		... Vermietung und Verpachtung	... Sonstige Einkünfte
§ 13	§ 15	§ 18	§ 19	§ 20	§ 21	§ 22
?-einkünfte			?-einkünfte			

1.8.17   Aufgabe 7: Abgeltungsteuer

a.)

6 P

Gewinn der Betriebswirt AG	200.000 €
./. Körperschaftsteuer 15% von 200.000 €	30.000 €
./. Solidaritätszuschlag 5,5%, siehe § 1, 3 und § 4 des Solidaritätszuschlagsgesetzes von 30.000 €	1.650 €
Ausschüttung (Brutto-Dividende)	**168.350 €**

b.)

6 P

Gewinn der Betriebswirt AG	100.000 €
./. Gewerbesteuer 3,5% x 400% x 100.000 €	14.000 €
Gewinn nach Gewerbesteuer	86.000 €
./. Körperschaftsteuer 15% von 100.000 €	15.000 €
./. Solidaritätszuschlag 5,5% von 15.000 €	825 €
Ausschüttung (Brutto-Dividende)	**70.175 €**

c.)				
6 P	Bankgutschrift:			4.049,35 €
	+ Kapitalertragsteuer § 12 Nr. 3 EStG	25%	§ 32 d EStG	1.375 €
	+ Solidaritätszuschlag § 12 Nr. 3 EStG	5,5%	§ 4 SolzG	75,65 €
	Einnahmen § 20 Abs. 1 EStG	100,00%		5.500 €
	./. Sparer-Pauschbetrag § 20 Abs. 9 EStG			./. 801 €
	Einkünfte aus Kapitalvermögen			**4.699 €**

Einkünfte aus Kapitalvermögen sind gem. § 2 Abs. 5b EStG bei der Ermittlung der Einkünfte grundsätzlich nicht einzubeziehen, weil die Einkommensteuer mit dem Kapitalertragsteuerabzug gem. § 43 Abs. 5 EStG als abgegolten gilt. Auf Antrag ist dies aber gem. § 2 Abs. 5b Satz 2 EStG z.B. in den Fällen des § 32d Abs. 6 EStG oder § 10b EStG möglich.

18 P

Aktueller Hinweis zur Abgeltungssteuer

Frage: Was ist neu hinsichtlich der Abgeltungssteuer?

Antwort: Das Bundeszentralamt für Steuern (BZSt) ist nun Zuständig für den Einbehalt der Kirchensteuer auf Abgeltungsteuer. Ab dem 1. 1. 2015 müssen neben Banken und Kreditinstituten u. a. auch alle Kapitalgesellschaften im Zuge einer Ausschüttung die Kirchensteuerpflicht der Empfänger der Kapitalerträge ermitteln und die Kirchensteuer auf die Abgeltungsteuer automatisch einbehalten und an die steuererhebenden Religionsgemeinschaften abführen.

1.8.18   Aufgabe 8: Unternehmenssteuern

Lösung 1:

Die Körperschaftsteuer beträgt 15 % von 1,5 Mio. € = 225.000 €.
Der Solidaritätszuschlag beträgt 5,5 % von 225.000 € = 12.375 €.
Die Gewerbesteuer beträgt 1,5 Mio. € x Steuermesszahl 3,5 % x Hebesatz 490 % = 257.250 €.

Lösung 2:

Durch den jährlichen Zinsaufwand kommt es gem. § 8 Nr. 1 GewStG zu folgender Hinzurechnung zum Gewerbeertrag:

Lösung:

Gewerbeetrag				1.500.000,00 €
Zinsaufwand			§ 8 Nr. 1 GewStG	500.000,00 €
Summe der Finanzierungsanteile			§ 8 Nr. 1 a - f	500.000,00 €
abzüglich Freibetrag			§ 8 GewStG	100.000,00 €
verbleibender Betrag				400.000,00 €
x 25% (= Hinzurechnungsbetrag gem. § 8 Nr. 1 GewStG)				100.000,00 €
vorläufiger Gewerbeertrag				1.600.000,00 €
kein Freibetrag, da Kapitalgesellschaft			§ 11 Abs. 1 GewStG	- €
				1.600.000,00 €
endgültiger Gewerbeetrag x Steuermesszahl von 3,5% = Steuermessbetrag				56.000,00 €
x Hebesatz	490%	§ 16 Abs. 1 oder 4 GewStG		274.400,00 €
Gewerbesteuer				274.400,00 €

Ergebnis: Die jährliche gewerbesteuerliche Mehrbelastung beträgt somit 274.400 € ./. 257.250 € = 17.150 €.

Lösung 3:

Unternehmereigenschaft: Die A-GmbH ist Unternehmerin nach § 2 UStG.

Steuerbarkeit: Der Warenlieferungen der A-GmbH an die T-GmbH sind steuerbar, da entgeltlich, im Rahmen des Unternehmens etc.

Umsatzart: Warenlieferungen in das EU-Ausland (Kroatien) ist eine innergemeinschaftliche Lieferungen

Ort: § 3 Abs. 6 UStG im Inland.

Steuerfrei: Gem. § 4 Nr. 1b i.V.m. § 6a UStG umsatzsteuerfrei.

Folgen: In Deutschland hat der Unternehmer eine zusammenfassende Meldung abzugeben, § 18a UStG.

1.8.19   Aufgabe 9: Diverse Abbildungen

Lösung **Frage 1:** siehe **Abbildung 1.10** „Freibetrag und Freigrenze".

Lösung **Frage 2:** siehe **Abbildung 1.37** „Übersicht und Einteilung der Umsatzsteuer".

2 Zielorientierter Einsatz der Instrumente der Bilanzanalyse

Die Bilanzanalyse dekodiert alle systematischen Auswertungen des Jahresabschlusses (Bilanz, Gewinn-und-Verlust-Rechnung und Anhang) und des Lageberichts durch die Informationen über das untersuchte Unternehmen gewonnen werden sollen. Dabei richten sich die Auswertungen nach dem Informationsbedarf der Adressaten der Bilanzanalyse.

Abbildung 2.1   Kapitelübersicht: Kapitel 2

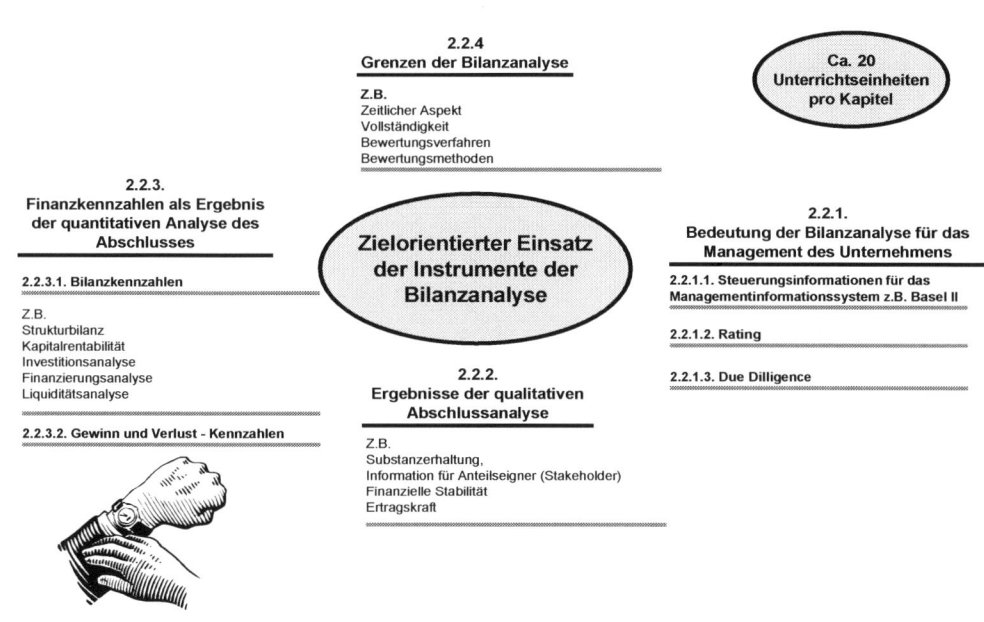

2.1   Kernfragen des Kapitels 2

1. Was ist unter dem Begriff Bilanzanalyse zu verstehen?

2. Welches Ziel verfolgt die Bilanzanalyse?

3. Bedeutung der Bilanzanalyse für das Rating/die Due Dilligence Prüfung?

4. Was versteht man unter qualitativer und quantitativer Bilanzanalyse?

5. Was ist eine Strukturbilanz?

6. Was versteht man unter dem Leverage Effekt?

7. Welche Aufgabe hat das Managementinformationssystem?

8. Was ist das Gesamtkosten- und das Umsatzkostenverfahren?

9. Welche Grenzen der Bilanzanalyse kennen wir?

10. Welchen Stellenwert hat die Formelsammlung in diesem Kapitel?

11. Wie bereite ich mich auf die schriftliche Prüfung vor?

2.2   Wissenstest zu Kapitel 2

Können Sie die nachfolgenden Fachbegriffe den Schwerpunkten des zweiten Kapitels zuordnen? Verbinden Sie bitte! Lösungshinweis im Kapitel 5 in der „Lerncheckliste".

Abbildung 2.2   Wissenstest Kapitel 2

2.2.1. Bedeutung der Bilanzanalyse für das MIS	Bonitätskriterien
	§ 264 Abs. 2 HGB
	Begriff: „Saarbrücker Modell"
	Basel I, II und III
2.2.2. Ergebnisse der qualitativen Abschlussanalyse	Hard and soft facts (harte und weiche Faktoren)
	Bilanzkennzahlen
	Investitions- Finanzierungs- und Liquiditätsanalyse
2.2.3. Finanzkennzahlen als Ergebnis der quantitativen Analyse des Abschlusses	Vertikale und horizontale Finanzierungsregeln
	Rating
	Kapitalrentabilität
	Strukturbilanz
2.2.4. Grenzen der Bilanzanalyse	Vergangenheitsorientiert, Stichtagsbezogen
	Due Dilligence

Rahmenplan Nr. 2.2.1. Bedeutung der Bilanzanalyse für das Management

2.3   Bedeutung der Bilanzanalyse für das Management

Nach einer kurzen Einführung zur Bilanzanalyse wird die Bedeutung der Bilanzanalyse für die drei Anwendungsgebiete: Managementinformationssystem[18], Rating und Due Dilligence dargestellt.

---

[18] Managementinformationssystem = MIS

2.3.1   Der Begriff Bilanzanalyse

❓ **Frage:** Was versteht man unter dem Begriff „Bilanzanalyse"?

❗ **Antwort:** Die Bilanzanalyse ist ein systematisches Verfahren mit dem Ziel Kenntnis über die wirtschaftliche Lage und Entwicklung des Unternehmens zu erlangen und um Entwicklungstendenzen, Fehlentwicklungen oder Auffälligkeiten zu erkennen.

❓ **Frage:** Was bedeutet „wirtschaftliche Ertragslage" im Sinne des § 264 Abs. 2 HGB?

❗ **Antwort:**

-   Analyse der Kapitalverwendung/Investition

-   Analyse der Kapitalherkunft/Finanzierung

-   Analyse der Liquidität

Nachfolgend werden im Überblick zwei Bilanzmethoden dargestellt und im folgenden Kapitalteil 2.4 ff vertieft. Vorweg klären wir aber die klausurrelevanten Fragestellungen des Ziels der Bilanzanalyse sowie dessen Adressaten.

2.3.2   Methoden der Bilanzanalyse

Abbildung 2.3   Überblick über die Methoden der Bilanzanalyse

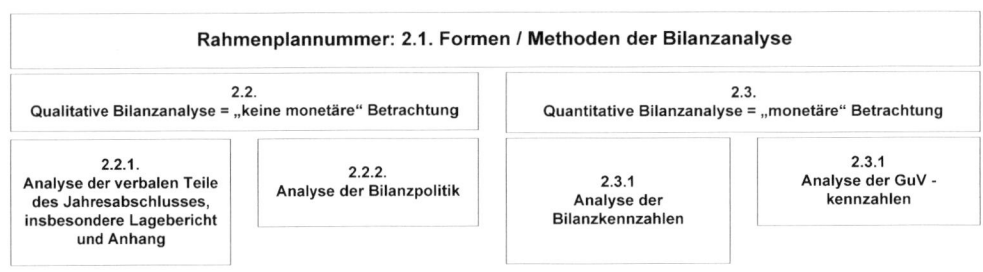

2.3.3   Ziel der Bilanzanalyse

❓ **Frage:** Welches Ziel verfolgt die Jahresabschlussanalyse?

❗ **Antwort:** Beurteilung der Vermögens-, Finanz- und Ertragslage des Unternehmens; Erkenntnissen hinsichtlich der Kapitalverwendung (Investition), der Kapitalherkunft (Finanzierung) sowie deren Beziehung untereinander (Liquidität) zur Entscheidungsfindung und Information für die Geschäftsleitung; die Kreditgeber, die Stakeholder oder die Shareholder.

? Frage: Welche Informationsbedürfnisse haben Shareholder und Stakeholder?

❶ Antwort: Mitarbeiter haben zum Beispiel ein Interesse an der Fähigkeit des Unternehmens die Löhne und Gehälter zu zahlen haben; Kreditgeber wollen beurteilen können, ob Kredite bedient werden; Kunden sind an einer langristigen Geschäftsbeziehung interessiert usw.

☼ Tipp: Lesen und markieren Sie für Ihre Klausur hierzu in Ihrem Framework/ Rahmenkonzept F 9 „die Adressaten und Ihre Informationsbedürfnisse". Siehe auch Kapitelteil 2.3.4.

? Frage: Welches Ziel verfolgt die Bilanzanalyse?

❶ Antwort: § 264 Abs. 2 HGB: Das **Ziel** der Bilanzanalyse ist aus dem § 264 Abs. 2 HGB abzuleiten: „Der Jahresabschluss der _____ hat unter Beachtung der Grundsätze ordnungsmäßiger Buchführung ein den tatsächlichen Verhältnissen entsprechendes Bild der _____ der Kapitalgesellschaft zu vermitteln.

Abbildung 2.4 Ziele der Bilanzanalyse

Realer Sachverhalt z.B. wirtschaftliche Lage des Unternehmens	Jahresabschluss / Anhang/ Lagebericht § 264 Abs. 2 HGB	Vorstellung entwickeln über den realen Sachverhalt z.B. wirtschaftliche Lage des Unternehmens

Das Unternehmen als kodierender Sender – und der Bilanzanalyst als dekodierender Empfänger

---

2.3.4 Adressaten der Bilanzanalyse

? Frage: Wer benötigt eine Bilanzanalyse?

Der interne Adressat der Bilanzanalyse ist z.B. das Management oder der Arbeitnehmer. Welche externen Interessenten könnten an der Vermögens-, Finanz- und Ertragslage der Kapitalgesellschaft Bedeutung finden?

❶ Antwort: z.B. die interessierte Öffentlichkeit, Anteilseigner, Fremdkapitalgeber, Lieferanten, staatliche Behörden, Gläubiger, Kreditinstitute, Konkurrenten.

Die Adressaten der Bilanzanalyse lassen sich vereinfacht in intern und extern aufteilen.

Abbildung 2.5   Adressaten der Bilanzanalyse

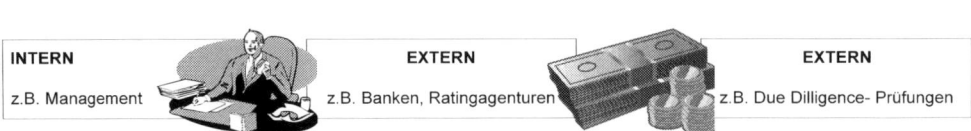

INTERN	EXTERN	EXTERN
z.B. Management	z.B. Banken, Ratingagenturen	z.B. Due Dilligence- Prüfungen

2.3.5   Steuerungsinformationen für das Managementinformationssystem

Zu den Aufgaben des Managements im Unternehmen gehört im weiteren Sinne die Planung, Organisation, Führung und Steuerung der betriebswirtschaftlichen Prozesse. Im engeren Sinne ist es die Aufgabe des Managements, mit Hilfe eines Managements Informationssystem die Substanzerhaltung des Unternehmens und finanzielle Stabilität zu gewährleisten sowie Informationen für stakeholder[19] bereitzustellen unter Zuhilfenahme der Bilanzanalyse, die kurz gesagt, die Ertragskraft des Unternehmens widerspiegeln sollte.

Abbildung 2.6   Bedeutung der Bilanzanalyse für das Management

Bedeutung der Bilanzanalyse für das Managementinformationssystem	
Managementaufgaben im weiteren Sinne:	**Managementaufgaben im engeren Sinne:**
Planung, Organisation, Führung etc.	Substanzerhaltung, finanzielle Stabilität, Information für stakeholder
	Hilfsmittel: Bilanzanalyse

§ 91 Abs. 2 AktG: Für börsennotierte Unternehmen ist gesetzlich in § 91 Abs. 2 AktG geregelt: „Der Vorstand hat geeignete Maßnahmen zu treffen, insbesondere ein _____ einzurichten, damit den Fortbestand der Gesellschaft gefährdende Entwicklungen früh erkannt werden."

§ 317 HGB: In die Prüfung des Jahresabschlusses ist gem. § 317 Abs. 4 HGB: „Bei einer _____ Aktiengesellschaft ist außerdem im Rahmen der Prüfung zu beurteilen, ob der Vorstand die ihm nach § 91 Abs. 2 des Aktiengesetzes obliegenden Maßnahmen in einer geeigneten Form getroffen hat und _____ das danach einzurichtende _____ seine Aufgaben erfüllen kann."

---

[19] Das Wort „stakeholder" (engl.) beschreibt eine natürliche oder juristische Person, die Interesse an der wirtschaftlichen Entwicklung des zu betrachtenden Unternehmens hat.

❓ Frage: Was ist ein Managementinformationssystem (MIS)?

❗ Antwort: In einem MIS werden dem Nutzer Informationen bereitgestellt, die für seine Entscheidungen relevant sind (Steuerungsinformationen) und ihn bei der zukünftigen Planung unterstützen können. Hierbei werden die Kennzahlen aus dem internen Rechnungswesen, die ein reales Abbild des aktuellen Unternehmenszustandes liefern, zu einer **Bilanzanalyse** für interne und externe Zielgruppen aufbereitet.

2.3.6 Im Rahmen des Ratings

Abbildung 2.7 Bedeutung der Bilanzanalyse im Rahmen des Ratings

❓ Frage: Hat die Bedeutung von Rating mit Basel I, II und III zugenommen?

❗ Antwort: Die Bedeutung der Bilanzanalyse für das Rating hat mit der Einführung des internationalen Regelwerks Basel II zugenommen, weil Banken ihre Risiken im Kreditgeschäfte mit Eigenkapital unterlegen müssen. Aus dem Basler Akkord von 1988 (Basel I) haben die Banken Risiken u.a. generell mit 8% Eigenkapital zu unterlegen und aus dem Baseler Akkord von 2000/2007 (Basel II) u.a. die Gewichtung von Ausfallrisiken/Kreditierungen mittels Rating. Ein Rating oder Kreditrating (englisch für „Bewertung" oder „Einschätzung") ist im Finanzwesen eine Einschätzung der Bonität eines Schuldners. Es ist zu erwarten, dass Basel III die Eigenkapitalunterlegung für Risiken im Bankengeschäft verbessert und verschärft.

Abbildung 2.8 Rating (eng. Bewertung, Einschätzung) = Sicherheit + Bonität

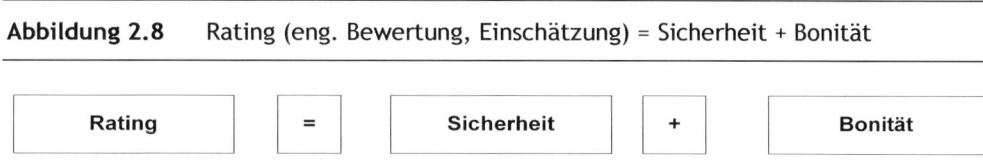

Rating meint das Verfahren der Bewertung und Einschätzung der Fähigkeiten eines Unternehmens zukünftig seine Verbindlichkeiten (Tilgung und Verzinsung) zu bedienen.

⊙ **Hinweis:** Es gibt mehrere bedeutende und anerkannte Ratingskalen z.B. von Standard and Poor´s oder Moody´s.

❓ **Frage:** Erläutern Sie die Begriffe internes und externes Rating! (4 P)

❗ **Antwort:** Es gibt zwei Formen des Ratings: Internes und externes Rating.

Internes: Rating durch Kreditinstitute, die das Kreditausfallrisiko anhand der Bonitätskriterien prüfen. (2 P)

Externes: Ratingagenturen sind unternehmensexterne Analysten, die mit der Bonitätsprüfung beauftragt sind. (2 P)

Abbildung 2.9 Bonitätseinstufungen und -kriterien

Bonitätskriterien im Ratingverfahren				
1. Qualität des Managements	2. Betriebliche Verhältnisse	3. Wirtschaftliche Verhältnisse	4. Beziehung zu Geschäftspartnern	5. Branche, Markt, Wettbewerb

---

❗ Bonitätseinstufungen anhand von Bonitätskriterien werden sowohl bei erstmaliger Kreditgewährung als auch laufend während der Kreditgewährung vorgenommen.

Beide haben den Zweck das aktuelle Kreditrisiko eines Schuldners anhand einer Ratingnote festzulegen und die Höhe der Fremdkapitalkosten zu bestimmen.

▶ **Fall:** Die GmbH hat ihren 2 Millionen Kredit bekommen. Was hätte die GmbH vor der Kreditantragstellung tun können, um im Vorfeld den bankinternen Ratingprozess einschätzten zu können? Diskutieren Sie! Kennen Sie die Bonitätskriterien?

▶ **Folgen:** Bonitätsverschlechterungen bestehender Kredite können über entsprechende Ratingherabstufungen bestimmte Folgen in Kreditverträgen auslösen. Ausgangspunkt ist die Verschlechterung der Vermögensverhältnisse (= Bonität)/Convenants.

❓ **Frage:** Beleuchten Sie kritisch das Ratingverfahren!

❗ **Antwort:** Bonität und ihre Klassifizierung nach Ratings ist für subjektive Einflüsse (bei den soft facts) zugänglich. Sowohl die Auswahl der Bonitätskriterien als auch deren Gewichtung enthalten deutlich subjektive Merkmale. Deshalb kann die von einem Gläubiger oder einer Ratingagentur vorgenommene Bonitätseinstufung auch nur sehr begrenzt und objektiv nachgeprüft werden.

2.3.7 Rating und BASEL I, II und III

❓ Frage: Was versteht man unter dem Begriff BASEL II (1 P)?

❗ Antwort: Der Terminus Basel II bezeichnet die Gesamtheit der Eigenkapitalvorschriften, die vom Basler Ausschuss für Bankenaufsicht in den letzten Jahren vorgeschlagen wurden.

❓ Frage: Welches Ziel verfolgt Basel II (1 Punkt)?

❗ Antwort: Eine Bank muss Eigenkapital in Höhe von mindestens 8 Prozent der Risikopositionen vorweisen[20]. Fällt sie unter diese Grenze, muss die Bankenaufsicht Maßnahmen zur Abwendung von Gefahren anordnen. Das **Ziel** ist die Wahrung der Interessen der Kreditinstitute und der Marktteilnehmer.

❓ Frage: Was hat Basel II für die Unternehmer bewirkt (4 P)?

❗ Antwort: Die Anforderungen an Unternehmen und Berater sind gestiegen: Es wird eine vorausschauende Gestaltung eigener Ratings durch die Unternehmen selbst erwartet. Außerdem richtet sich die Unternehmensführung stärker an den quantitativen und qualitativen Faktoren von Ratings aus, um Kredite generell bzw. für dafür günstigere Konditionen zu erhalten.

❓ Frage: Was ändert sich durch Basel III?

❗ Antwort: Am 12. September 2010 wurden neue Kapital- und Liquiditätsvorschriften für Bankinstitute bekannt gegeben. Künftig sollen die Banken deutlich mehr Eigenkapital vorhalten (12% anstatt wie für Basel II: 8%) und einen zusätzlichen Kapitalpuffer anlegen, um etwaige Verluste selbst auffangen zu können. Die strengeren Regeln, auch Basel III genannt, sollen dazu führen, dass Banken sich im Krisenfall aus eigener Kraft stabilisieren und retten können. Alternative Finanzierungsformen wie z.B. Factoring, Leasing, Mezzanine-Kapital[21] werden verstärkt als Finanzierungs- und Besicherungsinstrumente eingesetzt.

❗ Siehe hierzu auch:
http://www.bundesfinanzministerium.de/Content/DE/Standardartikel/Service/Einfach_erklaert/2010-11-04-einfach-erklaert-basel-III-flash-infografik.html

---

[20] Die Regeln müssen gemäß den EU-Richtlinien 2006/48/EG und 2006/49/EG seit dem 1. Januar 2007 in den Mitgliedsstaaten der Europäischen Union für alle Kreditinstitute und Finanzdienstleistungsinstitute (= Institute) angewendet werden.

[21] Mezzanine-Kapital ist eine Zwischenform von Eigen- und Fremdkapital.

2.3.8   Maßnahmen zur Verbesserung des Ratings

? **Frage:** Nennen Sie zehn Maßnahmen zur Verbesserung des Ratings eines Unternehmens (10 P) !

! **Antwort: Harte Faktoren = Quantitative Faktoren = hard facts**

-   Erhöhung des Eigenkapitals

-   Abbau von Schulden/Verbindlichkeiten

-   Umwandlung von Verbindlichkeiten in Mezzanine-Kapital

-   Einhaltung der Fristenkongruenz

-   Verringerung der Vorräte

-   Forderungsmanagement einführen oder verstärken

-   Ausweis guter Ertragslage

-   Begrenzung der Geschäftsführer- und Vorstandsgehälter

Weiche Faktoren = Qualitative Faktoren = soft facts

-   Vorhandensein eines Unternehmenskonzeptes, strategische Ausrichtung

-   Kundenorientiertes Marketing (Marketingmix)

-   Mitarbeiterentwicklung/Erhöhung der Motivation

-   Beteiligung der Mitarbeiter am Unternehmen

-   Zertifizierung

-   Qualitätsmanagement

-   Nachhaltigkeit in der Unternehmensstrategie

-   Abstimmung von Ökologie und Ökonomie

-   Nachfolgeregelung

2.3.9   Im Rahmen des Due Diligence

Die Bedeutung der Bilanzanalyse für die Due Diligence Prüfung hat mit den vermehrten Unternehmenskäufen und der Globalisierung zugenommen.

Abbildung 2.10 Bedeutung der Bilanzanalyse für die Due Diligence

Bedeutung der Bilanzanalyse für die Due Dilligence Prüfung	
Due Dilligence im weiteren Sinn:	**Due Dilligence im engeren Sinn:**
Systematische Stärken/ Schwächen Analyse	Engl. Sorgfaltspflicht der Prüfung vor z.B. einem Kauf, Verkauf oder Börsengang
	Hilfsmittel: Bilanzanalyse

❓ **Frage:** Was bedeutet der Begriff „Due Diligence"?

❗ **Antwort:** Due Diligence (DD), bekannt als „Sorgfaltspflicht" (z.B. von Banken), bezeichnet die „gebotene Sorgfalt", mit der beim Kauf bzw. Verkauf von Unternehmensbeteiligungen oder Immobilien oder einem Börsengang das Objekt im Vorfeld der Akquisition oder des Börsengangs geprüft wird.

❓ **Frage:** Wie kann man stichhaltig eine „Due Diligence Prüfung" beschreiben?

❗ **Antwort:** Eine systematische Stärken-/Schwächen-Analyse des Objekts; Eine Analyse, der mit dem Kauf oder des Börsengangs verbundenen Risiken; Fundierte Bewertung eines Objekts.

❓ **Frage:** Erklären Sie den Ursprung der Due Diligence!

❗ **Antwort:** Der Begriff Due Diligence kommt aus dem US-amerikanischen Wirtschaftsrecht und ist im deutschen Recht vergleichbar mit "der im Verkehr erforderlichen Sorgfalt" bzw. "der Sorgfaltspflicht eines ordentlichen Kaufmanns".

❓ **Frage:** Erklären Sie die Aufgabe von Due Diligence!

❗ **Antwort:** Die Due Diligence Prüfung steht vorrangig im Zusammenhang mit Unternehmenskäufen. Der potentielle Käufer benötigt eine zuverlässige Schätzung der Risiken und Chancen des zu übernehmenden Unternehmens. Die Due Diligence soll die Informationslücke zwischen Verkäufer und Käufer ausgleichen und damit für den Käufer sicherstellen, dass er nach dem Kauf des Unternehmens über alle Informationen verfügt, die dessen Fortführung sichern, dass er dem Käufer keine wesentlichen Informationen vorenthalten hat, die später zu Regressansprüchen führen könnten.

❓ **Frage:** Stellen Sie vier Inhalte/Formen der Due Diligence dar!

❯ **Form:** Wirtschaftliche Due Diligence-Prüfung: Hierunter werden die Prüfung der Bilanzen, Verlustrechnungen, aber auch das Unternehmensumfeld verstanden.

> **Form:** Finanzielle Due Diligence-Prüfung: Hierunter werden die Prüfung der Planungs-rechnungen sowie die Prüfung der Investitionsrechnung verstanden.

> **Form:** Steuerliche Due Diligence-Prüfung: Hierunter werden die Prüfung der steuerlichen Umstände im weitesten Sinne verstanden. Die Untersuchung zielt darauf, steuerliche Risiken insbesondere unter dem Gesichtspunkt künftiger Liquiditätsbelastungen zu erkennen (z. B. drohende Steuer- und Steuerzinsen-Nachzahlungen, mögliche Inanspruchnahmen des Zielunternehmens als Haftungsschuldner für Umsatzsteuer, Lohnsteuer oder auch der Sozialversicherung).

> **Form:** Rechtliche Due Diligence-Prüfung: Hierunter werden die Prüfung der rechtlichen Verträge sowie Prozessrisiken verstanden.

Es gibt eine Vielzahl von Formen: Organisatorische Due Diligence, Technische Due Diligence, Personelle/Psychologische Due Diligence, usw.

Rahmenplan Nr. 2.2.2. Ergebnisse der qualitativen Abschlussanalyse

2.4   Ergebnisse der qualitativen Abschlussanalyse

Die **qualitative Bilanzanalyse** wird auch als die Bilanzanalyse im engeren Sinne oder als das „**Saarbrücker Modell**" bezeichnet, benannt nach den Professoren Karlheinz Küting und Claus Peter Weber der Universität Saarbrücken.

Abbildung 2.11   Inhalt und Ziel der qualitativen Bilanzanalyse

---

Qualitative Bilanzanalyse		
Informationsquelle	**Instrumente**	**Zielsetzung**
Insbesondere Bilanz, GuV, Lagebericht, Anhang	Insbesondere konservative/ progressive Bilanzpolitik erörtern; Saarbrücker Modell	Aufdecken von z.B. stillen Reserven, ergebnisverbessernden Maßnahmen, Tendenzen

2.4.1 Inhalt und Ziel der qualitativen Bilanzanalyse

Frage: Welcher Informationsquelle bedient sich die qualitative Bilanzanalyse?

Antwort: Die Analysten untersuchen nur publizierte Quellen – d.h. Bilanz, Gewinn und Verlustrechnung sowie Anhang und Lagebericht. Daneben können Analytiker aber auch Informationen z.B. gewinnen aus Presseberichten, Veröffentlichungen der Industrie- und Handelskammern oder Beobachtung der Börsenkurse. Professionelle Analysten bei der Bank werden z.B. Auskünfte und Erläuterungen direkt vom Unternehmen erhalten.

Frage: Welche Zielsetzung verfolgt die qualitative Bilanzanalyse?

Antwort: Ziel der Untersuchung des Anhangs und des Lageberichts ist es festzustellen, ob das bilanzierende Unternehmen

- seine Lage schlechter darstellt, als sie tatsächlich ist („konservative" Bilanzpolitik),

- oder seine Lage besser darstellt, als sie tatsächlich ist („progressive" Bilanzpolitik),

- oder versucht, die tatsächliche Lage möglichst zu verschleiern.

Hinweis: Auch wenn die Theorie schwarz-weiß ist und hier die Bilanzanalyse in zwei Methoden eingeteilt wird (qualitativ und quantitativ), so sind diese reinen Formen in der Praxis nicht zu finden!

2.4.2 Instrumente der qualitativen Bilanzanalyse

Das Saarbrücker Modell (qualitative Analyse) kann nur als Hilfsmittel zur Beurteilung der wirtschaftlichen Lage des Unternehmens und als Ergänzung zur quantitativen Bilanzanalyse sinnvoll sein, weil hierbei nur die Analyse des Einsatzes des bilanzpolitischen Instrumentariums, die Auswertung der verbalen Berichterstattung (sog. semiotische Bilanzanalyse) der Inhalt ist.

Rahmenplan Nr. 2.2.3. Finanzkennzahlen als Ergebnis der quantitativen Analyse

2.5   Finanzkennzahlen als Ergebnis der quantitativen Analyse des Abschlusses

Die quantitative Jahresabschlussanalyse soll die Vermögens- Finanz- und Ertragslage des Unternehmens herausstellen. Dazu wird sowohl die Bilanz finanzwirtschaftlich als auch die Gewinn- und Verlustrechnung erfolgswirtschaftlich analysiert.

2.5.1   Bilanzkennzahlen

Die Ermittlung von Bilanzkennzahlen setzt Kenntnisse der Handelsbilanzpositionen voraus. In der Weiterbildungsprüfung der IHK werden gerne Bilanzen abgebildet aus denen mit Hilfe einer zu erstellenden Strukturbilanz die Kennzahlen erklärt, ermittelt und interpretiert werden sollen. In einigen Klausuren wurde auch die Strukturbilanz vorgegeben und die Kennzahlen konnten mit Hilfe der Formelsammlung erklärt, ermittelt und interpretiert werden. Nachfolgend bekommen Sie die lückenhafte Bilanzgliederung zur Vertiefung, Wiederholung oder Auffrischung Ihrer Kenntnisse.

2.5.2   Die Bilanzgliederung § 266 HGB

❯ Nachfolgend sind die Lücken an Hand des Gesetzes zu schließen.

§ 266 HGB: (1) Die Bilanz ist in Kontoform aufzustellen. Dabei haben _____ Kapitalgesellschaften (§ 267 Abs. 2 und 3) auf der Aktivseite die in Absatz 2 und auf der Passivseite die in Absatz 3 bezeichneten Posten gesondert und in der vorgeschriebenen Reihenfolge auszuweisen. _____ Kapitalgesellschaften (§ 267a) brauchen nur eine verkürzte Bilanz aufzustellen, in die nur die in den Absätzen 2 und 3 mit Buchstaben bezeichneten Posten gesondert und in der vorgeschriebenen Reihenfolge aufgenommen werden.

❯ **Aufgabe:** In Klausuren sind mehr oder weniger komplexe Bilanzen gegeben. Die Gegenüberstellung und Verdichtung der obigen Bilanzpositionen zu einer übersichtlichen Aktiv- und Passivseite ist hier das Übungsziel. Füllen Sie bitte die Lücken in der Abbildung aus!

Abbildung 2.12   Bilanzgliederung § 266 HGB verdichtet

Aktiva	Bilanzgliederung § 266 HGB	Passiva
Anlagevermögen	**Eigenkapital**	
I.	I.	
II.	II.	
III.	III.	
	IV.	
	V.	
Umlaufvermögen	**Rückstellungen**	
I.		
II.		
III.		
IV.		
Rechnungsabgrenzungsposten	Verbindlichkeiten	
Latente Steuern	Rechnungsabgrenzungsposten	
Aktiver Unterschiedsbetrag aus Vermögens-verrechnung	Passive latente Steuern	

▶ **Aufgabe:** Haben Sie sich anhand der obigen Übung die Struktur erarbeitet, folgt eine Übung mit Zahlen! Bitte erstellen Sie die Bilanz zu den nachstehenden Positionen und beachten Sie folgende Hinweise:

▶ Steuervorauszahlungen sind im Bilanzjahr keine vorausgezahlt worden; Die Steuerbelastung beträgt 15% Körperschaftsteuer- und 15% Gewerbesteuer. Der sich ergebende Differenzbetrag ist der Gewinn.

Position	€- Betrag
Vorräte	60.000
Schecks	30.000
Finanzanlagen, dauernd dem Betrieb dienend	420.000
Bankdarlehen, langfristig	150.000
Verbindlichkeiten aus Lieferungen und Leistungen	80.000
Gezeichnetes Kapital	220.000
Kapitalrücklagen	50.000
Forderungen und sonstige Vermögensgegenstände	90.000

⊕ Lösung:

Der Jahresüberschuss/ Bilanzgewinn ergibt sich: 600.000 € (Aktiva) ./. EK ./. FK = 100.000 €. Davon sind 30% Steuern = 30.000 € als Steuerrückstellung zu buchen.

Aktiva		In TEUR		Passiva	
		Summe			Summe
Anlagevermögen			**Eigenkapital**		
Finanzanlagen	420.000	420.000	Gezeichnetes Kapital	220.000	
			Kapitalrücklage	50.000	
Umlaufvermögen			Bilanzgewinn	70.000	340.000
Vorräte	60.000				
			Fremdkapital		
Forderungen	90.000		Steuerrückstellungen	30.000	
Kasse, Bank, Schecks	30.000	180.000	Vbl. Kreditinstitut	150.000	
			Vbl. Lieferungen u L.	80.000	260.000
	600.000	600.000		600.000	600.000

Die nachfolgende Grafik (Abbildung 2.13) verdeutlicht den Zusammenhang zwischen der Bilanz und den Fragen der Jahresabschlussanalyse.

Abbildung 2.13   Bilanz und den Fragen der Jahresabschlussanalyse

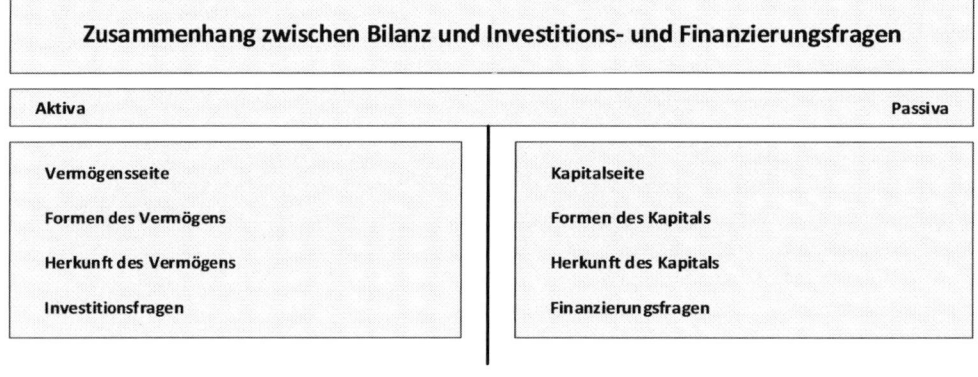

2.5.3   Strukturbilanz

Abbildung 2.14 Strukturbilanz

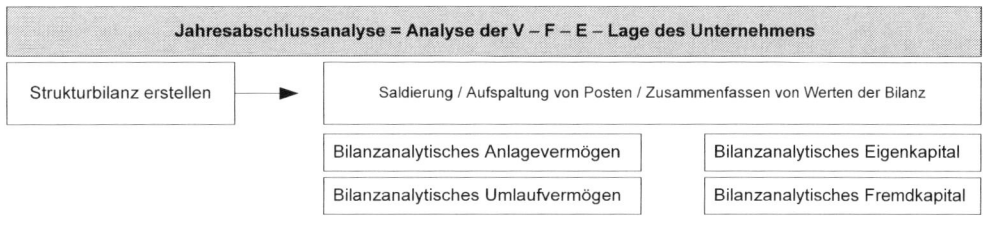

? **Frage:** Warum ist die Strukturbilanz so wichtig?

! **Antwort:** Die Strukturbilanz ist der Ausgangspunkt einer jeden Kennzahlenermittlung. Die Strukturbilanz wird durch Umgliederung (Verdichtung, Korrektur des Ansatzes) und Umbewertung (Korrektur der Bewertung) zu einer Gegenüberstellung des bilanzanalytischen Vermögens sowie bilanzanalytischen Eigen- und Fremdkapitals.

Die Analyse der Bilanz (**Strukturanalyse**) setzt die bilanzanalytische Aufbereitung des _____ § 242 Abs. 1 Satz 1 HGB einerseits und des Eigen- und Fremdkapitals andererseits voraus.

? **Frage:** Was ist auf der Aktivseite zu beachten?

! **Antwort:** Auf der **Aktivseite** wurden ein bilanzanalytisches Anlage- und Umlaufvermögen ermittelt. Hierbei werden alle Bilanzpositionen, die ein Ansatzwahlrecht haben und dessen Werthaltigkeit ungewiss ist, wie z.B.

- der derivative (entgeltlich erworbene) Firmenwert § 246 HGB,

- selbst erstellte immaterielle Vermögenspositionen § 248 Abs. 2 HGB,

- aktive Rechnungsabgrenzungsposten Disagio § 250 Abs. 3 HGB,

- aktive latente Steuern § 274 Abs. 1 Satz 2 i.V. m. § 266 Abs. 2 D HGB

herausgerechnet.[22]

? **Frage:** Was ist auf der Passivseite zu beachten?

---

[22] Es gibt in der Fachliteratur unterschiedliche Auffassungen, wie das bilanzanalytische Vermögen in der Praxis zu ermitteln ist. Halten Sie sich bitte an das Gesetz, auch wenn es vielleicht einem routinierten Banker, Steuerfachangestellten oder Bilanzbuchhalter gelegentlich widerspricht.

❗ Antwort: Auf der **Passivseite** wird ein bilanzanalytisches Eigen- und Fremdkapital ermittelt. Hierbei werden analog dem bilanzanalytischen Anlage- und Umlaufvermögen Korrekturen vorgenommen. Zum Beispiel ist der Jahresüberschuss/-fehlbetrag dem Eigenkapital zuzurechnen, wenn keine Gewinnverwendung beschlossen wurde. Der Sonderposten mit Rücklageanteil § 247 Abs. 3 a.F. HGB kann in alten Bilanzen noch vorkommen und wird entweder 50%/50% oder 70%/30% dem Eigenkapital/Fremdkapital zugerechnet.

❯ Schemata: Die Ermittlung des bilanzanalytischen Vermögens/Kapitals ist in jeder Formelsammlung zu finden und zum Üben für die Klausur ausreichend. Beachten Sie aber, dass in der aktuellen Fassung der DIHK- Formelsammlung kein Schema abgedruckt ist!

❓ Frage: (6 P) Welche Aufgabe hat eine Strukturbilanz?

❗ Antwort: Eine Handelsbilanz wird zu einer Strukturbilanz aufbereitet. Das Ziel ist hierbei die Handelsbilanz um bilanzpolitische Maßnahmen in Form von z.B. ausgeübten Ansatz- und Bewertungswahlrechten zu bereinigen um sie anschließend vergleichbar zu machen.

Abbildung 2.15   Gliederung einer Strukturbilanz

Aktiva	Strukturbilanz	Passiva
Bilanzanalytisches Anlagevermögen	Bilanzanalytisches Eigenkapital	
Bilanzanalytisches Umlaufvermögen:	Bilanzanalytisches Fremdkapital:	
I Vorräte	I Langfristiges bilanzielles Fremdkapital	
II Forderungen	II Mittelfristiges bilanzielles Fremdkapital	
III Liquide Mittel	III Kurzfristiges bilanzielles Fremdkapital	
Bilanzvermögen	Bilanzkapital	

❯ Beispiel: Das Erstellen einer Strukturbilanz ist immer wieder Klausuraufgabe. Erstellen Sie bitte die Strukturbilanz für 01! Lernziel ist hier die richtige Umstrukturierung.

Aktiva	In TEUR		Passiva		
	01	00		01	00
Immaterielle VGG[23]	300	300	Gez. Eigenkapital	400	400
Sachanlagen	900	910	Kapitalrücklage	40	30
Finanzanlagen	200	250	Gewinnrücklage	300	280

---

[23] Vermögensgegenstand = VGG

Vorräte	400	282	Bilanzgewinn	20	20
Forderungen	500	560	Pensionsrückstellungen	100	140
Liquide Mittel	100	138	Krzfr. Rückstellungen	300	360
			Lfg. Verbindlichkeiten	900	810
			Vbl. Lieferung u. Leistung	340	400
	2400	2440		2400	2440

Der Bilanzgewinn ist dem kurzfristigen Fremdkapital zuzuordnen.

🔘 **Lösung:**

Aktiva		In TEUR		Passiva	
	01	**Summe**		**01**	**Summe**
Immaterielle VGG[24]	300		Gez. Eigenkapital	400	
Sachanlagen	900		Kapitalrücklage	40	
Finanzanlagen	200		Gewinnrücklage	300	
Anlagevermögen		1.400	**Eigenkapital**		**740**
			Bilanzgewinn	20	
Vorräte	400		Krzfr. Rückstellungen	300	
			Lgfr. Verbindlichkeiten	900	
			Lgfr. Fremdkapital		**1.000**
Forderungen	500		Vbl. Lieferung u. Leistung	340	
Liquide Mittel	100				
			Krzfr. Fremdkapital		**100**
Umlaufvermögen		1.000	Pensionsrückstellungen		**660**
	2.400	2.400		2400	2.400

▶ **Übung:** Erstellen Sie zur Übung die Strukturbilanz für 00!

▶ **Beispiel:** Die Betriebswirt GmbH hat zum 31.12.01 eine Bilanz und GuV aufgestellt.

Aktiva	Bilanz zum 31.12.01		Passiva
Geschäfts- oder Firmenwert	6.000 €	Gezeichnetes Kapital	606.000 €
Maschinen	400.000 €	Bilanzgewinn	34.000 €
Wertpapiere Umlaufvermögen	1.000.000 €	Sonderposten mit Rücklageanteil	220.000 €
ARAP (Disagio)	10.000 €	Körperschaftsteuerrückstellung	60.000 €
Latente Steuern	4.000 €	Verbindlichkeiten < 1 J. Laufzeit	100.000 €
		Verbindlichkeiten > 5 J. Laufzeit	400.000 €
	1.420.000 €		1.420.000 €

---

[24] Es ist auch denkbar, dass die immateriellen VGG mit dem Eigenkapital verrechnet werden, da die Zusammensetzung und Werthaltigkeit der immateriellen VGG hier nicht eindeutig ist.

Aufwand	G u V zum 31.12.01		Ertrag
Materialaufwand	500.000 €	Umsatzerlöse	1.000.000 €
Personalaufwand	100.000 €		
Abschreibung Sachanlagen	50.000 €		
Zinsaufwand	10.000 €		
Sonst. betrieblicher Aufwand	136.000 €		
Jahresüberschuss	204.000 €		
	1.000.000 €		1.000.000 €

❯ **Aufgabe:** Der Bilanzgewinn soll in voller Höhe den Gewinnrücklagen zugerechnet werden. Erstellen Sie bitte die Strukturbilanz!

❯ **Aufgabe:** Ermitteln Sie bitte folgende Bilanzkennzahlen: Anlagenintensität/Eigenkapitalquote/Liquidität 3. Grades/Personalintensität nach dem Umsatzkostenverfahren.

✪ **Lösung:** Vor der Kennzahlenbildung ist zunächst die Strukturbilanz aufzustellen (€):

Bilanzanalytisches Anlagevermögen = Maschinen	400.000
Bilanzanalytisches Umlaufvermögen = Wertpapiere des Umlaufvermögens	1.000.000
Kontrolle: Bilanzsumme = Gesamtkapital	**1.400.000**
Gezeichnetes Kapital	606.000
+ Bilanzgewinn	34.000
./. Aktivierter Geschäfts- oder Firmenwert	6.000
./. aktivistische latente Steuern § 274 HGB	4.000
./. aktivierter Disagio § 250 HGB	10.000
+ 50% SOPO[25]	110.000
Bilanzanalytisches Eigenkapital	**730.000**
Verbindlichkeiten > 5 Jahre Laufzeit	400.000
Langfristige Verbindlichkeiten	**400.000**
50% SOPO	110.000
Mittelfristige Verbindlichkeiten	**110.000**
Verbindlichkeiten < 1 Jahr Laufzeit	100.000

---

[25] In der Literatur ist die Aufteilung 50% / 50% gleichwertig neben der Aufteilung 70% / 30% zu finden. Dies hängt von der Rechtsform aber auch z.B. von der Bank ab. Hinweis: Die Neubildung eines SOPO (Sonderposten mit Rücklageanteil) ist seit Einführung des BilMoG's nicht mehr zulässig.

Körperschaftsteuerrückstellung	60.000
Kurzfristige Verbindlichkeiten	**160.000**
Bilanzanalytisches Fremdkapital	**670.000**
Bilanzsumme (Gesamtkapital)	1.400.000

Die oben genannte Strukturbilanz als Bilanz dargestellt:

Aktiva	Bilanz zum 31.12.01		Passiva
./. Geschäfts-/Firmenwert	./. 6.000 €	Gezeichnetes Kapital	606.000 €
		Bilanzgewinn	34.000 €
		./. Geschäfts-/Firmenwert	./. 6.000 €
Sachanlagen (Maschinen)	400.000 €	+ 50% SOPO m. Rücklageanteil	+ 110.000 €
Bilanzanalytisches AV	**400.000 €**	./. ARAP (Disagio)	./. 10.000 €
		./. Latente Steuern	./. 4.000 €
WP des Umlaufvermögens	1.000.000 €	**Bilanzanalytisches EK**	**730.000 €**
Bilanzanalytisches UV	**1.000.000 €**		
		+ 50% SOPO m. Rücklageanteil	+ 110.000 €
./. ARAP (Disagio)	./. 10.000 €	KSt-Rückstellung	60.000 €
		Vbl. < 1 J. Laufzeit	100.000 €
./. Latente Steuern	./. 4.000 €	Vbl. > 5 J. Laufzeit	400.000 €
		Bilanzanalytisches FK	**670.000 €**
	1.400.000 €		1.400.000 €

⚙ **Bilanzkennzahlen** (Tipp: DIHK-Formelsammlung benutzen)

Anlagenintensität	400.000 x 100 / 1.400.000 =	28,57%
Eigenkapitalquote	730.000 x 100 / 1.400.000 =	52,14%
Liquidität 3. Grades	1.000.000 x 100 / 160.000 =	625%
Personalintensität nach dem UKV	100.000 x 100 / 1.000.000 =	10%

Abbildung 2.16   Analyse der Bilanzkennzahlen

Das **Ziel** der quantitativen Jahresabschlussanalyse ist es, ein entsprechendes Bild der
_____ § 264 Abs. 2 HGB der Kapitalgesellschaft herauszustellen.

Abbildung 2.17   Finanzwirtschaftliche Jahresabschlussanalyse

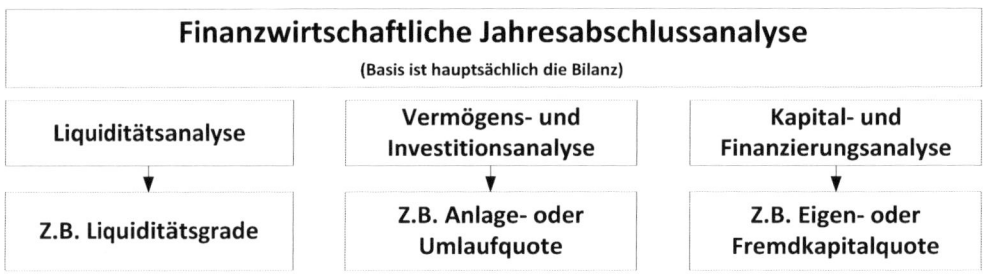

Der **Umfang** der quantitativen Jahresabschlussanalyse umfasst die Analyse der Bilanz und
_____ § 242 Abs. 3 HGB.

2.5.4   Bilanz-Kennzahlen ermitteln und interpretieren

2.5.4.1   Liquiditätsanalyse

Die **Finanzwirtschaftliche Bilanzanalyse** beschreibt die Ausstattung des Unternehmens
mit Kapital und dessen Struktur. Hier eine Übersicht der bisher häufig abgefragten Kennzahlen und ihre Interpretationen:

Liquiditätsanalyse		Gewährleistung der Zahlungsbereitschaft
Liquidität I	(Liquide Mittel / krzfr. FK) x 100	Ca. 10% - 55%
Liquidität II	(Liquide Mittel + Frd.) / krzfr. FK x 100	Ca. 100%
Liquidität III	(Liquide Mittel + Frd. + Vorräte) / krzfr. FK x 100	Ca. 100% ; geringere Bedeutung

Definition: Bei der Liquidität 1. Grades werden die flüssigen Mittel und die kurzfristigen Verbindlichkeiten ins Verhältnis gesetzt.

Interpretation: Damit soll die Zahlungsfähigkeit eines Unternehmens bewertet werden.

Richtwerte/Bsp.: Beträgt die Liquidität 1. Grad z.B. über 100%, können allein mit den liquiden Mitteln alle kurzfristigen Verbindlichkeiten (allerdings nur zum Stichtag der Betrachtung) gedeckt werden. Die Zahlungsfähigkeit wäre also sehr hoch. Die Liquidität 1. Grades muss jedoch nicht über 100% betragen, sondern sollte eher im Bereich von 10 bis 30% liegen, da Forderungen aus L.u.L. und Vorräte auch noch zur Deckung der kurzfristigen Verbindlichkeiten zur Verfügung stehen können.

Kritik: Eine sichere Aussage zur Liquiditätsentwicklung eines Unternehmens kann mit dieser Kennzahl, wie auch mit allen anderen Liquiditätskennzahlen, nicht getroffen werden, da hierfür auch noch nicht bilanzierte zukünftige Zahlungsströme ausschlaggebend sind. Auch kann davon ausgegangen werden, dass sich liquide Mittel als auch kurzfristige Verbindlichkeiten seit dem, zur Bildung der Kennzahl herangezogenen Bilanzstichtag, bereits wieder verändert haben. Diese starke Stichtagsbezogenheit lässt nur eine geringe Aussagekraft dieser Kennzahl zu.

Definition: Die Liquidität II gibt an, inwieweit die kurzfristigen Verbindlichkeiten durch die liquiden Mittel unter Berücksichtigung der kurzfristigen Forderungen gedeckt sind.

Interpretation: Die Liquidität II ist bei über 100% akzeptabel.

Richtwert/ Bsp.: Die Liquidität II kann u.a. durch folgende Maßnahmen verbessert werden: Erhöhung des Forderungsbestandes und langfristigen Finanzierungsmaßnahmen, Verzicht auf Gewinnausschüttungen, Abbau von Vorräten, just in time, Veräußerungen von Anlagevermögen (sale and lease back), Umschulden von kurzfristigen in langfristige Bankverbindlichkeiten, grundsätzlich ist die Verbesserung der Zahlungsmoral des Kunden anzustreben.

Abbildung 2.18   Liquiditätskennzahlen visualisiert

Aktiva	Strukturbilanz	Passiva
Bilanzanalytisches Anlagevermögen	Bilanzanalytisches Eigenkapital	
Bilanzanalytisches Umlaufvermögen:	Bilanzanalytisches Fremdkapital:	
I Vorräte	I Langfristiges bilanzielles Fremdkapital	
II Forderungen	II Mittelfristiges bilanzielles Fremdkapital	
III Liquide Mittel [Liquidität 1. Grades] ⟶	III Kurzfristiges bilanzielles Fremdkapital	
Bilanzvermögen	Bilanzkapital	

Abbildung 2.19   Liquidität 2. Grades visualisiert

Aktiva	Strukturbilanz	Passiva
Bilanzanalytisches Anlagevermögen	Bilanzanalytisches Eigenkapital	
Bilanzanalytisches Umlaufvermögen:	Bilanzanalytisches Fremdkapital:	
I Vorräte	I Langfristiges bilanzielles Fremdkapital	
II Forderungen	II Mittelfristiges bilanzielles Fremdkapital	
III Liquide Mittel } [Liquidität 2. Grades] ⟶	III Kurzfristiges bilanzielles Fremdkapital	
Bilanzvermögen	Bilanzkapital	

Abbildung 2.20   Liquidität 3. Grades visualisiert

Aktiva	Strukturbilanz	Passiva
Bilanzanalytisches Anlagevermögen	Bilanzanalytisches Eigenkapital	
Bilanzanalytisches Umlaufvermögen:	Bilanzanalytisches Fremdkapital:	
I Vorräte	I Langfristiges bilanzielles Fremdkapital	
II Forderungen	II Mittelfristiges bilanzielles Fremdkapital	
III Liquide Mittel } [Liquidität 3. Grades] ⟶	III Kurzfristiges bilanzielles Fremdkapital	
Bilanzvermögen	Bilanzkapital	

2.5.4.2 Kennzahlen zur Anlagenfinanzierung

Anlagendeckung I = Deckungsgrad A[26]	EK / AV x 100	Gibt Auskunft, inwieweit AV durch EK gedeckt ist. Ca. 70% - 100% gut. Goldene Bilanzregel[27]
Anlagendeckung II Deckungsgrad B	(EK + langfr. FK) / AV x 100	Goldene Bilanzregel. Ca. 100% - 115%, gut auf jeden Fall mehr als 100%
Anlagendeckung III Deckungsgrad C	(EK + langfr. FK) / (AV + lgfr. UV) x 100	

2.5.4.3 Vermögens- und Investitionsanalyseanalyse

Vermögens- und Investitionsanalyse		Gibt Auskunft über Erfolgsziel/ Liquiditätssicherung des Vermögens.
Anlagenquote[28]	AV / GV x 100	Sehr branchenabhängig[29]
Umlaufquote	UV / GV x 100	Sehr branchenabhängig
Vorratsquote	RHB / GV x 100	Sehr branchenabhängig

❓ Frage: Was besagt die Vorratsquote bzw. die Vorratsintensität?

❗ Antwort: Die Kennzahl Vorratsintensität gibt Aufschluss über die Kapitalbindung in den Vorräten an Roh-, Hilfs- Betriebsstoffen sowie an Halb- und Fertigfabrikaten. Oder anders formuliert:, welcher Anteil des Gesamtvermögens in den Vorräten gebunden ist.

❓ Frage: Ein Unternehmen ersucht bei der Bank einen Kredit. Ihr Umsatz ist wegen Nachfragerückgang rückläufig. Die Vorratsquote ist nicht optimal und es sollen Maßnahmen gesucht werden, mit denen das Unternehmen die Kennzahl verbessern kann. Die Ursache für die schlechte Quote ist u.a. hohe Lagerhaltungskosten und schlechte Beschaffungspolitik.

---

[26] In Formelsammlungen werden die Begriffe als Synonyme verwendet.

[27] Goldene Bilanzregel = langfristiges Vermögen soll auch langfristig finanziert sein.

[28] Anlagenquote oder Anlagenintensität

[29] Daumenregel: Je höher die Anlagenintensität, umso höher sollte auch die Eigenkapitalquote sein.

Abbildung 2.21   Anlageintensität visualisiert

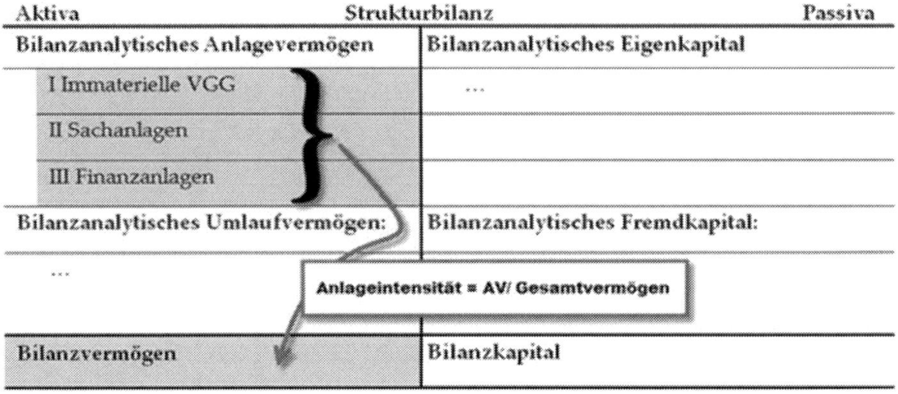

Aktiva	Strukturbilanz	Passiva
Bilanzanalytisches Anlagevermögen	**Bilanzanalytisches Eigenkapital**	
I Immaterielle VGG	...	
II Sachanlagen		
III Finanzanlagen		
Bilanzanalytisches Umlaufvermögen:	**Bilanzanalytisches Fremdkapital:**	
...		

Anlageintensität = AV/ Gesamtvermögen

Bilanzvermögen	**Bilanzkapital**

❶ Antwort:

Maßnahmen zur Verringerung der Vorratsquote:

Lagerhaltungskosten:

- Verminderung des Lagerumfanges/der Lagermengen

- Verkürzung der Bestellintervalle

- Verminderung der Lagertiefe

- Einrichtung von Konsignationslagern

- Erhöhung des Lagerumschlages

Beschaffungspolitik:

- Just-in-time-Lieferung

- Verkleinerung des Sortimentes

- Abverkaufsrisiko minimieren (bei hohen Lagerreichweiten)

- Personalschulen

2.5.4.4 Kapitalanalyse

Kapital- und Finanzierungsanalyse		Sicherung einer gesunden Finanzierung
Eigenkapitalquote	EK / GK x 100	Ca. 30% - 60% normal
Fremdkapitalquote	FK / GK x 100	Ca. 40% - 70% normal
Verschuldungsgrad	FK / EK x 100	Finanzierungsregeln: 1:1 / 2:1 / 3:1 Nicht höher als 200% bzw. 2:1

2.5.5 Richtwerte und Finanzierungsregeln

Viele Punkte in Klausuren gibt es für die richtige Beantwortung folgender Fragen:

a. Erklären Sie die Aussage der Kennzahl ...(2 P)

b. Ermitteln Sie die Kennzahl ...(2 P)

c. Beurteilen Sie die Kennzahl ...(4 P)

Die Fragen zu a.) und b.) lassen sich mit Hilfe der Formelsammlung beantworten, aber bei c.) entgehen den Prüflingen Punkte, weil eine Beurteilung der errechneten Zahl schwierig erscheint. Hilfreich können nachfolgend daher zum einen die Kenntnis der Finanzierungsregeln sowie zum anderen einige Richtwerte sein.

2.5.6 Vertikale und horizontale Finanzierungsregeln

Aus der nachfolgenden Übersicht wird deutlich, dass Kennzahlen gebildet auf der Aktivseite z.B. AV/UV x 100% und EK/FK auf der Passivseite vertikale Kennzahlen darstellen. Entsprechend gibt es auch horizontale Kennzahlen sowie entsprechende Finanzierungsregeln. Horizontale Bilanzstrukturkennziffern spielen besonders bei der Kreditwürdigkeitsprüfung von Banken eine wichtige Rolle. Das Einhalten dieser Kennziffern hinsichtlich bestimmter Vorgaben sichert vielfach die Kreditfähigkeit des zu finanzierenden Unternehmens.

Abbildung 2.22 Vertikale und horizontale Kennzahlen

❓ Frage: Welche vertikalen Finanzierungsregeln kennen Sie?

❗ Antwort: In Klausuren wird die nachfolgende Kenntnis der drei Regeln vorausgesetzt und regelmäßig abgefragt. Das Eigenkapital sollte nach dieser Regel mindestens so hoch sein wie das Fremdkapital (Eins-zu-Eins-Regel).

-   FK / EK 1:1 Regel (erstrebenswert)

-   FK / EK 2:1 Regel (gesund)

-   FK / EK 3:1 Regel (noch zulässig)

❓ Frage: Welche horizontalen Finanzierungsregeln kennen Sie?

❗ Antwort: Die Goldene Bankregel ist eine horizontale Finanzierungsregel. Sie gilt hauptsächlich für den Bankenbereich. Mit den horizontalen Kennzahlen werden insbesondere Anlagendeckungsgrade errechnet. Im Vordergrund steht die Fristenkongruenz der Bilanzpositionen. Grundsätzlich gilt, dass langfristig gebundenes Kapital langfristig; kurzfristig gebundenes Kapital kurzfristig finanziert werden darf.

Abbildung 2.23   Goldene Bankenregel I

Aktiva	Strukturbilanz	Passiva
Bilanzanalytisches Anlagevermögen	Bilanzanalytisches Eigenkapital	
Bilanzanalytisches Umlaufvermögen:	Bilanzanalytisches Fremdkapital:	
I Vorräte	I Langfristiges bilanzielles Fremdkapital	
II Forderungen	II Mittelfristiges bilanzielles Fremdkapital	
III Liquide Mittel	III Kurzfristiges bilanzielles Fremdkapital	
Bilanzvermögen	Bilanzkapital	

Goldene Bankregel: (Fristenkongruenz) > 1

Abbildung 2.24 Goldene Bankenregel II

Aktiva	Strukturbilanz	Passiva
Bilanzanalytisches Anlagevermögen	Bilanzanalytisches Eigenkapital	
I Immaterielle VGG	...	
II Sachanlagen		
III Finanzanlagen		
Bilanzanalytisches ~~Umlaufvermögen~~	Bilanzanalytisches Fremdkapital:	
...	Langfristiges Fremdkapital	
Bilanzvermögen	Bilanzkapital	

Goldene Bankregel: (Fristenkongruenz) > 1

Daneben gibt es in der Praxis eine weitere „Daumenregel" für gute Bonität: die goldene Bilanzregel.

? Frage: Was bedeutet „goldene Bilanzregel"?

! Antwort: Die goldene Bilanzregel ist nachfolgend visualisiert und kann wie folgt definiert werden: Eigenkapital/Anlagevermögen ≥ 1.

Abbildung 2.25 Goldene Bankenregel

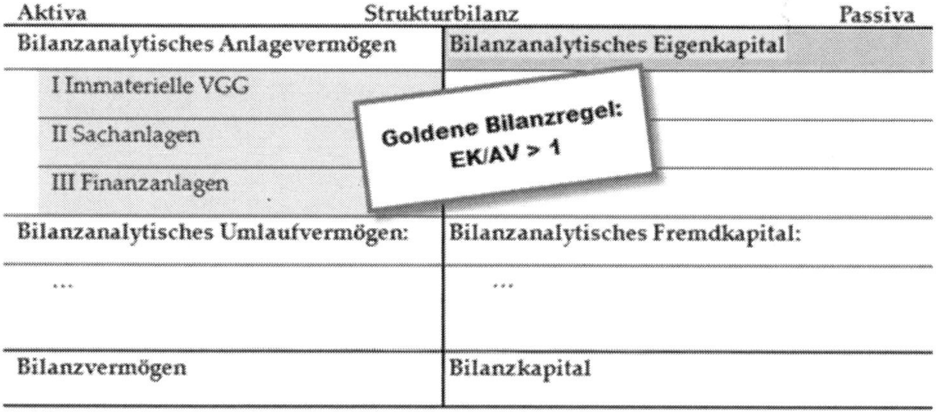

Aktiva	Strukturbilanz	Passiva
Bilanzanalytisches Anlagevermögen	Bilanzanalytisches Eigenkapital	
I Immaterielle VGG		
II Sachanlagen		
III Finanzanlagen		
Bilanzanalytisches Umlaufvermögen:	Bilanzanalytisches Fremdkapital:	
...	...	
Bilanzvermögen	Bilanzkapital	

Goldene Bilanzregel: EK/AV > 1

2.6   Gewinn- und Verlust-Kennzahlen

Zuerst ein Überblick über die Gewinn- und Verlustrechnung sowie das Gesamt-und Umsatzkostenverfahren nach HGB bevor diese analysiert und interpretiert wird. Bei der Analyse der GuV-Kennzahlen spricht man auch von der „Erfolgswirtschaftlichen Bilanzanalyse", dessen Ziel in der Gewinnung von Informationen zur Beurteilung der Ertragskraft des Unternehmens besteht.

Abbildung 2.26   Analyse der Bilanz sowie der Gewinn- und Verlustrechnung

2.3. Quantitative Bilanzanalyse = „monetär" Betrachtung	
2.3.1 Analyse der Bilanzkennzahlen	2.3.1 Analyse der GuV -kennzahlen
Erstellung einer Strukturbilanz	Erstellung einer Struktur Gewinn und Verlustrechnung
A.) Vermögenskennzahlen: Aktivseite	A.) Erfolgsquellenanalyse
B.) Kapitalkennzahlen: Passivseite	B.) Rentabilitätskennzahlen
C.) Liquiditätskennzahlen: Aktiv- und Passivseite	C.) Cash – Flow - Analyse

2.6.1   Gesamt- und Umsatzkostenverfahren § 275 HGB

(1) Die Gewinn- und Verlustrechnung ist in Staffelform nach dem Gesamtkostenverfahren oder dem Umsatzkostenverfahren aufzustellen. Dabei sind die in Absatz 2 oder 3 bezeichneten Posten in der angegebenen Reihenfolge gesondert auszuweisen. (2) Bei Anwendung des Gesamtkostenverfahrens sind auszuweisen:		
1.	Umsatzerlöse	
2.	Erhöhung oder Verminderung des Bestands an fertigen und unfertigen Erzeugnissen	
3.	andere aktivierte Eigenleistungen	
4.	sonstige betriebliche Erträge	
5.	Materialaufwand:	
	a)	Aufwendungen für Roh-, Hilfs- und Betriebsstoffe und für bezogene Waren
	b)	Aufwendungen für bezogene Leistungen
6.	Personalaufwand:	
	a)	Löhne und Gehälter
	b)	soziale Abgaben und Aufwendungen für Altersversorgung und für Unterstützung, davon für Altersversorgung

7.	Abschreibungen:	
	a)	auf immaterielle Vermögensgegenstände des Anlagevermögens und Sachanlagen
	b)	auf Vermögensgegenstände des Umlaufvermögens, soweit diese die in der Kapitalgesellschaft üblichen Abschreibungen überschreiten
8.	sonstige betriebliche Aufwendungen	
9.	Erträge aus Beteiligungen, davon aus verbundenen Unternehmen	
10.	Erträge aus anderen Wertpapieren und Ausleihungen des Finanzanlagevermögens, davon aus verbundenen Unternehmen	
11.	sonstige Zinsen und ähnliche Erträge, davon aus verbundenen Unternehmen	
12.	Abschreibungen auf Finanzanlagen und auf Wertpapiere des Umlaufvermögens	
13.	Zinsen und ähnliche Aufwendungen, davon an verbundene Unternehmen	
14.	Steuern vom Einkommen und vom Ertrag	
15.	Ergebnis nach Steuern	
16.	sonstige Steuern	
17.	Jahresüberschuss/Jahresfehlbetrag.	

(3) Bei Anwendung des Umsatzkostenverfahrens sind auszuweisen:	
1.	Umsatzerlöse
2.	Herstellungskosten der zur Erzielung der Umsatzerlöse erbrachten Leistungen
3.	Bruttoergebnis vom Umsatz
4.	Vertriebskosten
5.	allgemeine Verwaltungskosten
6.	sonstige betriebliche Erträge
7.	sonstige betriebliche Aufwendungen
8.	Erträge aus Beteiligungen, davon aus verbundenen Unternehmen
9.	Erträge aus anderen Wertpapieren und Ausleihungen des Finanzanlagevermögens, davon aus verbundenen Unternehmen
10.	sonstige Zinsen und ähnliche Erträge, davon aus verbundenen Unternehmen
11.	Abschreibungen auf Finanzanlagen und auf Wertpapiere des Umlaufvermögens
12.	Zinsen und ähnliche Aufwendungen, davon an verbundene Unternehmen
13.	Steuern vom Einkommen und vom Ertrag
14.	Ergebnis nach Steuern
15.	sonstige Steuern
16.	Jahresüberschuss/Jahresfehlbetrag

	(4) Veränderungen der Kapital- und Gewinnrücklagen dürfen in der Gewinn- und Verlustrechnung erst nach dem Posten "Jahresüberschuß/Jahresfehlbetrag" ausgewiesen werden. (5) Kleinstkapitalgesellschaften (§ 267a) können anstelle der Staffelungen nach den Absätzen 2 und 3 die Gewinn- und Verlustrechnung wie folgt darstellen:
1.	Umsatzerlöse
2.	sonstige Erträge,
3.	Materialaufwand,
4.	Personalaufwand,
5.	Abschreibungen,
6.	sonstige Aufwendungen,
7.	Steuern,
8.	Jahresüberschuss/Jahresfehlbetrag.

Nachfolgend ein Beispiel zur Verdeutlichung der Gemeinsamkeiten und Unterschiede zwischen dem Gesamtkosten- und Umsatzkostenverfahren.

❯ Beispiel: Eine kleine GmbH produziert Snowboards. Im Jahr 01 wurden 3.000 Stück produziert, aber nur 2.000 Stück verkauft. Die Boards werden zu je 400 € verkauft. Die Herstellungskosten § 255 HGB (Vollkostenrechnung – alle Kosten gehen zu Lasten des Kostenträgers):

Fertigungseinzelkosten (FEK)	200.000 €
Materialeinzelkosten (MEK)	100.000 €
Fertigungsgemeinkosten (FGK)	100.000 €
Materialgemeinkosten (MGK)	80.000 €
Verwaltungsgemeinkosten (VWG)	120.000 €
Vertriebskosten (Vertrieb)	60.000 €

❓ Frage 1: Die GmbH möchte wissen, wie hoch der Jahresüberschuss für 01 sein wird nach dem Gesamtkostenverfahren. Wie sieht die G u V aus?

❗ Lösung zu Frage 1:

Höhe der Umsatzerlöse: 2.000 Stück x 400 € = 800.000 €

Höhe der Herstellungskosten gem. § 255 Abs. 2 HGB:

Vertriebskosten dürfen nicht mit eingerechnet werden § 255 Abs. 2 Satz 4 HGB.

	Fertigungseinzelkosten (FEK)	200.000 €
+	Materialeinzelkosten (MEK)	100.000 €
+	Fertigungsgemeinkosten (FGK)	100.000 €
+	Materialgemeinkosten (MGK)	80.000 €
+	Verwaltungsgemeinkosten (VWG)	120.000 €
=	**Herstellungskosten**	**600.000 €**

Höhe der HK pro Snowboard: 600.000 € / 3.000 Stück = 200 €

Die produzierte Menge > als die abgesetzte Menge, dann Bestanderhöhung: Auf Lager liegen 1.000 Stück bewertet mit 200 € = eine Bestandserhöhung von 200.000 €.

Berechnung des Jahresüberschusses:

+	Umsatzerlöse	800.000 €
+	Bestandserhöhung	200.000 €
./.	Aufwand (Vertriebskosten sind Aufwand!)	660.000 €
=	Jahresüberschuss	340.000 €

❷ **Frage 2:** Die GmbH möchte wissen, wie hoch der Jahresüberschuss für 01 sein wird nach dem Umsatzkostenverfahren. Wie sieht die G u V jetzt aus?

❶ **Lösung zu Frage 2:**

Höhe der Umsatzerlöse: 2.000 Stück x 400 € = 800.000 €

Höhe der Herstellungskosten gem. § 255 Abs. 2 HGB: 600.000 € für 3.000 Snowboards

Die Umsatzerlöse werden beim Umsatzkostenverfahren aber nur den 2.000 Stück Snowboards gegenübergestellt.

Berechnung der Herstellungskosten für 2.000 Snowboards:

600.000 € = 100%   Für 3.000 Snowboards

600.000 € x 2.000 / 3.000 = 400.000 €   Für 2.000 Snowboards

Berechnung des Jahresüberschusses:

+	Umsatzerlöse	800.000 €
./.	Aufwand für 2.000 Snowboards	400.000 €
./.	Aufwand (Vertriebskosten sind Aufwand!)	60.000 €
=	Jahresüberschuss	340.000 €

❓ Frage: Welches Fazit ziehen Sie aus dem Fall?

Abbildung 2.27   GuV Methoden nebeneinander

			HK Obergrenze	HK Untergrenze
	FEK	200.000,00 €	200.000,00 €	200.000,00 €
	MEK	100.000,00 €	100.000,00 €	100.000,00 €
	FGK	100.000,00 €	100.000,00 €	100.000,00 €
	MGK	80.000,00 €	80.000,00 €	80.000,00 €
	VWGK	120.000,00 €	120.000,00 €	
	Vertrieb	60.000,00 €		
		660.000,00 €	**600.000,00 €**	**480.000,00 €**
GKV	Umsatz:		800.000,00 €	800.000,00 €
	HK		600.000,00 €	480.000,00 €
	Bestand		200.000,00 €	160.000,00 €
	Vertrieb		60.000,00 €	60.000,00 €
	VWGK			120.000,00 €
	Jahresüberschuss		**340.000,00 €**	**300.000,00 €**
UKV	Umsatz:		800.000,00 €	800.000,00 €
	HK		400.000,00 €	320.000,00 €
	Vertrieb		60.000,00 €	60.000,00 €
	VWGK			80.000,00 €
	Jahresüberschuss		**340.000,00 €**	**340.000,00 €**

❗ Antwort: Beide Verfahren führen zum gleichen Ergebnis/zum gleichen Jahresüberschuss.

Abbildung 2.28   Gesamt- und Umsatzkostenverfahren

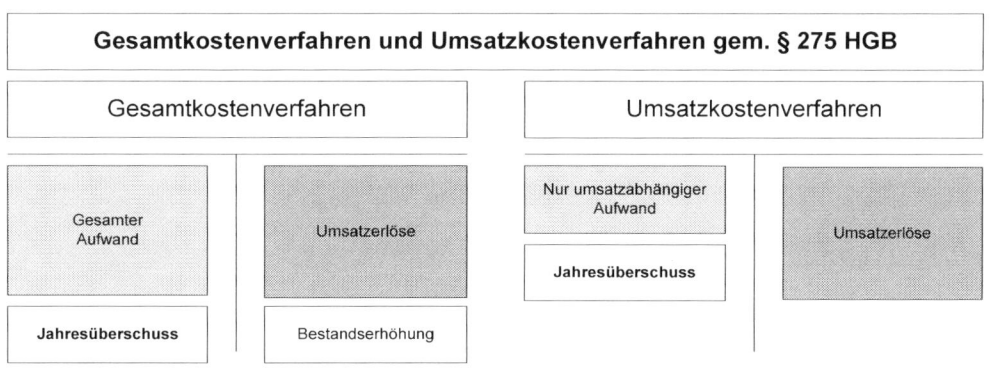

❯ **Aufgabe:** Haben Sie sich anhand der obigen Übung die Struktur des § 275 HGB erarbeitet, folgt eine Übung in der Sie selbst eine kleine GuV gem. § 275 Abs. 2 HGB erstellen!

Position/ Geschäftsvorfälle	€- Betrag
Umsatzerlöse	70
Erlöse durch den Verkauf einer Maschine aus dem Sachanlagevermögen	10
Löhne und Gehälter	20
Rückstellungsbetrag erhöht	30
Öffentlicher Zuschuss von der Stadt erhalten	15
Außerplanmäßige Abschreibung wegen Hochwasserkatastrophe	5
Bezahlte Kfz- Steuer für betrieblichen Lkw	10
Körperschaftsteuer	20

✪ **Lösung:** Die GuV ist nach dem Gesamtkostenverfahren zu erstellen:

Position		€- Betrag
Nr. 1	Umsatzerlöse	70
Nr. 4	Erlöse durch den Verkauf einer Maschine aus dem Sachanlagevermögen = sonstige betriebliche Erträge (sbE)	10
Nr. 4	Öffentlicher Zuschuss der Stadt = sbE	15
=	**Rohergebnis**	

Nr. 6	Löhne und Gehälter	20
Nr. 8	Rückstellungsbetrag erhöht = sonstige betriebliche Aufwendungen (sbA)	30
Nr. 8	Außerplanmäßige Abschreibung = sbA	5
=	Betriebsergebnis	
Nr. 14	Körperschaftsteuer = Steuern vom Einkommen und Ertrag	20
Nr. 16	Bezahlte Kfz-Steuer für betrieblichen Lkw = sonstige Steuern	10
= Nr. 17	Jahresüberschuss	10

2.6.2   GuV Kennzahlen ermitteln und interpretieren

Erfolgswirtschaftliche Bilanzanalyse
(Basis ist hauptsächlich die Gewinn- und Verlustrechnung)

Erfolgsquellenanalyse	**Rentabilitätsanalyse**	**Cash-Flow-Analyse**

2.6.3   Struktur GuV erstellen

Die Gewinn und Verlustrechnung ermittelt und erlaubt es, das Ergebnis der Unternehmertätigkeit der Höhe und Ursache nach zu analysieren.

❓ **Frage:** Welche Erfolgspositionen kennen Sie aus dem Jahresabschluss?

❓ **Antwort:** Jahresüberschuss und Bilanzgewinn.

❓ **Frage:** Sind diese Erfolgskennziffern geeignet, den tatsächlichen Erfolg zu ermitteln?

❓ **Antwort:** Nein. Beide enthalten stille Reserven und sind durch Wahlrechte im Ansatz und in der Bewertung gestaltbar. Mit einer Bereinigungsrechnung und Erfolgsspaltung ist die Diskrepanz zwischen tatsächlichem und ausgewiesenem Erfolg minimierbar. Dieses Instrumentarium wird nachfolgend als Erfolgsquellenanalyse beschrieben.

2.6.3.1   Erfolgsquellenanalyse

Ziel der Erfolgsquellenanalyse ist der Ausweis zwischen dem ausgewiesenen und dem tatsächlichen Jahreserfolg. Das Betriebs-, Finanz- und außerordentliche Ergebnis ergibt sich durch Aufspaltung der GuV-Gliederung gem. § 275 HGB und wird für die Kennzahlenbildung benötigt. Im Rahmen der Erfolgsquellenanalyse werden folglich die einzelnen Komponenten und die Struktur der GuV untersucht. Dabei wird insbesondere untersucht, ob es sich um regelmäßig wiederkehrende, betrieblich veranlasste Erträge oder Aufwendungen handelt. Ziel ist es Hinweise über die zukünftige Ertragskraft des Unternehmens zu erhalten.

Abbildung 2.29   Erfolgsspaltung nach BilRuG

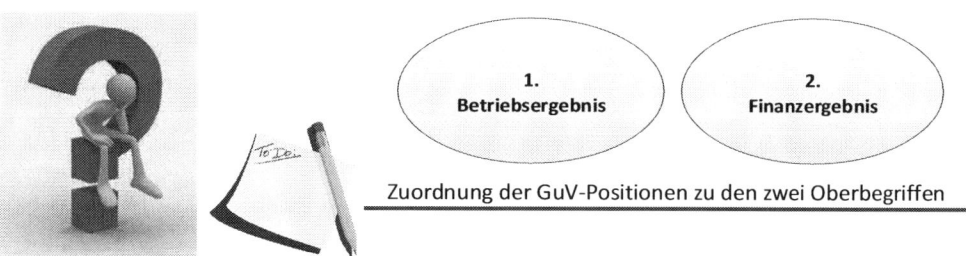

Tipp: Die nachfolgende Darstellung soll Ihnen einen groben Überblick über die Zusammenhänge geben, so dass Sie die relevanten Positionen/Begriffe in Ihrem Gesetz markieren können.

Erfolgsspaltung der Gewinn und Verlustrechnung gem. § 275 HGB			

Betriebsergebnis		Finanzergebnis	
Gesamtkostenverfahren	Umsatzkostenverfahren	Gesamtkostenverfahren	Umsatzkostenverfahren
§ 275 Abs. 2	§ 275 Abs. 3	§ 275 Abs. 2 und 3	
Nr. 1. Umsatzerlöse	Nr. 1. Umsatzerlöse	Nr. 9 Erträge aus Beteiligungen	Nr. 8 Erträge aus Beteiligungen
…	…	…	
Nr. 8. Sonstige betriebliche Aufwendungen	Nr. 7. Sonstige betriebliche Aufwendungen	Nr. 13 Zinsen und ähnliche Aufwendungen	Nr. 12 Zinsen und ähnliche Aufwendungen
Nr. 16 Sonstige Steuern	Nr. 15 Sonstige Steuern		
= ordentliches Betriebsergebnis		= Finanzergebnis	

Frage: Was ist unter „ordentliches Betriebsergebnis" zu verstehen?

Antwort: Kurz: Die Summe der **betrieblichen** Erfolgskomponenten.

❓ **Frage:** Was ist unter „ordentliches Finanzergebnis" zu verstehen?

❗ **Antwort:** Kurz: Die Summe der **betriebsfremden** Erfolgskomponenten.

❓ **Frage:** Was ist unter „außerordentliches Ergebnis" zu verstehen?

❗ **Antwort:** Kurz: Die Summe der **unregelmäßig anfallenden** Erfolgskomponenten.

2.6.3.2   Rentabilitätsanalyse

Unter Rentabilität im weiten Sinne wird eine relative Kennzahl verstanden, die eine den Erfolg darstellende Größe zu einer anderen Größe in Beziehung setzt. Mittels der Rentabilitätsanalyse wird, hinsichtlich der jeweils gewählten Einflussgröße, relativierte Erfolgsbeurteilung ermöglicht.

❓ **Frage:** Welche Kennzahlen zur Rentabilität werden in Klausuren immer wieder abgefragt und sind in der Praxis wichtig?

❗ **Antwort:** Siehe Abbildung!

❗ **Tipp:** Markieren Sie diese in der IHK-Formelsammlung und prägen Sie sich die Interpretation gut ein!

Rentabilitätsanalyse		Richtwerte
Eigenkapitalrentabilität	JÜ / EK x 100	Ca. 8%
Gesamtkapitalrentabilität	(JÜ + FK - Zinsen) / GK x 100	Liegt oft unter der EK-Rentabilität (Leverage)
Umsatzrentabilität	JÜ / Umsatzerlöse x 100	Handelsunternehmen: > 2,5%; Produktionsunternehmen: > 1,5
Return on Investment	(JÜ x Umsatzerlöse) / (Umsatzerlöse x GK) x 100	Kennzahlensystem zur Steuerung des Unternehmens.

2.6.3.3   Gesamtkapitalrentabilität - Leverage Effekt

Der Leverage-Effekt oder auch „Hebeleffekt" genannt, ist ein wichtiger Fachbegriff im Zusammenhang mit der Interpretation der Gesamtkapitalrentabilität und könnte in Klausuren thematisiert werden z.B. für folgende Fragestellungen: Finanzierungsalternativen angeben oder vertikale Finanzierungsregeln erläutern.

▶ **Beispiel:** Das Unternehmen hat einen Gesamtkapitalbedarf von 150.000 €. Die Fremdkapitalzinsen betragen 9% bei der Hausbank und die Gesamtkapitalrentabilität liegt bei 20%. Es wird ein Gewinn vor Zinsen von 30.000 € erwartet.

❓ **Frage:** Beurteilen Sie, ob das Unternehmen den Kapitalbedarf durch Fremd- oder Eigenkapital decken sollte. (6 P)

a. Erklären Sie den Leverage-Effekt!

b. Berechnen Sie die Eigenkapitalrentabilität, wenn EK > FK, EK = FK und EK < FK ist!

❶ Antwort:

a. Der Leverage-Effekt beschreibt den Effekt, dass mit zunehmender Verschuldung die Eigenkapitalrentabilität steigt, solange die Gesamtkapitalrentabilität höher als der Fremdkapitalzins ist. Schauen Sie bitte auch in Ihrer Formelsammlung nach.

b.

	EK > FK	EK = FK	EK < FK
Eigenkapital	100.000 €	75.000 €	50.000 €
Fremdkapital	50.000 €	75.000 €	100.000 €
Gesamtkapital	150.000 €	150.000 €	150.000 €
Gewinn vor Zinsen	30.000 €	30.000 €	30.000 €
./. Fremdkapitalzinsen	4.500 €	6.750 €	9.000 €
Gewinn nach Zinsen	25.500 €	23.250 €	21.000 €
Eigenkapitalrentabilität	25,50%	31,00%	42,00%

2.6.3.4   Return on Investment

❷ Frage: Was ist unter dem „ROI" (Return on Investment) zu verstehen?

❶ Antwort: Der Return on Investment (ROI) ist eine Kennzahl, die Aufschluss über das Verhältnis von Investitionskosten und Gewinn gibt. Wer sein Geld investieren will, braucht einen Anhaltspunkt, ob sich die Investition lohnt.

❿ Sachverhalt: Jahresüberschuss = 300.000 €; Umsatzerlöse = 23 Mio. €; Gesamtkapital = 6 Mio. €

❷ Frage: Wie viel kommt vom eingesetzten Kapital wieder zurück?

❶ Antwort: Gewinn : investiertes Kapital = ROI = 300.000 € / 6 Mio. € x 100 = 5%

Der ROI drückt den prozentualen Anteil aus, denn der Gewinn an einer Investition hat – und zeigt auf diese Weise, welcher Wert aus einer Investition zurückfließt. Diese Betrachtung ist für einzelne Investitionsobjekte möglich, aber auch für die Rentabilität einer ganzen Unternehmung.

2.6.3.5   Cashflow Analyse

Der Cashflow dient als Gradmesser für die Fähigkeit, Investitionen selber zu finanzieren, Schulden zurückzuzahlen und Gewinn auszuschütten. Man spricht auch vom „Indikator für die Innenfinanzierungskraft". Die Ermittlung gehört zu der stromgrößenorientierten Finanzanalyse.

Der einfache Cashflow (direkte Methode) lässt sich mit wenigen Korrekturen aus dem Jahresabschluss ableiten: einnahmewirksame Erträge ./. ausgabewirksame Aufwendungen = Cashflow.

Siehe hierzu auch das Ermittlungsschemata in Ihrer IHK-Formelsammlung. Ein anderes Wort für „einnahmewirksame Erträge" ist „zahlungswirksame Erträge".

❓ **Frage:** Was ist unter „einnahmewirksame Erträge" zu verstehen?

❗ **Antwort:** Umsatzerlöse, Abgänge von Anlagevermögen.

❓ **Frage:** Was sind „ausgabenwirksame Aufwendungen"?

❗ **Antwort:** Materialaufwand, Steuern vom Einkommen und Ertrag.

Neben der direkten Methode gibt es auch die indirekte Methode. Diese rechnet die sog. „nicht zahlungswirksamen" Positionen heraus.

⊗ **Beispiele**

Zu den nicht zahlungswirksamen Aufwendungen zählen u.a.:

- Einstellungen in die Rücklagen

- Erhöhung des Gewinnvortrages

- Abschreibungen

- Erhöhung der Sonderposten mit Rücklageanteil

- Erhöhung der Rückstellungen

- Bestandminderung an fertigen und unfertigen Erzeugnissen

- Periodenfremde und außerordentliche Aufwendungen

Zu den nicht zahlungswirksamen Erträgen zählen u.a.:

- Entnahme aus Rücklagen

- Minderung des Gewinnvortrages

- Zuschreibungen

- Auflösung von Wertberichtigungen

- Minderung der Sonderposten mit Rücklageanteil

- Auflösung von Rückstellungen

- Bestandserhöhungen an fertigen und unfertigen Erzeugnissen

- Aktivierte Eigenleistungen

- Periodenfremde und außerordentliche Erträge

❯ Beispiel:

Berechnen Sie den Cashflow gem. IHK-Formelsammlung!

Folgende Werte in T€ sind gegeben:

GuV – Auszug zum 31.12. gem. § 275 HGB	02	01
Jahresüberschuss	1.700	1.000
Abschreibungen	2.000	2.000
Zuführung Pensionsrückstellungen	?	?
Erhöhung/ Minderung Bestand	216	181

Bilanz – Auszug zum 31.12. gem. § 266 HGB	02	01
Pensionsrückstellung (Wert 00: 410)	700	580

Lösung:

Cah-Flow Berechnung	02	01
Jahresüberschuss	1.700	1.000
+ Abschreibungen	2.000	2.000
+ Pensionsrückstellungen	120	170
./. Erhöhung/ Minderung Bestand	216	181
Cash-Flow	3.604	3.989

Rahmenplan Nr. 2.2.4. Grenzen der Bilanzanalyse

2.7   Grenzen der Bilanzanalyse

❯ Lückentext: Bitte folgende Begriffe einsetzten: *Analysemethoden, objektiv, Bilanzpolitik, Analyst, grenzt, externen, zeitlichen, zukunftsbezogen*

Der Jahresabschluss und dessen Analyse dient der Information von internen und ①_____ Adressaten. Die Diskrepanz zwischen bilanzpolitischen Färbungen und den ausgewiesenen Informationen ②_____die Aussagefähigkeit der Jahresabschlussanalyse ein. Hinsichtlich der ③_____Grenzen seien folgende Stichwörter zu nennen: Stichtags bezogene Auswertung, veraltetes Zahlenmaterial, Vergangenheitsbezogenheit. Mithin ist die Analyse nicht ④_____und eignet sich nur bedingt als zukünftige Prognosebasis. Der Einfluss der ⑤_____bedingt mangelnde Genauigkeit der ausgewiesenen Daten sowie mangelnde Differenzierung der Bilanzpositionen und Unvollständigkeit. Bewertungsmaßstäbe sind nicht immer ⑥_____ nachvollziehbar, sondern teilweise steuerlich motiviert. Bilanzielle Wahlrechte sind objektiv schwer zu vergleichen. Die Wahl der Bewertung- bzw. ⑦_____ bildet immer nur einen Auszug der Realität ab und lässt Interpretationen zu, die zu einer Beschränkung der Aussagefähigkeit führen. Schließlich sei der ⑧_____selbst gefangen in seinen qualitativen, zeitlichen oder analytischen Restriktionen. Bilanzpolitik (Bewertungs- und Gestaltungsmöglichkeiten).

Zusammengefasst ergeben sich hinsichtlich folgender Aspekte Grenzen der Jahresabschlussanalyse:

Abbildung 2.30   Klausurbaustein Grenzen der Bilanzanalyse

Grenzen der Bilanzanalyse

G=	Genauigkeit der Daten ist selten gegeben
R=	Rechtzeitigkeit der Bilanzaufstellung
E=	Externe verfügen nicht über alle Informationen
N=	Nebeneinander von Bewertungsmethoden
Z=	Zukunftsbezogenheit bedingt zuverlässig
E=	Einfluss der Bilanzpolitik des Unternehmens

2.8   Zusammenfassung und Wiederholung

Nun ist das zweite Kapitel erarbeitet – das ist schon die ½ des Lernstoffes!

2.8.1   Kreuzworträtsel Kapitel 2

1. Die Bilanzanalyse ist ein systematisches Verfahren mit dem Ziel der Kenntnis der …? Lage gem. § 264 Abs. 2 HGB?

2. Es gibt zwei Methoden der Bilanzanalyse: Die ? und die quantitative Analyse.

3. Nennen Sie einen externen Adressaten der Bilanzanalyse! Gegenteil von Eigenkapitalgeber.

4. Welcher Adressat benötigt aus der Bilanzanalyse regelmäßig Steuerungsinformationen für das Management?

5. Bei der Kreditvergabe wird ein bestimmtes Verfahren zur Bewertung und Einschätzung eingesetzt. Welches?

6. Eine Stadt in der Schweiz ist Namensgeber für das gesuchte Wort. Welche Stadt?

7. Eine Stadt bzw. eine Universität im Saarland ist Namensgeber für eine Bilanzanalysemethode. Welche Stadt?

8. Im Ratingverfahren werden Bonitätskriterien herangezogen. Diese lassen sich in harte und …? Faktoren einteilen.

9. Bilanzanalysen sind Grundlagen für Prüfungen, beispielsweise im Rahmen von Unternehmenskäufen. Wie heißen diese Sorgfaltsprüfungen auf Englisch?

10. Es gibt viele Ausprägungen der in Frage 9 gesuchten Prüfungen. Wie heißt diejenige, die sich mit Bilanz und GuV beschäftigt?

11. Welche Gliederung finden wir in § 266 HGB?

12. Was ist der Ausgangspunkt einer jeden Bilanz-Kennzahlenermittlung?

13. Welches Hilfsmittel ist in der Klausur zum gepr. Betriebswirt insbesondere für Kapitel 2 besonders wichtig ?

14. Welcher Effekt fällt Ihnen im Zusammenhang mit der Gesamtkapitalrentabilität ein?

15. Welche Finanzierungsregel steckt hinter der Aussage: „Einhaltung der Fristenkongruenz"?

16. Welches Gliederungsverfahren haben wir im § 275 Abs. 2 HGB?

17. Die Ermittlung des Jahresüberschusses nach dem in Frage 16 gesuchten Verfahren und dem Verfahren gem. § 275 Abs. 3 HGB ist identisch. Wie heißt das Verfahren?

18. Die Vergangenheitsbezogenheit, mangelnde Genauigkeit und z.B. die bilanziellen Wahlrechte sind? der Bilanzanalyse.

19. Ziel der Aufbereitung der GuV ist es, das …? zu ermitteln. Welches Wort wird gesucht?

20. Wie heißt der Indikator (zu Deutsch: Kapitalflussrechnung) für die Finanzlage und Ertragskraft des Unternehmens?

Zielorientierter Einsatz der Instrumente der Bilanzanalyse

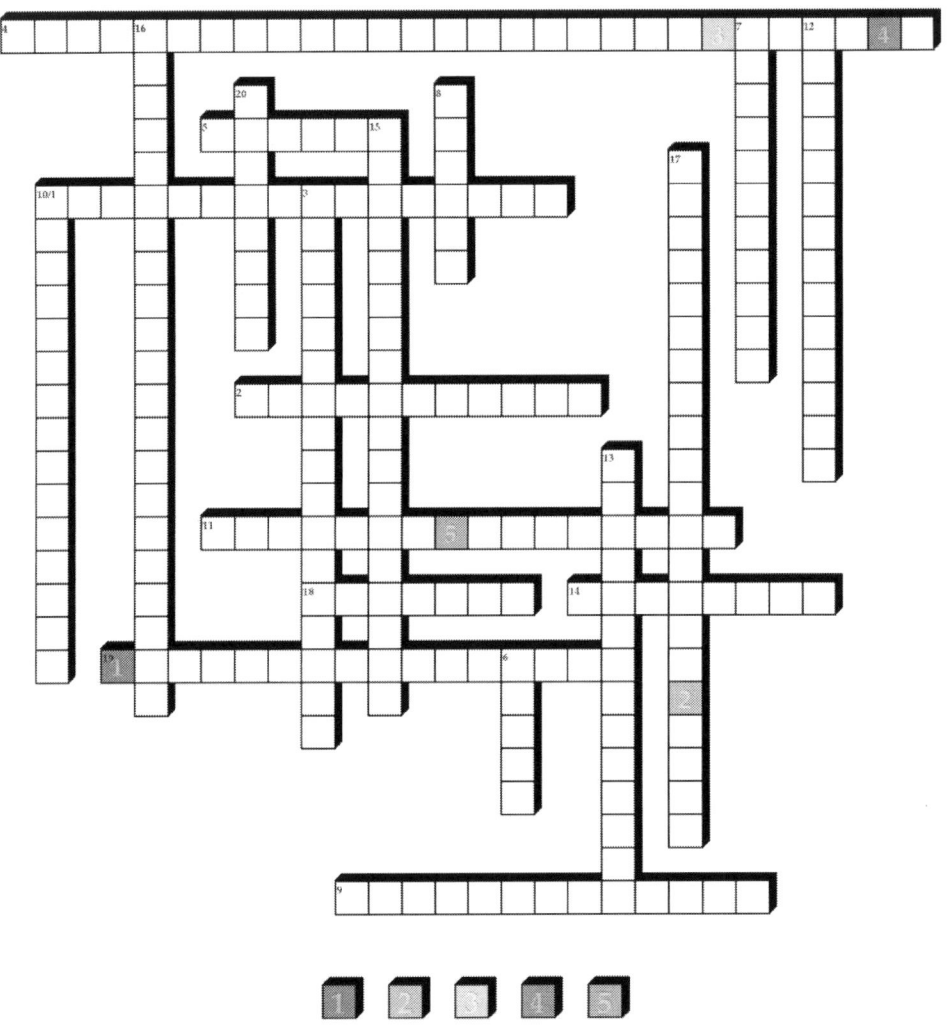

2.8.2   Welche Themenkomplexe haben wir in Kapitel 2 behandelt?

Abbildung 2.31   Übersicht behalten über die Themen des Kapitels 2

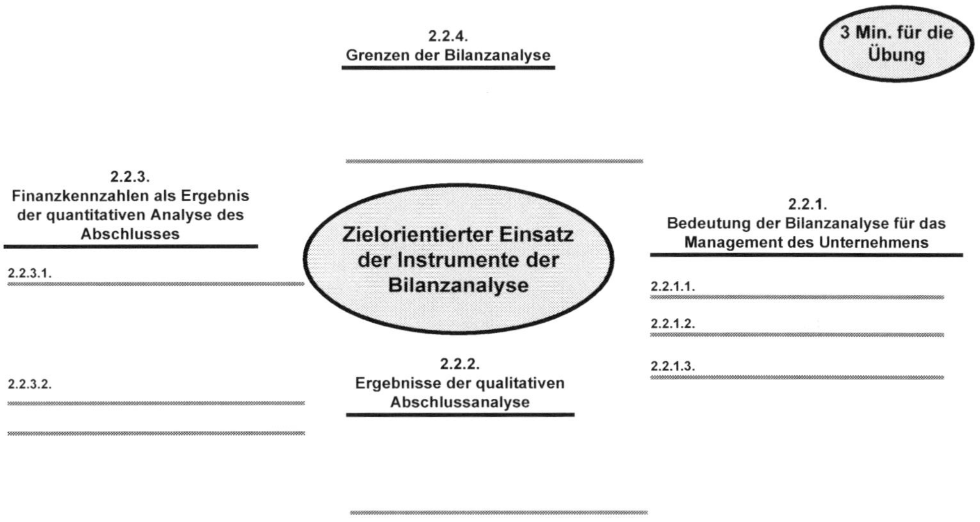

2.8.3   Fachbegriffe und §§ zum Kapitel

Abbildung 2.32   Fachbegriffe zum Kapitel 2

Welche Fachbegriffe fallen Ihnen zu dem 2. Kapitel: „Zielorientierter Einsatz der Instrumente der Bilanzanalyse" ein?

A:	K:
B:	L:
C:	M:
D:	N / O:
E:	P / Q:
F:	R:
G:	S / T:
H:	U / V:
I / J:	W / X / Y / Z:

2.8.4   Wie wird das Kapitel in der Prüfung abgefragt?

Das Thema Bilanzanalyse ist immer ein fester Bestandteil jeder Klausur mit ca. 30 von 100 Punkten. Die Aufgabenstellungen sind sehr unterschiedlich, weil es Klausuren gibt mit umfangreichen Bilanzen/GuV's und vielen Kennzahlenermittlungen. Die Abfrage von Ursprung und Inhalt von verschiedenen Due Diligence Prüfungen ist genauso zu finden wie die Beschreibung von Ratingprozessen und Abfragen der Bilanzanalysegrenzen. Die Erstellung und Aufbereitung von Strukturbilanzen war ebenfalls schon Thema.

Wichtig bei fast allen Klausuren ist eine gute Kenntnis der IHK-Formelsammlung. Beachten Sie bitte, dass Sie keine eigene Formelsammlung in die Klausur mitbringen dürfen!

2.8.5 Klausurthemen 2011-2015 zu Kapitel 2

Abbildung 2.33 Klausurthemen 2011-2015 zu Kapitel 2

Rahmenplannummer und Klausurjahr		2015	2015	2014	2014	2013	2012	2012	2011	2011
		Frühjahr	Herbst	Frühjahr	Herbst	Frühjahr	Herbst	Frühjahr	Herbst	Frühjahr
2.2. Zielorientierter Einsatz der .....Bilanzanalyse										
2.2.1.1.	Bedeutung der Bilanzanalyse für MIS				29					
2.2.1.2.	Im Rahmen des Ratings									
2.2.1.3.	Im Rahmen des Due Dilligence									
2.2.2.	Ergebnisse der qualitativen Abschluss…								25	10
2.2.3.	Finanzkennzahlen als Ergebnis der …					26		28		
2.2.3.1.	Bilanzkennzahlen	30	28	30			26			15
2.2.3.2.	GuV Kennzahlen									
2.2.4.	Grenzen der Bilanzanalyse									
	Summe	30	28	30	29	26	26	28	25	25

Übungsklausur zur Rahmenplan Nr. 2.2

2.9 Übungsklausur zu Kapitel 2 (120 Min./100 P)

2.9.1 Aufgabe 1

Der Jahresabschluss der Betriebswirt GmbH per 31.12.01 ist im Anhang zur Klausur abgedruckt. Der Bilanzgewinn ist dem kurzfristigen Fremdkapital zuzuordnen. Anschaffungs- und Herstellungskosten per 1. Januar 01 betragen 3.000 Tsd. €; Zugänge während des Geschäftsjahres 01 belaufen sich auf 500 Tsd. € und Abgänge auf 100 Tsd. €. Die kumulierten Abschreibungen per 31.12.01 betragen 2.500 Tsd. €.

Bitte beachten Sie den Anhang!

7 P a.) Ermitteln Sie für 01 die Strukturbilanz!

b.) Ermitteln Sie für 01 folgende vier Kennzahlen und beurteilen Sie diese stichhaltig!

4 P a. Anlagenabnutzungsgrad der Sachanlagen

4 P b. Eigenkapitalrentabilität vor Steuern

4 P c. Anlagendeckungsgrad I

4 P d. Cashflow – Umsatzrentabilität

23 P

2.9.2   Aufgabe 2

Mr. Betriebswirt will bei der Hausbank für sein Unternehmen einen Kreditantrag stellen. Die Bank beurteilt seine Bonität im Rahmen eines Ratings.

10 P   a.) Nennen Sie zu jeder der vier Bonitätskriterien fünf Kennzahlen bzw. Beispiele: Kennzahlen aus der Jahresabschlussanalyse; Qualität des Managements; Betriebliche Verhältnisse; Situation und Lage des Unternehmens, Markt und Branche.

4 P   b.) Nennen Sie zwei Kriterien, die eine Kreditvergabe ausschließen könnten!

6 P   c.) Nennen Sie drei Warnhinweise für den Kreditgeber!

20 P

2.9.3   Aufgabe 3

6 P   a.) Erläutern Sie den Begriff „Kennzahlensystem" und gehen Sie auf dessen Bedeutung im Rahmen der Jahresabschlussanalyse ein!

16 P   b.) Beschreiben und interpretieren Sie vier von Ihnen ausgewählte Kennzahlen!

22 P

2.9.4   Aufgabe 4

Die AG erzielt im Geschäftsjahr 01 einen Umsatz von 10.000.000 €. Die Bilanz der AG befindet sich im Anhang zur Klausur.

5 P   a.) Bereiten Sie die Bilanz für eine Bilanzanalyse auf und erstellen Sie für das Geschäftsjahr 01 eine Strukturbilanz. Die Dividende von 1 € je Aktie bewirkt eine Erhöhung der Gewinnrücklagen um 100.000 €. Der Nennwert je Aktie beträgt 5 €. Die Dividenden wurden noch nicht ausgeschüttet. Die sonstigen Rückstellungen sind kurzfristig. Die Wertpapiere des Umlaufvermögens gelten als Liquiditätsreserve. Rechnungsabgrenzungsposten zählen zu den kurzfristigen Forderungen und Verbindlichkeiten. Die Fremdkapitalzinsen im Geschäftsjahr 01 betrugen 200.000 €.

9 P   b.) Ermitteln Sie die folgenden Bilanzkennzahlen für das Geschäftsjahr 01: Anlagenquote; Eigenkapitalquote; Anlagendeckung I; Anlagendeckung II; Liquidität II; Eigenkapitalrentabilität; Gesamtkapitalrentabilität; Umsatzrentabilität; Return on Investment. Geben Sie dabei jeweils die von Ihnen verwendete Formel und den Rechenweg an.

6 P   c.) Erläutern und beurteilen Sie die folgenden Kennzahlen: Eigenkapitalquote 01; Anlagendeckung II 01; Umsatzrentabilität 01.

5 P   d.) Erläutern und beurteilen Sie die Liquidität II des Unternehmens und beschreiben Sie drei konkrete Maßnahmen, die die Liquidität II des Unternehmens verbessern würden.

25 P

2.9.5   Aufgabe 5

Ihnen liegen die Bilanzen der Betriebswirt AG per 31.12.01 und 31.12.02 vor.

Hierzu ist von Ihnen eine Finanzanalyse mit Hilfe der Kapitalflussrechnung (Gegenüberstellung der Veränderungen sämtlicher oder ausgewählter Bilanzpositionen zwischen zwei Bilanzstichtagen), d.h. eine Bewegungsbilanz aufzustellen.

Die Bewegungsbilanz stellt Mittelverwendung und Mittelherkunft – nach Fristigkeit geordnet – gegenüber. Im Gegensatz zur Beständebilanz werden zwei Jahresabschlüsse verglichen.

Die Kapitalflussrechnung erfasst Bestandsveränderungen und gibt Auskunft über den Erfolg der Unternehmertätigkeit.

Erstellen Sie eine Bewegungsbilanz nach dem o.a. Schemata!

Aktiva			In TEUR	Passiva	
	02	01		02	01
Immaterielle VGG	10	7	Gez. Eigenkapital	127	127
Sachanlagen	755	718	Kapitalrücklage	92	92
Finanzanlagen	107	105	Gewinnrücklage	176	168
Vorräte	722	680	Bilanzgewinn	9	8
Forderungen	513	552	Pensionsrückstellungen	454	428
Liquide Mittel	39	51	Kurzfristige Verbindlichkeiten	1.288	1.290
Vermögen	**2.146**	**2.113**	**Kapital**	**2.146**	**2.113**

2.9.6   Aufgabe 6

Eine inländische Tochter AG hatte für das Geschäftsjahr 02 folgende Gewinn- und Verlustrechnung gemäß IFRS aufgestellt:

Gewinn- und Verlustrechnung			Jahr 02
1. Umsatzerlöse			5.000 Tsd. €
2. Sonstige betriebliche Erträge	+		100 Tsd. €
3. Veränderung des Bestandes Fertig-/ unfertige Erzeugnissen	+		200 Tsd. €
4. Aufwendungen für Roh-, Hilfs- und Betriebsstoffe	-	100 Tsd. €	
5. Aufwendungen für Leistungen an Arbeitnehmer	-	200 Tsd. €	
6. Aufwand für planmäßige Abschreibungen Davon: 100 Tsd. € für Geschäfts- oder Firmenwert Davon: 200 Tsd. € für Sachanlagen	-	300 Tsd. €	
7. sonstige betriebliche Aufwendungen	-	400 Tsd. €	
8. Zinsen und ähnliche Aufwendungen	-	500 Tsd. €	
9. Abschreibungen auf Finanzanlagen	-	600 Tsd. €	
10. Gesamtaufwand	-		2.100 Tsd. €

11. Gewinn vor Steuern (1+2+3 ./. Rest)	=		3.200 Tsd. €
12. Steuern vom Einkommen und Ertrag	-		200 Tsd. €
13. Periodenergebnis			3.000 Tsd. €

a.) Erläutern Sie allgemein den Sinn und Zweck einer EBITDA-Rechnung!

b.) Stellen Sie für die AG eine EBITDA-Rechnung gemäß der IHK Formelsammlung für das Jahr 02 auf. Berechnen Sie nachvollziehbar die Kennzahlen: EBITDA, EBITA, EBIT, EBT, EAT!

2.9.7 Aufgabe 7

Bitte vervollständigen Sie das nachfolgende Schaubild!

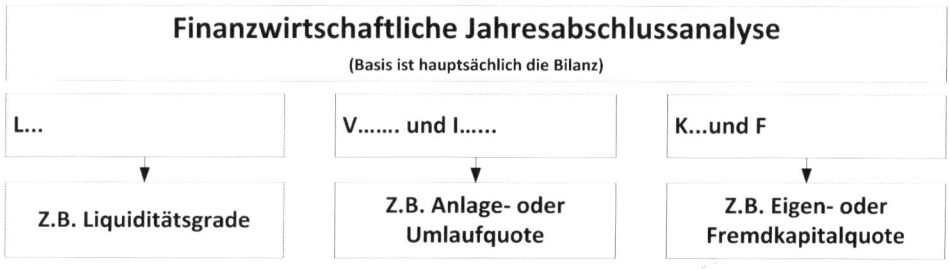

Bitte vervollständigen Sie das nachfolgende Schaubild!

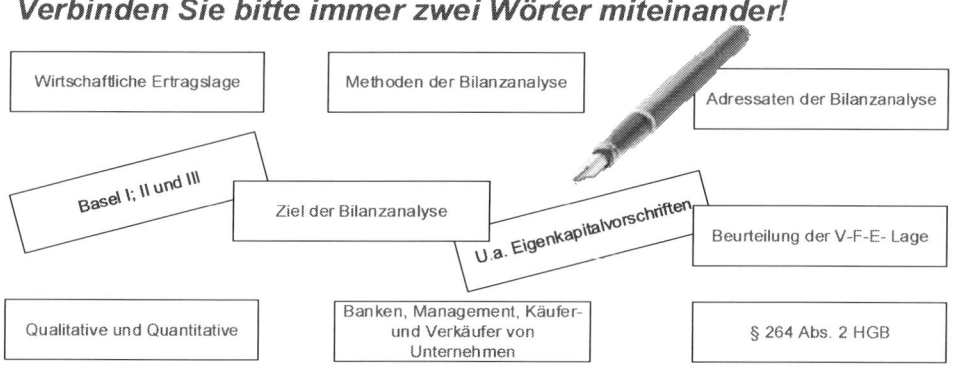

2.9.8   Anhang zur Klausur Kapitel 2

Zur Aufgabe 1: Bilanz der Betriebswirt GmbH

Aktiva	In TEUR		Passiva		
	01	00		01	00
Immaterielle VGG	300	300	Gez. Eigenkapital	400	400
Sachanlagen	1.000	900	Kapitalrücklage	40	30
Finanzanlagen	200	200	Gewinnrücklage	300	300
Vorräte	400	300	Bilanzgewinn	60	70
Forderungen	500	500	Pensionsrückstellungen	100	100
Liquide Mittel	100	100	Krzfr. Rückstellungen	300	300
			Langfristige Verbindlichkeiten	900	800
			Vbl. Lieferung u. Leistung	400	300
	2.500	**2.300**		**2.500**	**2.300**

Zu Aufgabe 1: Gewinn- und Verlustrechnung:

	Gesamtkostenverfahren	01 (€)
1	Umsatzerlöse	5.000
2	Bestandsveränderungen	./. 200
5	Materialaufwand	1.000
6	Personalaufwand	2.000
7	Abschreibung	250
8	Sonstige betriebliche Aufwendungen	1.500
9	Zinsen und ähnliche Erträge	70
11	**Ergebnis der gewöhnlichen Geschäftstätigkeit**	**100**
12	Steuern vom Einkommen und Ertrag	30
14	**Jahresüberschuss**	**70**
15	Einstellung in Gewinnrücklagen	10
16	**Bilanzgewinn**	**60**

Zu Aufgabe 4: Bilanz per 31.12.01 der AG

Aktiva	TEUR		Passiva
A Anlagevermögen		**A Eigenkapital**	
I. immaterielle Vermögensgegenstände	300.000	I. Gezeichnetes Kapital	1.200.000
II. Sachanlagen		II. Kapitalrücklagen	40.000
1 Grundstücke und Bauten	1.750.000	III Gewinnrücklagen	
2 technische Anlagen und Maschinen	1.600.000	1 Gesetzliche Gewinnrücklagen	80.000
3 andere Anlagen, Betriebs und G.	780.000	2 Andere Gewinnrücklagen	270.000
III Finanzanlagen		IV Gewinnvortrag	44.000
1 Beteiligung	420.000	V Jahresüberschuss	296.000
B Umlaufvermögen		**B Rückstellungen**	
I Vorräte		1 Pensionsrückstellungen	920.000
1 Roh-,Hilfs- und Betriebsstoffe	288.000	2 sonstige Rückstellungen	44.000
2 unfertige Erzeugnisse	162.000	Verbindlichkeiten	
3 fertige Erzeugnisse und Waren	370.000	1 Langfristige Verbindlichkeiten	2.950.000
		2 Verbindlichkeiten aus L u L	653.000
II Forderungen und sonstige VGG		3 sonstige Verbindlichkeiten	
1 Forderungen aus L u L	585.000	> davon aus Steuern	12.000
2 sonstige Vermögensgegenstände	27.000	> davon im Rahmen der sozialen Sicherheit	45.000
III Wertpapiere		**C Rechnungsabgrenzungsposten**	46.000
1 sonstige Wertpapiere	20.000		
IV Schecks, Kassenbestand	282.000		
C Rechnungsabgrenzungsposten	16.000		
	6.600.000		**6.600.000**

2.10   Lösung zur Übungsklausur Kapitel 2

	Punkteverteilung:			Punkte	Erzielte Punkte
Aufgabe 1			a	7	
			b	16	
				23	
Aufgabe 2			a	10	
			b	4	
			c	6	
				20	
Aufgabe 3			a	6	
			b	16	
				22	
Aufgabe 4			a	5	
			b	9	
			c	6	
			d	5	
				25	
Aufgabe 5			a	**10**	
				100 P	
					Ihre Note:
Notenschlüssel	100 – 92 Punkte			**Sehr gut**	
	Unter 92 – 81 Punkte			**Gut**	
	Unter 81 – 67 Punkte			**Befriedigend**	
	Unter 67 – 50 Punkte			**Ausreichend**	
	Unter 50 – 30 Punkte			**Mangelhaft**	
	Unter 30 – 0 Punkte			**Ungenügend**	

2.10.1   Aufgabe 1: Strukturbilanz

a.)

7 P

Aktiva		In TEUR		Passiva		
	01	**Summe**		**01**	**Summe**	
Immaterielle VGG	300		Gez. Eigenkapital	400		
Sachanlagen	1.000		Kapitalrücklage	40		
Finanzanlagen	200		Gewinnrücklage	300		
Anlagevermögen		1.500	Eigenkapital		740	
			Bilanzgewinn	60		
Vorräte	400		Lgfr. Fremdkapital		1.000	
			Krzfr. Rückstellungen	300		
Forderungen	500		Vbl. Lieferung und L.	400		
Liquide Mittel	100		Krzfr. Fremdkapital		760	
Umlaufvermögen		1.000	Pensionsrück-stellungen	100		
			Lgfr. Vbl.	900		
	2.500	2.500		2.500	2.500	

b.)   Informationen aus dem Anhang:

Bilanzkennzahl	Formel		Rechenweg	Ergebnis in %
Anlagenabnutzungsgrad auf Sachanlagen	kummulierte Afa x 100	AK/HK per 31.12.11	2.500 €*100	73,53
			3.000 € + 500-100	

3 P

1 P   Zu fast 75% sind die Sachanlagen abgeschrieben. Sind die Sachanlagen abgeschrieben, haben sie planmäßig ihre Nutzungsdauer erreicht und sind im Wert gesunken infolge von Benutzung, Verbrauch oder Alterung. Die Notwendigkeit einer Ersatzinvestition zieht einen langfristigen Finanzierungsbedarf hinter sich.

Informationen aus der Gewinn- und Verlustrechnung und der Struktur-bilanz:

Bilanzkennzahl	Formel		Rechenweg	Ergebnis in %
3 P Eigenkapital-rentabilität	(Jahresüberschuss + Steuern vom E und E) x 100 / Eigenkapital		(70 + 30) *100 / 740	13,51

1 P Die **Eigenkapitalrentabilität** liegt nur bei 13%. Diese Kennzahl bringt die Verzinsung des eingesetzten Eigenkapitals zum Ausdruck. Dieses ist im vorliegenden Fall zufriedenstellend. Im Vergleich zu anderen Unternehmen der gleichen Branche gilt allgemein: Je höher die Eigenkapitalrentabilität, desto positiver ist die Beurteilung des Unternehmens.

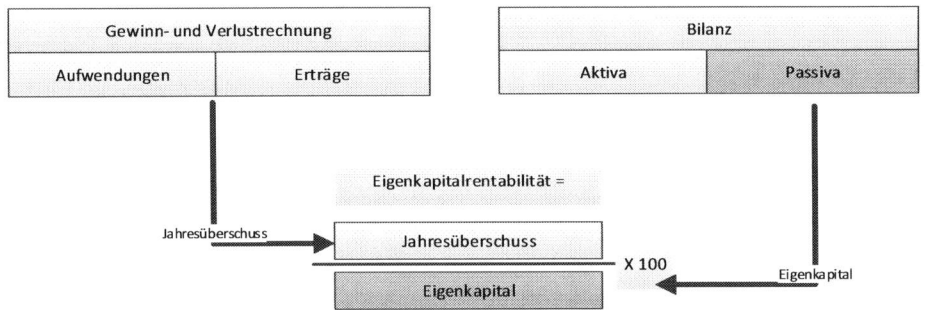

Information aus der Strukturbilanz:

Bilanzkennzahl	Formel		Rechenweg	Ergebnis in %
3 P Anlagendeckung I	EK x 100 / AV		740 € *100 / 1.500 €	49,33

1 P Die **Anlagendeckung** liegt bei ca. 50%. Der Anlagendeckungsgrad I zeigt an, wie viel % des Anlagevermögens mit Eigenkapital finanziert sind. Ein Deckungsgrad I von 50% bedeutet, dass die Hälfte (ca. 50%) des Anlagevermögens mit Fremdkapital finanziert werden muss. Im Rahmen einer Bilanzanalyse wird regelmäßig untersucht, ob die üblichen Finanzierungsregeln eingehalten worden sind. Die goldene Bilanzregel im engeren Sinne wurde hier nicht eingehalten, weil das Anlagevermögen nicht durch Eigenkapital gedeckt ist (nur zu 50%). Damit wird das Prinzip nicht eingehalten, dass langfristig im Unternehmen gebundene Mittel auch langfristig bzw. auf Dauer zur Verfügung stehen.

Informationen aus der Gewinn- und Verlustrechnung:

3 P

Bilanzkennzahl	Formel	(siehe GuV)	Rechenweg	Ergebnis in %
Cashflow - Umsatz-rentabilität	Cashflow (= JÜ + Afa) x 100	Umsatzerlöse	(70 + 250) € *100 / 5.000 €	6,40

1 P   Der **Cashflow** in Höhe von 6% stellt den um nicht zahlungswirksame Faktoren bereinigten bilanziellen Erfolg dar. Der Cashflow versucht die wirklichen Zahlungsströme abzubilden, denn im bilanziellen Ergebnis eines Unternehmens sind eine Vielzahl von Faktoren, wie Abschreibungen und Rückstellungen enthalten, die sich nicht auf den realen Zahlungsfluss auswirken. Die Kennzahl Cashflow gilt als ein wichtiger Indikator der Zahlungskraft und des Innenfinanzierungspotenzials eines Unternehmens. Der Cashflow ist eine Liquiditätskennzahl und sagt etwas über die Liquidität eines Unternehmens aus. Ein positiver Cashflow, wie im vorliegenden Fall, versetzt das Unternehmen in die Lage aus dem Umsatz heraus seine Kredite tilgen zu können. Je 100 € Umsatz stehen hier dem UN 6,40 € liquide Mittel zur Verfügung. Die Zahlen sind folglich niedrig und ein höherer Cashflow wäre erstrebenswert.

23 P

2.10.2   Aufgabe 2: Rating

a.)   Kennzahlen aus der Jahresabschlussanalyse

1 P   Vermögenslage z.B. Eigenkapitalquote; Verschuldungsanteil

1 P   Finanzlage z.B. Liquidität; Schuldentilgungsdauer

0,5   Ertragslage z.B. Eigenkapitalrentabilität

Qualität des Managements

1 P   Fachliche und persönliche Qualifikationen z.B. Schufa; Branchenerfahrung, Führungsstruktur

1 P   Nachfolgeproblematik, Altersstruktur

0,5   Kommunikation und Geschäftsbeziehung z.B. mit Banken

Betriebliche Verhältnisse

1 P   Allgemeines z.B. Rechtsform, Alter des Unternehmens

1 P	Unternehmensorganisation z.B. Qualität Rechnungswesen, Qualität des Controllings, Effizienz der Produktion
0,5	Unternehmensentwicklung z.B. Auftragseingänge, Strategie und Konzept, Trend, Produktinnovation
	Situation und Lage des Unternehmens, Markt und Branche, Wettbewerb
1 P	Produkt- und Dienstleistungsqualität
1 P	Abnehmer- und Lieferantenbeziehung
0,5	Konkurrenz/Markt/Risiken und Chancen
b.)	**Zwei Kriterien bei der Bank**
2 P	Kreditkündigung bei einer anderen Bank; Negative SCHUFA-Auskunft
2 P	Kontopfändung; Kreditüberziehungen
c.)	**Warnhinweise**
2 P	Verzögerung im Zahlungsverhalten; Rücklastschriften und Scheckrückgabe
2 P	Keine aussagefähige Unternehmensbewertung
2 P	Unzureichende Zuverlässigkeit/Vertrags-/Termintreue
20 P	

2.10.3   Aufgabe 3: Kennzahlensysteme

	a.) Kennzahlensysteme haben den Zweck:
1 P	Informationen bereit zu stellen über Entwicklungen relevante Sachverhalte z.B. bei der Bilanzanalyse Information zur VFE-Lage § 264 HGB.
1 P	Informationen für interne und externe Zwecke.
1 P	**Intern:** Unternehmensentscheidungen treffen, erkennen von Tendenzen, Zielvorgaben und Zielgrößen definieren, Vergleich mit der Branche, dem Wettbewerb; Aufbau eines Managementinformationssystems etc., Anteilseigner.
1 P	**Extern:** Rating, Due Dilligence, d.h. Kreditgeber, Lieferanten, Konkurrenzunternehmen, Benchmarking etc.
2 P	**Kritik:** Modellanalyse, Modellannahmen, isolierte Betrachtung, Zusammenhänge und Ursachen nicht immer erkennbar, nur quantitative Sachverhalte lassen sich mit Hilfe von Kennzahlen abbilden.

b.) Eigenkapitalquote:

1 P   **Definition:** Vertikale Bilanzkennzahl, Analyse der Kapitalstruktur, Formel: EK / GK x 100

1 P   **Interpretation:** Beziehung zwischen EK und GK.

1 P   **Richtwerte/Bsp.:** Je höher der EK-Anteil, desto höher die Unabhängigkeit des Unternehmens; ….die finanzielle Stabilität des Unternehmens, die Kreditwürdigkeit, ….mehr als 20% Eigenkapitalquote ist gut ….30% – 40% gilt allgemein als sehr gute EK-Quote. In der Praxis spricht man häufig von der 1:2 Regel, d.h. 50% des GK werden durch EK gedeckt.

1 P   **Kritik:** EKquote alleine ist nicht aussagefähig, weil sie nicht immer die Werthaltigkeit von Vermögenspositionen etc. berücksichtigt, das wirtschaftliche Eigenkapital wird unterschiedlich ermittelt, je nach Branche und Analysezweck, Leverage-Effekt könnte in diesem Zusammenhang genannt werden.

      Maßnahmen zur Verbesserung der Quote (Zusatz):

– Kapitalerhöhung gegen Einlagen (Bareinlagen, Sacheinlagen)

– Kapitalerhöhung aus Gesellschaftsmitteln

– Teilhaber aufnehmen

– Mitarbeiter beteiligen

– Beteiligungskapital aufnehmen

– Gewinnthesaurierung (Ausschüttung/ Auskehrung von Gewinnen)

– Entnahmen bzw. Ausschüttungen reduzieren

– Leasing/Sale-and-lease-back von Anlagevermögen (an Leasing-Gesellschaft verkaufen und zurückmieten)

– Leasing von Material-/Warenbeständen

– Factoring

– Umwandlung von Verbindlichkeiten in Eigenkapital

Statischer Verschuldungsgrad:

1 P   **Definition:** Vertikale Bilanzkennzahl, Analyse der Kapitalstruktur, Formel: FK / EK x 100

1 P   **Interpretation:** Beziehung zwischen FK und EK; Erkennen von Überschuldungsrisiken, je größer der Verschuldungsgrad umso höher die Gefahr einer Verschuldung; Art der Zusammensetzung des Kapitals.

1 P   **Richtwerte/Bsp.:** Das Eigenkapital sollte nach dieser Regel mindestens so hoch sein wie das Fremdkapital (Eins-zu-Eins-Regel).

1 P   **Kritik:** Alleine ist die Kennzahl nicht aussagefähig, weil sie branchenabhängig ist und andere Aspekte wie z.B. der Leverage Effekt hier eine Rolle spielen können.

Anlagenintensität:

1 P   **Definition:** Vertikale Bilanzkennzahl, Analyse des Vermögens; Formel: AV / GK x 100

1 P   **Interpretation:** Beziehung zwischen AV und GK (Bilanzsumme). Desto höher der Anteil des AV in einem Unternehmen ist, desto wichtiger sind Fragestellungen zur Finanzierung, die durch die Kennzahl der Anlagendeckung näher untersucht werden. Anlagen binden Kapital und über lange Zeit fixe Kosten. Das Unternehmen mit einer hohen AV-Intensität ist schwerfällig, ggf. schwer anpassungsfähig auf Marktveränderungen/Konjunkturschwankungen etc.

1 P   **Richtwerte/Bsp.:** Die Anlagenintensität ist stark von der jeweiligen Branche abhängig. Eine zu hohe Anlagenintensität kann negativ sein, da das Anlagevermögen bei Zahlungsschwierigkeiten nur schwer veräußert werden kann, um den Zahlungsengpass zu überbrücken. Eine zu geringe Anlagenintensität kann ebenfalls negativ sein, da es in diesem Fall bedeuten kann, dass das Unternehmen überwiegend mit alten, bereits stark abgeschriebenen Anlagen arbeitet, welche nur noch mit geringen Werten im Anlagevermögen stehen. Additiv sind immer der Fixkostenanateil zu betrachten und die Anpassungsfähigkeit auf Beschäftigungsveränderungen.

1 P   **Kritik:** Auch diese Kennzahl alleine ist nicht aussagefähig, da sie z.B. nur von einem optimalen Modell ausgeht und z.B. Alter und Zustand des AV nur bedingt analysieren kann.

Liquiditätsgrade: hier: 1. Grad:

1 P   **Definition:** Bei der Liquidität 1. Grades werden die flüssigen Mittel und die kurzfristigen Verbindlichkeiten ins Verhältnis gesetzt.

1 P   **Interpretation:** Damit soll die Zahlungsfähigkeit eines Unternehmens bewertet werden.

1 P   **Richtwerte/Bsp.** Beträgt die Liquidität 1. Grad z.B. über 100% können allein mit den liquiden Mitteln alle kurzfristigen Verbindlichkeiten (allerdings nur zum Stichtag der Betrachtung) gedeckt werden. Die Zahlungsfähigkeit wäre also sehr hoch. Die Liquidität 1. Grades muss jedoch nicht über 100% betragen, sondern sollte eher im Bereich von 10 bis 30% liegen, da Forderungen aus L.u.L. und Vorräte auch noch zur Deckung der kurzfristigen Verbindlichkeiten zur Verfügung stehen können.

1 P   **Kritik:** Eine sichere Aussage zur Liquiditätsentwicklung eines Unternehmens kann mit dieser Kennzahl, wie auch mit allen anderen Liquiditätskennzahlen, nicht getroffen werden, da hierfür auch noch nicht bilanzierte zukünftige Zahlungsströme ausschlaggebend sind. Auch kann davon ausgegangen werden, dass sich liquide Mittel als auch kurzfristige Verbindlichkeiten seit dem zur Bildung der Kennzahl herangezogenen Bilanzstichtag bereits wieder verändert haben. Diese starke Stichtagsbezogenheit lässt nur eine geringe Aussagekraft dieser Kennzahl zu.

22 P

2.10.4   Aufgabe 4: Bilanzanalyse

Aktiva	TEUR	Passiva	
A Anlagevermögen		A Eigenkapital	
I. immaterielle Vermögensgegenstände	300.000	I. Gezeichnetes Kapital	1.200.000
II. Sachanlagen		II. Kapitalrücklagen	40.000
1 Grundstücke und Bauten	1.750.000	III Gewinnrücklagen	
2 technische Anlagen und Maschinen	1.600.000	1 Gesetzliche Gewinnrücklagen	80.000
3 andere Anlagen, Betriebs und G.	780.000	2 Andere Gewinnrücklagen	270.000
III Finanzanlagen		Gewinnrücklagenerhöhung[30]	100.000
1 Beteiligung	420.000	**Bilanzanalytisches EK**	**1.690.000**
bilanzanalytisches AV	**4.850.000**	IV Gewinnvortrag	44.000
B Umlaufvermögen		V Jahresüberschuss	296.000
I Vorräte		**Bilanzanalytisches FK[31]**	**4.910.000**
1 Roh-,Hilfs- und Betriebsstoffe	288.000	B Rückstellungen	
2 unfertige Erzeugnisse	162.000	1 Pensionsrückstellungen	920.000
3 fertige Erzeugnisse und Waren	370.000	Verbindlichkeiten	
Bilanzanalytische Vorräte[32]	**820.000[33]**	1 Langfristige Verbindlichkeiten	2.950.000
II Forderungen und sonstige VGG		**bilanzanalytisches lfr. FK**	**3.870.000**
1 Forderungen aus L u L	585.000	Dividenden laut Aufgabenstellung	240.000
2 sonstige Vermögensgegenstände	27.000	2 sonstige Rückstellungen	44.000
C Rechnungsabgrenzungsposten	16.000	2 Verbindlichkeiten aus L u L	653.000
bilanzanalytische Forderungen	**628.000**	3 sonstige Verbindlichkeiten	

---

[30] Aus dem Aufgabentext ergibt sich die Gewinnrücklagenerhöhung.

[31] Das bilanzanalytische Fremdkapital = Gesamtschulden ./. bilanzanalytisches Eigenkapital.

[32] Das bilanzanalytische Umlaufvermögen = Gesamtvermögen ./. bilanzanalytisches Anlagevermögen. Die Summen der Forderungen und liquiden Mittel werden gesondert für die Kennzahlenermittlung ausgewiesen.

III Wertpapiere		> davon aus Steuern	12.000
1 sonstige Wertpapiere	20.000	> davon .....soziale Sicherheit	45.000
IV Schecks, Kassenbestand	282.000	C Rechnungsabgrenzungsposten	46.000
Bilanzanalytische liquide Mittel	**302.000**	**bilanzanalytisches krf. FK**	**1.040.000**
	6.600.000		6.600.000

5 P **Berechnung der Ausschüttung:** Gezeichnetes Kapital = 1.200.000 €

Nennwert je Aktie = 5 € und Dividende je Aktie = 1 €

Anzahl Aktien: Gezeichnetes Kapital/Nennwert: 240.000 Aktien x 1 € = Ausschüttung = 240.000 €

b.) Diverse Kennzahlen

1 P **Anlagenquote: AV / GV x 100** = 4.850.000 € / 6.600.000 € x 100 = 73,48%

1 P **Eigenkapitalquote: EK / GK x 100** = 1.690.000 € / 6.600.000 € x 100 = 25,60%

1 P **Anlagendeckung: EK / AV x 100** = 1.690.000 € / 4.850.000 € x 100 = 38,84%

1 P **Anlagendeckung II: (EK + langfristiges FK) / AV x 100** = (1.690.000 € + 3.870.000 €)/ 4.850.000 € x 100 = 114,64%

1 P **Liquidität II: (flüssige Mittel + Forderungen)/ kurzfristiges FK x 100** = (302.000 € + 628.000 €)/ 1.040.000 € x 100 = 89,42%

1 P **Eigenkapitalrentabilität: Jahresüberschuss / EK x 100** = 296.000 € / 1.690.000 € x 100 = 17,00%

1 P **Gesamtkapitalrentabilität: (JÜ + FK Zinsen)/ GK x 100** = (296.000 € + 200.000 €) / 6.600.000 € x 100 = 7,00%

1 P **Umsatzrentabilität: JÜ / Umsatzerlöse x 100** = 296.000 € / 10.000.000 € x 100 = 2,00%

1 P **Return on Investment: (JÜ x UE)/(UE x GK) x 100** = 296.000 € / 6.600.000 € x 100 = 4,00%

c.) Eigenkapitalquote

1 P **Definition:** Vertikale Bilanzkennzahl, Analyse der Kapitalstruktur.

1 P **Interpretation:** Beziehung zwischen EK und GK.

Richtwerte/Bsp.: Je höher der EK-Anteil, desto höher die Unabhängigkeit des Unternehmens; … die finanzielle Stabilität des UN´ns …, die Kreditwürdigkeit, … im vorliegenden Fall liegt die EK-Quote bei fast 30%, was als gut bezeichnet werden kann.

c.) Anlagendeckung II

1 P   **Definition:** Horizontale Bilanzkennzahl, Liquiditätskennzahl

1 P   **Interpretation:** Die Anlagendeckung II bezeichnet den prozentualen Anteil des AV, welches mit langfristigem Kapital gedeckt ist.

Richtwerte/ Bsp.: Langfristiges Vermögen soll auch langfristig finanziert sein (goldene Bilanzregel). Deshalb sollte der Deckungsgrad II deutlich über 100% liegen (Ziel 110% bis 150%), was im vorliegenden Fall rechnerisch oben gezeigt wurde.

Je weiter der Deckungsgrad II über 100% liegt, umso mehr ist neben dem Anlagevermögen auch das Umlaufvermögen durch langfristiges Kapital finanziert und damit eine höhere finanzielle Stabilität des Unternehmens gegeben.

c.) Umsatzrentabilität

1 P   **Definition:** GuV-Kennzahl

1 P   **Interpretation:** Die Umsatzrentabilität, auch Umsatzrendite genannt, stellt den auf den Umsatz bezogenen Gewinnanteil dar. Die Kennzahl lässt erkennen, wie viel das Unternehmen in Bezug auf 1 € Umsatz verdient hat.

Richtwert/Bsp.: Eine Umsatzrendite von 10% (hier 2%) bedeutet, dass mit jedem umgesetzten Euro ein Gewinn von 10 (2 Cent) Cent erwirtschaftet wurde. Eine steigende Umsatzrentabilität deutet bei unverändertem Verkaufspreis auf eine zunehmende Produktivität im Unternehmen hin, während eine sinkende Umsatzrentabilität auf sinkende Produktivität und damit auf steigende Kosten hinweist. Im vorliegenden Fall haben wir einen Wert von 2%, der sich im Zeitablauf verschlechtert hat.

d.) Liquidität II

1 P   **Definition:** Die Liquidität II gibt an, inwieweit die kurzfristigen Verbindlichkeiten durch die liquiden Mittel unter Berücksichtigung der kurzfristigen Forderungen gedeckt sind.

1 P   **Interpretation:** Im vorliegenden Fall ist die Liquidität II von ca. 112% akzeptabel.

1 P
1 P   **Richtwert/ Bsp.:** Die Liquidität II kann u.a. durch folgende Maßnahmen verbessert werden: Erhöhung des Forderungsbestandes und langfristigen Finanzierungsmaß-
1 P   nahmen, Verzicht auf Gewinnausschüttungen, Abbau von Vorräten, just in time, Veräußerungen von Anlagevermögen (sale and lease back), Umschulden von kurzfristigen in langfristigen Bankverbindlichkeiten, grundsätzlich ist die Verbesserung der Zahlungsmoral des Kunden anzustreben.

25 P

2.10.5   Aufgabe 5: Bewegungsbilanz

Aktiva		In TEUR	Passiva	
	Differenz			**Differenz**
Immaterielles Vermögen	3		Gezeichnetes Kapital	0
Sachanlagen	37		Kapitalrücklagen	0
Finanzanlagen	2		Gewinnrücklagen	8
Summe		42	Bilanzgewinn	1
Vorräte	42		**Summe**	9
Forderungen	./. 39		Pensionsrückstellungen	26
Flüssige Mittel	./. 12		Kurzfristige Verbind-lichkeiten	./. 2
Summe		./. 9		

10 P

Bewegungsbilanz	
(Aktivmehrung) Zunahme Anlagevermögen von 42 Zunahme von Umlaufvermögen von 42 (Investition in das Vermögen)	**(Aktiv**minderung) Abnahme Umlaufvermögen von 51 (Liquidation von Vermögen)
(Passivminderung) Abnahme des kurzfr. Fremdkapitals von 2 (Kredittilgung)	**(Passiv**mehrung) Zunahme des Eigenkapitals von 9 und Zunahme des langfristigen Fremdkapitals von 26 (Kreditfinanzierung)

Die Erhöhung des Anlagevermögens und der Vorräte sowie die Reduzierung der kurzfristigen Verbindlichkeiten wird finanziert durch den Abbau von Forderungen und liquiden Mitteln sowie die Erhöhung von Eigenkapital und langfristigen Verbindlichkeiten.

10 P

2.10.6   Aufgabe 6: EBITDA

Ad a.)

Definition: EBITDA (Earnings Before Interest, Taxes, Depreciation, and Amortisation) ist eine Kennzahl für den absoluten Ertrag eines Unternehmens. Das EBITDA stellt das Ergebnis vor Zinsen, Steuern, Abschreibungen auf Sachanlagen, wie Maschinen, und Abschreibungen auf immateriellen Vermögenswerten, wie Firmenwerte übernommener Unternehmen (so genannte Goodwill-Abschreibungen) dar. Durch das EBITDA kann somit die operative Ertragskraft von Unternehmen einheitlich auf internationaler Ebene verglichen werden, obwohl die Gesellschaften unter unterschiedlichen Gesetzgebungen im Hinblick auf Zinsen, Steuern und Abschreibungen bilanzieren.

Sinn und Zweck: Die EBITDA- Rechnung ist durch das Herausrechnen zahlreicher GuV- Positionen für ein inländisches Unternehmen nur beschränkt aussagefähig. Der Sinn und Zweck ist es vielmehr, bei börsennotierten internationalen Unternehmen die Töchter untereinander, ohne Rücksicht auf die Landessteuern (diese werden in der GuV herausgerechnet) vergleichen zu können.

Ad b.)

Gewinn- und Verlustrechnung			Jahr 02
1. Umsatzerlöse			5.000 Tsd. €
2. Sonstige betriebliche Erträge	+		100 Tsd. €
3. Veränderung des Bestandes an Fertigerzeugnissen und unfertige Erzeugnissen	+		200 Tsd. €
4. Aufwendungen für Roh-, Hilfs- und Betriebsstoffe	-	100 Tsd. €	
5. Aufwendungen für Leistungen an Arbeitnehmer	-	200 Tsd. €	
6. sonstige betriebliche Aufwendungen	-	400 Tsd. €	
7. EBITDA = Earnings before Interest, Taxes, Depreciation and Amortisation	=		**4.600 Tsd. €**
8. Abschreibungen auf Sachanlagen	-	200 Tsd. €	
9. EBITA = Earnings before Interest, Taxes and Amortisation	=		**4.400 Tsd. €**
10. Abschreibung auf den GoF	-	100 Tsd. €	
11. EBIT = Earnings before Interest and Taxes	=		**4.300 Tsd. €**
12. Zinsen und ähnliche Aufwendungen	-	500 Tsd. €	

13. Abschreibungen auf Finanzanlagen	-	600 Tsd. €	
14. EBT = Earnings before Taxes	=		**3.200 Tsd. €**
15. Steuern vom Einkommen und Ertrag	-	200 Tsd. €	
16. EAT = Earnings after Taxes **(= Jahresüberschuss/Jahresfehlbetrag)**	=		**3.000 Tsd. €**

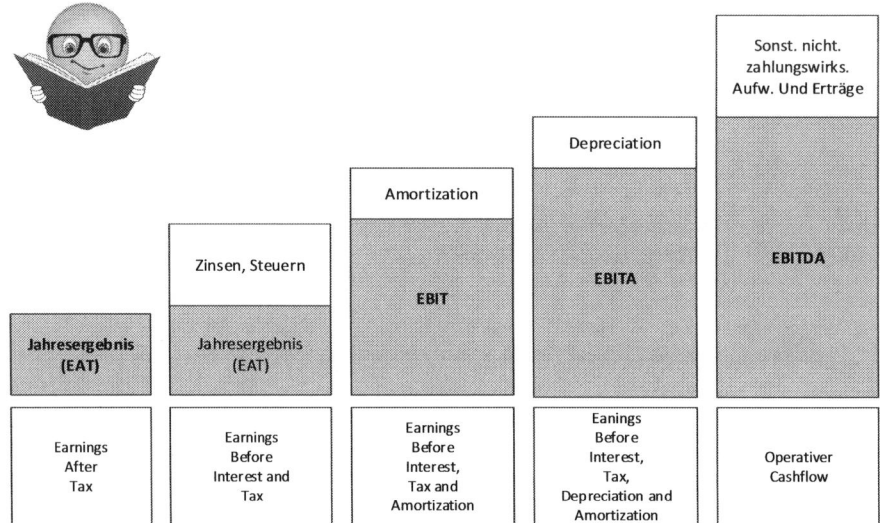

2.10.7   Aufgabe 7: Jahresabschlussanalyse

Lösung: siehe **Abbildung 2.17** „Finanzwirtschaftliche Jahresabschlussanalyse".

3   Unterstützung der Unternehmensziele durch Bilanz- und Steuerpolitik

Abbildung 3.1   Kapitelübersicht: Kapitel 3

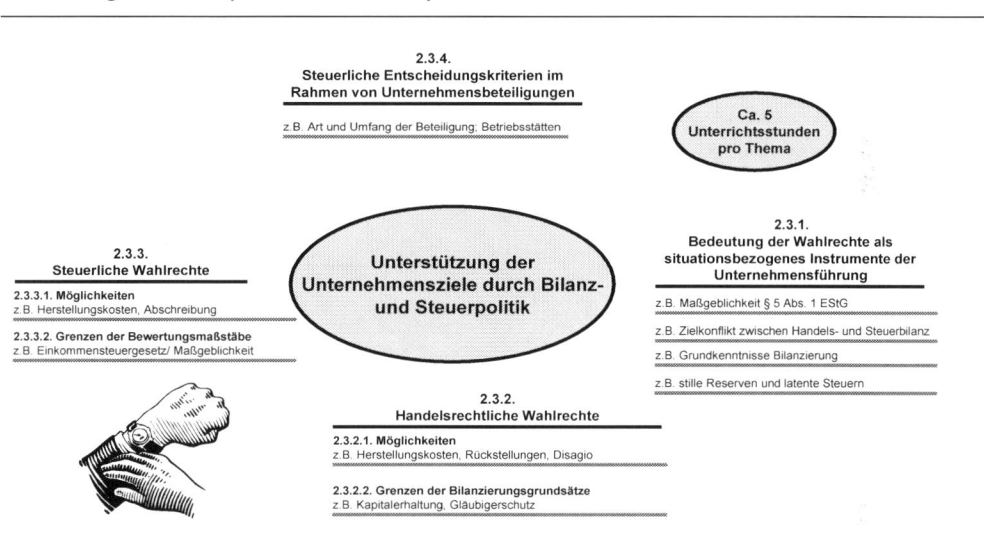

3.1   Kernfragen des Kapitels 3

1. Welche Bedeutung haben Wahlrechte für die Unternehmensführung?

2. Welche handelsrechtlichen und steuerrechtlichen Wahlrechte gibt es?

3. Welche Grenzen dem Grunde nach (Ansatz) und der Höhe nach (Bewertung) gibt es?

4. Welche Bedeutung haben Unternehmensbeteiligungen?

5. Welcher Zielkonflikt existiert zwischen Steuer- und Bilanzpolitik?

6. Was ist das Maßgeblichkeitsprinzip gem. § 5 Abs. 1 EStG?

3.2   Wissenstest zu Kapitel 3

Können Sie den nachfolgenden Fachbegriffen den Schwerpunkt des 3. Kapitels zuordnen?
Lösungshinweis im Kapitel 5 in der „Lerncheckliste".

Abbildung 3.2   Wissenstest Kapitel 3

2.3.1. Bedeutung der Wahlrechte als situationsbezogenes Instrument der Unternehmensführung	Rückstellungen § 249 HGB / § 6 Abs. 1 Nr. 3a EStG
	Abschreibung § 7 EStG
	Zielkonflikt Steuer- und Bilanzpolitik
2.3.2. Handelsrechtliche Wahlrechte	Herstellungskosten § 255 (2) HGB / R 6.3. ESTR / BMF Schreiben 22.06.10
	Maßgeblichkeitsprinzip § 5 Abs. 1 EStG / BMF Schreiben 12.03.10
	Betriebsstätte, Organschaft § 14 – 17 KStG
2.3.3. Steuerliche Wahlrechte	Handelsrechtliche Grundsätze ordnungsgemäßer Buchhaltung § 243 ff HGB
	Geringwertige Wirtschaftgüter § 6 (2) und 2a EStG / BMF Schreiben 30.9.10
2.3.4. Steuerliche Entscheidungskriterien im Rahmen von Unternehmensbeteiligungen	Anschaffungskosten § 255 (2) HGB
	Unternehmensbeteiligung z.B. § 271 HGB

Rahmenplan Nr. 2.3.1. Bedeutung der Wahlrechte als situationsbezogenes Instrument

3.3   Bedeutung der Wahlrechte als situationsbezogenes Instrument der Unternehmensführung

Bilanzierungswahlrechte überlassen dem Bilanzersteller die Entscheidung darüber, ob eine Bilanzposition angesetzt (Ansatzwahlrecht) wird und in welcher Höhe (Bewertungswahlrechte). Nachfolgend eine Übersicht der grundsätzlichen Vorgehensweise der Bilanzierung von Vermögensgegenständen.

Abbildung 3.3   Bilanzierung von Bilanzpositionen

Bilanzierung....			Handelsbilanz	Steuerbilanz
Schritt 1:		Ausweis	§ 266 HGB	§ 5 Abs. 1 EStG
Schritt 2:	....dem Grunde nach	Ansatzvorschriften prüfen	§ 246 ff HGB	§ 5 EStG
Schritt 3:	....der Höhe nach	Bewertungsvorschriften	§ 252 ff HGB	§ 6 ff EStG

Welche Wahlrechte ein Unternehmen grundsätzlich und im Speziellen hat, werden wir in diesem Kapitel kennenlernen nachdem einige Grundlagen der Bilanzierung wiederholt wurden. In Klausuren werden gute Grundlagenkenntnisse vorausgesetzt und auch abgefragt. Welche Vor- und Nachteile Wahlrechte haben, erörtern wir unter „Möglichkeiten und Grenzen".

Unternehmen erstellen grundsätzlich eine Handels- und eine Steuerbilanz für z.B. die Bank[34] und das Finanzamt. In Klausuren werden Grundkenntnisse zur Jahresabschlusserstellung im Allgemeinen und im Speziellen vorausgesetzt. Als Aufgabenstellung ist auch die Darstellung des Zielkonflikts zwischen beiden Bilanzen klausurrelevant.

3.3.1   Das Handelsgesetzbuch

❓ Frage: Wie viele Bestandteile des HGB Jahresabschlusses kann es **maximal** geben und welche sind es?

❗ Antwort: Bilanz, GuV, Anhang, Lagebericht, Kapitalflussrechnung, Eigenkapitalspiegel, Segmentberichterstattung.

❯ Hinweis: Die Bestandteile der Rechnungslegung nach den verschiedenen Rechnungslegungssystemen werden im Kapitel 4 „internationale Rechnungslegung" in der Übersicht dargestellt.

⚙ Tipp: Markieren Sie sich die Bestandteile im § 264 HGB, da die Frage nach den Bestandteilen eines Jahresabschlusses immer wieder in Klausuren abgefragt wird! Haben Sie Ihr IAS/IFRS-Gesetz zur Hand – markieren Sie sich dort den IAS 1.10!

❓ Frage: Welche Bilanzierungsvorschriften kennen Sie?

---

[34] Es ist im Zeitpunkt der Bucherstellung strittig, ob die Bank die Handelsbilanz oder die Steuerbilanz zukünftig anfordern wird.

Abbildung 3.4   Bilanzierungsvorschriften für alle Kaufleute im HGB

Bilanzierungsvorschriften für alle Kaufleute im HGB				
Buchführung Inventar	Eröffnungsbilanz Jahresabschluss	Ansatz-vorschriften	Bewertungs-vorschriften	Aufbewahrung
§§ 238, 239, 240, 241, 241a	§§ 242, 243, 244, 245	§§ 246, 247, 248, 249, 250, 251	§§ 252, 253, 254, 255, 256	§§ 257, 258, 259, 260, 261, 263

Abbildung 3.5   Bilanzierungsvorschriften für Kapitalgesellschaften im HGB

Wichtige Bilanzierungsvorschriften für KapGes mit Hinweis auf Änderungen durch das BilRUG				
Allgemeines	Bilanz	Gewinn- und Verlustrechnung	Anhang	Lagebericht
§§ 264, 264a, 264b, 264c, 265	266, 267, 268, 269, 270, 271, 272, 273, 274, 274a	§§ 275, 276, 277, 278	§§ 284, 285, 286, 287, 288	§ 289

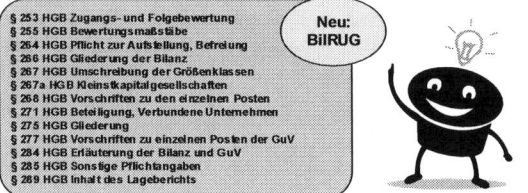

§ 253 HGB Zugangs- und Folgebewertung
§ 255 HGB Bewertungsmaßstäbe
§ 264 HGB Pflicht zur Aufstellung, Befreiung
§ 266 HGB Gliederung der Bilanz
§ 267 HGB Umschreibung der Größenklassen
§ 267a HGB Kleinstkapitalgesellschaften
§ 268 HGB Vorschriften zu den einzelnen Posten
§ 271 HGB Beteiligung, Verbundene Unternehmen
§ 275 HGB Gliederung
§ 277 HGB Vorschriften zu einzelnen Posten der GuV
§ 284 HGB Erläuterung der Bilanz und GuV
§ 285 HGB Sonstige Pflichtangaben
§ 289 HGB Inhalt des Lageberichts

Neu: BilRUG

Prüfung	Offenlegung
§§ 316, 317, 318, 319, 320, 321, 322, 323, 324	§§ 325, 325a, 326, 327, 328, 329

❓ Frage: Erläutern Sie den Begriff „Offenlegung"!

❗ Antwort: Kapitalgesellschaften und Kapitalgesellschaften & Co. müssen gem. § 325 HGB ihren Jahresabschluss und Lagebericht beim Betreiber des Bundesanzeigers elektronisch einreichen und diesen z.B. für Anteilseigner und Kapitalgeber offenlegen. Die Offenlegungspflicht beträgt für Kapitalgesellschaften 12 Monate nach dem Abschlussstichtag und für kapitalmarktorientierte Unternehmen 4 Monate gem. § 325 Abs. 4 HGB. Siehe hierzu auch unter: https://www.bundesanzeiger.de.

❓ Frage: Welche Bilanzgleichungen kennen Sie?

❗ Antwort: Siehe Schaubild.

Abbildung 3.6   Bilanzstruktur und Bilanzgleichung

Aktiva	Gliederung der Bilanz § 266 HGB	Passiva
A. Anlagevermögen		
B. Umlaufvermögen	A. Eigenkapital	
C. Rechnungsabgrenzungsposten	B. Rückstellungen	
D. Aktive latente Steuern	C. Rechnungsabgrenzungsposten	
E. Aktiver Unterschiedsbetrag aus der Vermögensverrechnung	D. Passive latente Steuern	
Vermögen	**=**	**Kapital**

🔵 **Lösung:**

Vermögen = Kapital oder Vermögen = EK + FK oder EK = Vermögen ./. FK oder FK = Vermögen ./. EK .

3.3.2   Das Maßgeblichkeitsprinzip § 5 Abs. 1 EStG

Die materielle Maßgeblichkeit handelsrechtlicher Grundsätze ordnungsmäßiger Buchführung für die steuerliche Gewinnermittlung gem. § 5 Abs. 1 EStG ist die Verbindung zwischen Handels- und Steuerrecht. Der handelsrechtliche Jahresabschluss ist die Grundlage der steuerrechtlichen Gewinnermittlung.[35]

Abbildung 3.7   Das Maßgeblichkeitsprinzip § 5 Abs. 1 EStG

Aktiva		Passiva	
Handelsbilanz	**Steuerbilanz**	**Handelsbilanz**	**Steuerbilanz**
Wahl	Pflicht	Wahl	Verbot
Verbot	Verbot	Verbot	Verbot
Pflicht	Pflicht	Pflicht	Pflicht

1. **Handelsrechtliche Aktivierungspflichten und Aktivierungswahlrechte** führen zu Aktivierungspflichten in der Steuerbilanz, es sei denn, die Aktivierung in der Steuerbilanz ist aufgrund einer steuerlichen Regelung ausgeschlossen.

---

[35] BMF-Schreiben v. 12.03.2010 und BMF-Schreiben v. 22.06.2010 – IV – C 6 – S 2133/ 09/10001.

2. **Passivierungsverbote und Passivierungswahlrechte in der Handelsbilanz** führen zu Passivierungsverboten in der Steuerbilanz.

3. **Bewertungswahlrechte, die in der Handelsbilanz ausgeübt werden können,** ohne das eine eigenständige steuerliche Regelung besteht, wirken wegen der Maßgeblichkeit gem. § 5 Abs. 1 EStG auch auf den Wertansatz in der Steuerbilanz.

4. **Wahlrechte, die nur steuerlich bestehen,** können unabhängig vom handelsrechtlichen Wertansatz ausgeübt werden. Fortan müssen diese in besondere, laufend zu führende Verzeichnisse (z.B. detaillierter Anlagenspiegel) gesondert geführt werden § 5 Abs. 1 EStG).

5. **Wahlrechte, die handelsrechtlich und steuerrechtlich bestehen,** können aufgrund des 2. Halbsatzes des § 5 Abs. 1 Satz 1 EStG der Handelsbilanz und in der Steuerbilanz unterschiedlich ausgeübt werden.

3.3.3   Handelsrechtliche GoB

§ 243 Abs. 2 HGB	Prinzip der Klarheit des Jahresabschlusses
§ 246 Abs. 1 Satz 1 HGB	Vollständigkeitsprinzip
§ 246 Abs. 2 HGB	Verrechnungsverbot/Saldierungsverbot
§ 246 Abs. 1 Satz 2 und 3 HGB	Prinzip wirtschaftlicher Betrachtungsweise
§ 252 Abs. 1 Nr. 1 HGB	Bilanzidentitätsprinzip
§ 252 Abs. 1 Nr. 2 HGB	Fortführungsprinzip
§ 252 Abs. 1 Nr. 3 HGB	Einzelbewertungsprinzip
§ 252 Abs. 1 Nr. 4 HGB	Stichtagsprinzip, Vorsichtsprinzip, Realisationsprinzip, Imparitätsprinzip,
§ 252 Abs. 1 Nr. 4 HGB	Wertaufhellungsprinzip
§ 252 Abs. 1 Nr. 5 HGB	Periodisierungsprinzip
§ 252 Abs. 1 Nr. 6 HGB	Stetigkeitsprinzip
§ 253 Abs. 1 Satz 1 HGB	Anschaffungskostenprinzip

❯ **Beispiele:** zu den handelsrechtlichen Grundsätzen ordnungsgemäßer Buchführung und Bilanzierung (GoB):

1. Es wird gegen das **Saldierungsverbot bzw. dem Verrechnungsverbot** gem. § 246 HGB verstoßen, wenn in der Bilanz Forderungen und Verbindlichkeiten und/oder Erträge und Aufwendungen miteinander verrechnet werden.

2. Es wird gegen den **Grundsatz der Periodenabgrenzung** verstoßen gem. § 252 Abs. 1 Nr. 5 HGB, wenn z.B. Mieteinnahmen und Versicherungsbeträge entsprechend dem Zeitpunkt der Ausgabe oder Einnahme und nicht entsprechend der periodengerechten wirtschaftlichen Zugehörigkeit ausgewiesen werden.

3. Es wird gegen **das Bilanzidentitätsprinzip** gem. § 252 Abs. 1 Nr. 1 HGB verstoßen, wenn die Wertansätze zwischen der Schlussbilanz und der Eröffnungsbilanz nicht übereinstimmen.

4. Es wird gegen das **Vollständigkeitsprinzip** gem. § 246 Abs. 1 HGB verstoßen, wenn in der Bilanz nicht alle bilanzierungsfähigen Vermögensgegenstände enthalten sind.

5. Es wird gegen das **Prinzip der Bilanzklarheit** gem. § 243 Abs. 2 HGB verstoßen, wenn bei einer Kapitalgesellschaft alle Forderungen in einer Position ausgewiesen werden.

6. Es wird gegen das **Anschaffungskostenprinzip** gem. § 253 Abs. 1 HGB/§ 6 Abs. 1 EStG verstoßen, wenn ein gekauftes Geschäftsgrundstück in den Folgejahren über den Anschaffungskosten bilanziert wird.

7. Es wird gegen das **Wertaufhellungsprinzip** gem. § 252 Abs. 1 Nr. 4 HGB verstoßen, wenn das Ereignis zwischen Bilanzstichtag und Bilanzaufstellungszeitraum eintritt und werterhellend berücksichtigt wird.

3.3.4   Zielkonflikt Steuer- und Bilanzpolitik

Steuer- und Bilanzpolitik bedeutet das Ausschöpfen von legalen Möglichkeiten, die der Gesetzgeber einräumt, um Ergebnis und Vermögen zu beeinflussen. (Sog. Wahlrechte).

Steuer- und Bilanzpolitik ist ein Mittel, um die Ziele der Unternehmenspolitik zu beeinflussen. Durch Ausübung von Wahlrechten lassen sich z.B. Steuereinsparungen oder zeitliche Aufschübe von Steuerzahlungen erreichen.

❓ **Frage:** Wie kann der Zielkonflikt der Bilanz- und Steuerpolitik beschrieben werden? Warum gibt es diesbezüglich keine allgemeingültigen Aussagen für alle Unternehmen?

Abbildung 3.8   Zielkonflikt zwischen Steuer- und Bilanzpolitik

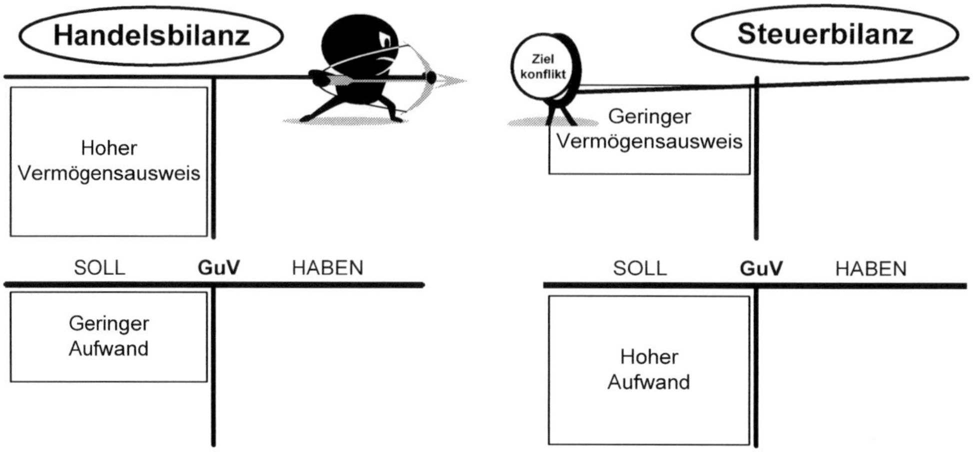

Lösung: Ziel von Bilanz- und Steuerpolitik ist es, den Jahresabschluss durch die Vornahme von Sachverhaltsgestaltungen und der Ausübung von Wahlrechten zu beeinflussen. Bilanzpolitische Zielsetzungen können z.B. sein, sehr hohe Aktivwerte und sehr geringe Schulden auszuweisen. Durch einen hohen Vermögensausweis bzw. eine höhere Eigenkapitalquote steigt die Attraktivität gegenüber potentiellen Fremdkapitalgebern und (alten und zukünftigen) Anteilseignern. Einen möglichst hohen Vermögensausweis kann das Unternehmen auch durch die Aktivierung von Aufwendungen erreichen. Diese beiden Zielsetzungen führen zu einem **Zielkonflikt** von Bilanz- und Steuerpolitik. Eine steuerlich anzustrebende Gewinnminimierung steht im Widerspruch zu einem möglichst hohen Vermögensausweis.

3.3.4.1   Stille Reserven

Anhand der Bildung und Auflösung von stillen Reserven und latenten Steuern ist die Bedeutung der Wahlrechte in der Bilanzpolitik anschaulich darstellbar.

Abbildung 3.9 Begriff „stille Reserve"

Frage: Erläutern Sie den Begriff „stille Reserve" und geben Sie zwei Beispiele dafür, wie es zu stillen Reserven kommen kann! (6 P)

Erläuterung: Als stille Reserven werden die buchhalterische Unterbewertungen von Vermögensgegenständen oder die Überbewertungen von Schulden eines Unternehmens bezeichnet. (2 P)

Beispiel 1: Wird für eine Maschine bei ihrer Anschaffung eine Nutzungsdauer von 10 Jahren angenommen, so sollte sie bei linearer Abschreibung über diesen Zeitraum am Ende ihres zehnten Lebensjahres mit in den Büchern des Unternehmens keinen Wert mehr haben. Nun ist es aber möglich, dass diese Maschine nach den zehn Jahren trotzdem noch funktionsfähig ist und von dem Unternehmen in der Produktion eingesetzt wird. In diesem Fall stellt die Maschine für dieses Unternehmen einen Vermögensgegenstand mit positivem Wert dar. Bei der Differenz zwischen ihrem tatsächlichen Wert und ihrem Buchwert handelt es sich um die so genannte stille Reserve (= Unterbewertung der Aktiva). (2 P)

Beispiel 2: Werden Rückstellungen für ungewisse Verbindlichkeiten gem. § 249 Abs. 1 Satz 1 HGB für Prozessrisiken höher ausgewiesen als später tatsächlich der Schadensersatz zu bezahlen ist, wird hierdurch die Ertragslage ungünstiger dargestellt (= Überbewertung der Passiva). (2 P)

Rahmenplan Nr. 2.3.2. Handelsrechtliche Wahlrechte

3.4   Handelsrechtliche Wahlrechte

Neben den Bilanzierungsverboten sind die handelsrechtlichen Ansatzwahlrechte (Bilanzierung dem Grunde nach) eine Ausnahme vom Grundsatz der vollständigen Erfassung aller bilanzierungsfähigen Vermögensgegenstände und Schulden. Folgende wichtige Ansatzwahlrechte könnten klausurrelevant sein:

Abbildung 3.10   Handelsrechtliche Ansatzwahlrechte

Handelsrechtliche Wahlrechte in der HGB - Bilanz	
Immaterielles Vermögen	Aktivierungswahlrecht für Entwicklungsergebnisse § 248 Abs. 2 HGB
Aktive Rechnungsabgrenzungsposten	Aktivierungswahlrecht für den Unterschiedsbetrag bei Verbindlichkeiten (Disagio) § 250 Abs. 3 HGB i.V.m. § 268 Abs. 6 HGB
Aktive latente Steuern	Aktivierungswahlrecht für latente Steuern § 274 Abs. 1 HGB

3.4.1   Immaterielles Vermögen – Entwicklungskosten

Abbildung 3.11   Selbst erstellte immaterielle Vermögensgegenstände

	HGB	EStG	IAS/ IFRS
Selbst erstellte (originäre) immaterielle Vermögensgegenstände	Ansatzwahlrecht für Entwicklungsergebnisse § 248 Abs. 2 HGB Beachte: Ausschüttungssperre § 268 Abs. 8 HGB Aktivierungsverbot für Marken, Drucktitel, Verlagsrechte, Kundenlisten § 248 Abs. 2 Satz 2 HGB Aktivierungsverbot für Forschungskosten	Aktivierungsverbot § 5 Abs. 2 EStG	Aktivierungsgebot für Entwicklungskosten IAS 38.51 ff Aktivierungsverbot für Forschungskosten IAS 38.54

Selbst geschaffene immaterielle Vermögensgegenstände des Anlagevermögens gem. § 248 Abs. 2 HGB werden im Handelsrecht als Aktivierungswahlrechte (dem Grunde nach...) behandelt. In der Steuerbilanz unterliegen dieses dagegen einem Aktivierungsverbot gem.

§ 5 Abs. 2 EStG. Im Ergebnis kann keine Einheitsbilanz erstellt werden, da die Handelsbilanz von der Steuerbilanz abweicht.

Abbildung 3.12   Trennung der Forschungs- von der Entwicklungsphase

Forschung und Entwicklungsphasen eines „Steuervereinfachungstools"	
Forschungsphase: 200.000 €	Entwicklungsphase 100.000 €

Beispiel: Die Betriebswirt GmbH beschäftigt sich mit der Entwicklung eines Steuervereinfachungstools. Im Jahre 01 fallen Forschungskosten für das Projekt in Höhe von 200.000 € an. Nach abgeschlossener Testphase am 01.01.01 fallen weitere Entwicklungsaufwendungen von insgesamt 100.000 € an. Die voraussichtliche Nutzdauer des Tools beläuft sich auf fünf Jahre, der Steuersatz der GmbH wird mit 30% angenommen. Die Geschäftsführung möchte in der Handelsbilanz einen möglichst hohen Gewinn ausweisen.

Lösung: In der Handelsbilanz besteht ein Aktivierungswahlrecht für Entwicklungskosten gem. § 248 Abs. 2 HGB. Die Entwicklungskosten können planmäßig mit 100.000 € / 5 Jahre = 20.000 € im Jahre 01 abgeschrieben werden. Der Wert am 31.12.01 beträgt in der Handelsbilanz demnach 80.000 €.

In der Steuerbilanz besteht ein Aktivierungsverbot gem. § 5 Abs. 2 EStG.

Die Betriebswirt GmbH nimmt das Wahlrecht in Anspruch, um ein möglichst hohes Ergebnis auszuweisen und muss folglich in der Handelsbilanz passive latente Steuern in Höhe von 100.000 € x 30% = 30.000 € ansetzten und in den Folgejahren (unveränderter Steuersatz angenommen) anteilig jedes Jahr um 30.000 € / 5 Jahre = 6.000 € auflösen.

Tipp: siehe auch Kapital 4 IFRS.

3.4.2   Aktive Rechnungsabgrenzungsposten § 250 HGB

Nach ein paar Beispielen zur Wiederholung des „ARAP" widmen wir uns dem klausurrelevanten Unterschiedsbetrag „Disagio".

Abbildung 3.13 Aktive Rechnungsabgrenzungsposten

	HGB	EStG	IAS/ IFRS
Aktive Rechnungsabgrenzungsposten (ARAP)	Ausweis: § 266 Abs. 2 HGB Ansatz: § 250 HGB Bewertung: § 250 Abs. 1 Satz 1 HGB	Ansatz: § 5 Abs. 1 EStG (Maßgeblichkeitsprinzip) Aktivierungspflicht	Ausweis: IAS 1.54 Ansatz: Bewertung: nicht geregelt
Disagio/ Damnum	Ansatz: Aktivierungswahlrecht für den Unterschiedsbetrag bei Verbindlichkeiten (Disagio) § 250 Abs. 3 HGB, § 268 Abs. 6 HGB Bewertung: § 252 HGB; § 253 Abs. 1 und § 250 Abs. 3 Satz 2 HGB	Ansatz: Aktivierungspflicht § 5 Abs. 5 Satz 1 Nr. 1 EStG Bewertung: § 6 Abs. 1 EStG (das Disagio ist über die Laufzeit des Darlehens linear aufzulösen).	Ansatz: Aktivierungsverbot, da kein Vermögenswert.

❓ Frage: Erläutern Sie den Begriff „Rechnungsabgrenzungsposten"!

❗ Antwort: Ein ARAP entsteht, wenn ein Aufwand des neuen Jahres bereits im alten Jahr eine Ausgabe darstellt. Die Aufgabe der RAP ist die periodengerechte Gewinnermittlung. Die aktive Rechnungsabgrenzung (ARAP) ist eine Leistungsforderung und das Gegenstück zu den passiven Rechnungsabgrenzungsposten.

❯ Übung: Ist nachfolgend ein aktiver Rechnungsabgrenzungsposten zu bilden? Begründen Sie Ihr Ergebnis (6 P).

1. Die Miete für die Frankiermaschine wird halbjährig im Voraus bezahlt. Da die Verträge im September jeweils für den Zeitraum Oktober – September abgeschlossen wurden, sind die Zahlungen immer zum 1. Oktober und zum 1. April fällig.

2. Im April wird ein betriebliches Darlehen, das in 10 Jahren mit € 200.000 zurückgezahlt werden muss mit nur € 190.000 ausgezahlt.

3. Die Miete für das Büro beträgt 500 € monatlich und die Zahlung erfolgt ¼ jährlich mit 1.500 € im Voraus. Der Zahlungsrhythmus ist dementsprechend: 01.12/01.03/ 01.06/01.09.

⚙ Lösung:

1. Für die Ausgaben zum 1. Oktober ist zur Hälfte der Höhe der Zahlung ein aktiver Rechnungsabgrenzungsposten zu bilden. Es handelt sich um Ausgaben für die im folgenden Jahr noch eine Gegenleistung zu erwarten ist. Daher handelt es sich um Ausgaben für Aufwand für eine bestimmte Zeit nach dem Abschlussstichtag.

2. Die Differenz in Höhe von € 10.000 ist ein Disagio (Abschlag). Es handelt sich um eine Ausgabe für die Nutzung des zur Verfügung gestellten Kredites. Das Disagio darf als aktiver Rechnungsabgrenzungsposten ausgewiesen werden. Er muss über die Laufzeit zeitanteilig aufgelöst werden.

3. Für die Ausgaben zum 1. Dezember ist zu zwei Drittel der Höhe der Zahlung ein aktiver Rechnungsabgrenzungsposten zu bilden. Begründung siehe Frankiermaschine.

Abbildung 3.14   Buchung verschiedener Geschäftsvorfälle

Geschäftsvorfall	Bilanzposition	Buchung des Geschäftsvorfalls Entstehungsjahr	Buchung des Geschäftsvorfalls Folgejahr
Miete wird im Voraus bezahlt	ARAP	Aufwand an Geldkonto ARAP an Aufwand	Aufwand an ARAP
Miete wird im Voraus eingenommen	PRAP	Geldkonto an Ertrag Ertrag an PRAP	PRAP an Ertrag
Miete ist noch nicht bezahlt, aber fällig	Sonstige Verbindlichkeiten	Aufwand an sonstige Vbl.	Sonstige Verb. An Geldkonto
Miete ist fällig, aber noch nicht eingegangen	Sonstige Forderungen	Sonstige Forderungen an Ertrag	Geldkonto an sonstige Forderungen

Abbildung 3.15   Aktivische Abgrenzung des Damnums/Disagios

Erfüllungsbetrag: 500.000 € = 100%
Ausgabebetrag: 485.000 € = 97 %

15 Jahre

Unterschiedsbetrag: 15.000 € = 3%

> **Beispiel:** Die Betriebswirt GmbH (große GmbH)[36] nimmt 01.01.01 ein endfälliges Darlehen in Höhe von 500.000 € (Erfüllungsbetrag) mit einer Laufzeit von 15 Jahren (Rückzahlung nach 15 Jahren) und einem Ausgabebetrag in Höhe von 97% auf.

Frage: Wie ist der Unterschiedsbetrag (das Disagio) in der Handels- und Steuerbilanz zu bilanzieren?

Lösung: Je nachdem welche Bilanzpolitik er vertritt, hat er mehrere Möglichkeiten.

In der Handelsbilanz besteht ein Wahlrecht beim Schuldner dem Grunde nach (Ansatzwahlrecht) für das Disagio gem. § 250 Abs. 3 Satz 1 HGB.

---

[36] § 268 Abs. 6 HGB – kleine KapGes sind befreit § 274a Nr. 4 HGB.

Die Wertansätze in der Handelsbilanz (HB) sind gem. § 5 Abs. 1 EStG (Maßgeblich-keitsprinzip) maßgeblich für die Steuerbilanz (StB).

In der Steuerbilanz besteht ein Aktivierungsgebot gem. § 5 Abs. 5 Satz 1 Nr. 1 EStG und H 6.10 EStH.

> **Möglichkeit 1: Aktivierung in der HB/STB**

Ansatz und Bewertung in der Handelsbilanz und Steuerbilanz:

Darlehensbetrag	500.000 € = 100%	500.000 €
Ausgabekurs	500.000 € = 97%	485.000 €
Disagio	3%	15.000 €

1.) ARAP	15.000 €: Laufzeit 15 Jahre, lineare Auflösung		1.000 €
2.) ARAP	Digitale Auflösung gem. Zinsstaffelmethode		1.875 €

Im Ergebnis haben wir in der HB/STB einen ARAP mit 15.000 € ./. 1.000 € = 14.000 € am 31.12.01 zu aktivieren (oder Wahlweise: 15.000 € ./. 1.875 € = 13.125 €).

3.4.2.1   Zinsstaffelmethode (digitale Verteilungsmethode)

Die **Zinsstaffelmethode** kommt zur Anwendung, wenn Verträge keine Angaben über den Zinsanteil enthalten. Zum Beispiel enthalten Leasingverträge keine Angaben über Zinsen. Unter Umständen ist aber das geleaste Wirtschaftsgut in der Bilanz des Leasingnehmers auszuweisen. Dann muss eine Aufteilung der Leasingraten in „Tilgung" und „Zinsen" erfolgen. Auch bei einem Disagio, dass bei der Auszahlung eines Darlehens als Gebühr von der Bank einbehalten wird, kann die **Zinsstaffelmethode** angewandt werden, um die Gebühr auf die Laufzeit des Darlehens zu verteilen. Da die Methode bereits in Prüfungen vorkam und es darauf Punkte gab, wird diese hier vorgestellt.

Anteilzahl = ((1+ Laufzeit) x Laufzeit)/ 2 = ((1+ 15) x 15)/ 2 = 120

1	Jahr	15.000 x 15/ 120 =		1.875 €
...	...	...		...
5	Jahr	15.000 x 11/ 120 =		1.375 €
...	...	...		...
15	Jahr	15.000 x 1/ 120 =		125 €
				15.000 €

> **Möglichkeit 2: HB: Ansatz und Bewertung in der Gewinn und Verlustrechnung:**

| Aufwand | 15.000 € in der Gewinn und Verlustrechnung | 15.000 € |

Das Jahresergebnis wird durch die Bilanzierungswahlrechte beeinflusst. Bei der Bildung eines ARAP´s für das Disagio in Höhe von 15.000 € wird im ersten Jahr der Gewinn in der Handelsbilanz bei der 1. Möglichkeit mit 1.000 € und in der 2. Möglichkeit mit 15.000 € geschmälert. In der Steuerbilanz besteht immer das Aktivierungsgebot und das Ergebnis wird in der zweiten Möglichkeit höher als in der Handelsbilanz ausfallen.

3.4.3 Aktive latente Steuern § 274 Abs. 1 Satz 2 HGB

Durch das BilMoG gewinnt die latente Steuerabgrenzung im HGB-Einzelabschluss erheblich an Bedeutung, da die Handelsbilanz in Folge der Abschaffung der umgekehrten Maßgeblichkeit nicht mehr durch die Steuerbilanz beeinflusst wird.

Was aktive und passive latente Steuern sind, zeigt vereinfacht **Abbildung 3.16**:

Abbildung 3.16   Aktive und passive latente Steuern

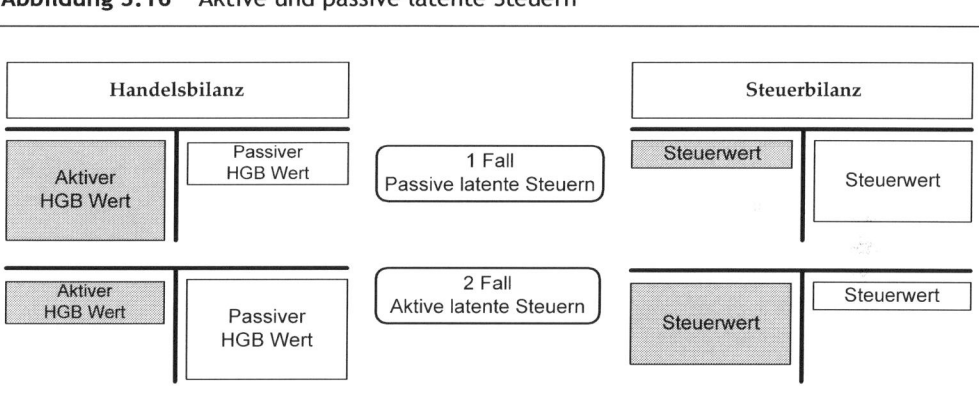

In der obigen Abbildung ist folgendes zu erkennen: latente Steuern entstehen dadurch, dass zwischen Handels- und Steuerrecht Differenzen dem Grunde nach entstehen. Der Höhe nach sind diese Differenzen mit dem künftigen zu erwartenden Steuersatz anzusetzen. Ursache für die Bildung eines passiven latenten Steuerpostens, ist dass sich die Bewertungsunterschiede in beiden Bilanzen irgendwann (temporär) umdrehen. Für aktive latente Steuern besteht grundsätzlich ein Ausweiswahlrecht.[37]

---

[37] Auf die Saldierungsthematik wird hier nicht eingegangen.

▶ Beispiel (passive latente Steuer): Die Betriebswirt AG (KSt 15% und GewSt 15%) hat im Jahr 2010 einen Jahresüberschuss laut Handelsbilanz in Höhe von 200.000 € erzielt. In der steuerrechtlichen Gewinnermittlung nimmt die AG einen Investitionsabzugsbetrag nach § 7g EStG in Höhe von 200.000 € x 40% = 80.000 € in Anspruch.

Der Investitionsabzugsbetrag ist in der Steuerbilanz außerbilanziell zu erfassen und darf nicht in die Handelsbilanz übernommen werden.

	Handelsbilanz	Steuererklärung
Jahresüberschuss	200.000 €	200.000 €
./. Investitionsabzugsbetrag	0 €	./. 80.000 €
Zu versteuerndes Einkommen	200.000 €	120.000 €
Steuerbelastung der AG	80.000 x 0,3 = 24.000 €	

Die Bildung der unversteuerten Rücklage führt nicht zu einer endgültigen Steuerersparnis, sondern nur zu einer befristeten Steuerstundung. Um dieses verfälschte Bild zu korrigieren, regelt das HGB den Ansatz von latenten Steuern in der Handelsbilanz. Gerade bei großen Unternehmen hat diese Überlegung eine hohe Bedeutung u. a. in der Bilanzanalyse. An diesem Beispiel wird deutlich, dass die notwendige Steuerabgrenzung in der Handelsbilanz ermittelt wird, indem der unterschiedliche Wertansatz in Höhe von 80.000 € mit dem Steuersatz von 30% multipliziert wird und der daraus resultierende Betrag von 24.000 € aufwandswirksam gem. § 249 Abs. 1 Satz 1 HGB passiviert wird.

In dem Jahr, in dem in der steuerrechtlichen Einkommensermittlung der Investitionsabzugsbetrag verbraucht oder aufgelöst wird, erfolgt auch in der Handelsbilanz spiegelbildlich die Korrektur der Rückstellung für diese latente Steuerabgrenzung.

▶ Beispiel (aktive latente Steuer): Die Betriebswirt GmbH mit einem Steuersatz von 30% hat am 01.01.01 ein abnutzbares Wirtschaftsgut für 10.000 € angeschafft, das zum 31.12.01 mit den fortgeführten Anschaffungskosten in der HB und in der StB unterschiedlich hoch bewertet wird. In der HB: planmäßige Abschreibung mit = 2.500 €. In der StB: planmäßige Abschreibung mit = 1.000 €.

☼ Lösung: Differenz: 9.000 € ./. 7.500 € = 1.500 €

	Handelsbilanz	Steuerbilanz
Anschaffungskosten	10.000 €	10.000 €
Abschreibung	2.500 €	1.000 €
Restbuchwert HB < StB-Wert	7.500 €	9.000 €

Aus der obigen Aufstellung ist erkennbar, dass der Bilanzposten „Maschine" in der Zugangsbewertung mit 10.000 € in beiden Bilanzen aktivistisch ausgewiesen wird. In der Gewinn- und Verlustrechnung beider Bilanzen haben wir bedingt durch die unterschiedliche Abschreibung, temporäre Differenzen in Höhe von 1.500 €. Bei der Folgebewertung ergeben sich ein niedriger Handelsbilanzwert und eine zu hohe tatsächlich gebuchte Steuerrückstellung in der Steuerbilanz. Die GmbH hat gem. § 274 Abs. 1 Satz 2 HGB ein Ausweiswahlrecht der aktiven latenten Steuer.

Haben wir oben die Bilanzierungswahlrechte dem Grunde nach geklärt, widmen wir uns nun den Bilanzpositionen hinsichtlich deren Bilanzierung der Höhe nach (Bilanzbewertung).

Abbildung 3.17   Handelsrechtliche Bewertungswahlrechte

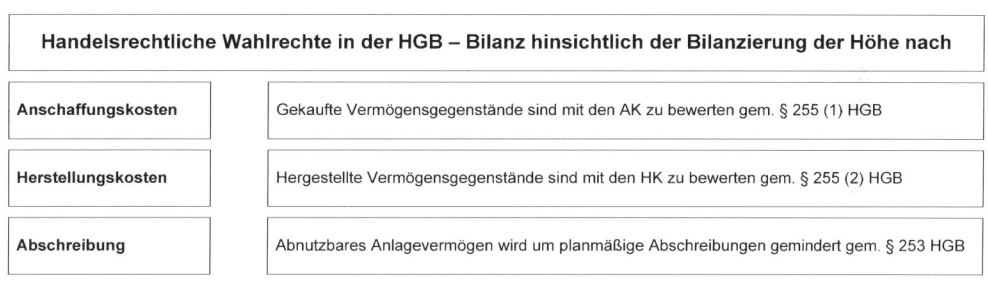

Handelsrechtliche Wahlrechte in der HGB – Bilanz hinsichtlich der Bilanzierung der Höhe nach

Anschaffungskosten	Gekaufte Vermögensgegenstände sind mit den AK zu bewerten gem. § 255 (1) HGB
Herstellungskosten	Hergestellte Vermögensgegenstände sind mit den HK zu bewerten gem. § 255 (2) HGB
Abschreibung	Abnutzbares Anlagevermögen wird um planmäßige Abschreibungen gemindert gem. § 253 HGB

3.4.4   Anschaffungskosten § 255 HGB

Übung: Die Betriebswirt GmbH stellt U-Boote her und kauft einen Montageroboter für 400.000 € netto ein. Fracht und Transportversicherung von 14.500 € netto kommen hinzu. Die Montage des großen Roboters wird mit 500 € netto beziffert. Vor der Anlieferung hat eine Reinigungsfirma die komplette Montagehalle für 1.000 € netto gereinigt. Stellen Sie die Anschaffungskosten fest und begründen Sie Ihr Ergebnis (8 P).

Berechnung: 400.000 € + 14.500 € + 500 € = 415.000 € (4 P)

Begründung: Ausgangswert für die Ermittlung der Anschaffungskosten ist der Nettoverkaufspreis gem. § 9b EStG in Höhe von 400.000 €, d.h. ohne die abziehbaren Vorsteuern. Fracht und Versicherungen sind einzeln zurechenbare Anschaffungsnebenkosten gem. § 255 HGB in Höhe von 14.500 €, die aktiviert werden müssen. Die Aufwendungen für die Montage in Höhe von 500 € sind erforderlich, um den Roboter in einen betriebsbereiten Zustand zu versetzen. Soweit sie einzeln zurechenbar sind, müssen sie als Anschaffungsnebenkosten aktiviert werden. Die Reinigung der Halle in Höhe von 1.000 € darf nicht aktiviert werden. (4 P)

> **Übung:** Anschaffung einer Maschine 05.05.01 zu 70.000 € netto. Die Bezahlung erfolgt mit 3% Skonto und auf der Rechnung werden für den Transport 5.000 € und Aufstellung (Montagekosten) für 2.000 € berechnet. Die Nutzdauer der Maschine beträgt 8 Jahre.

   a. Berechnen Sie die Anschaffungskosten auf dem 05.05.01.

   b. Gehört die abziehbare Vorsteuer zu den Anschaffungskosten?

   c. Welche Anschaffungsnebenkosten werden im Beispiel genannt?

   d. Was ist zu beachten, wenn in der Klausur steht: „Berechnen Sie die AK auf den 31.12.01".

Anschaffungskosten	Ohne Umsatzsteuer **(b.)**	§ 9b Abs. 1 Satz 1 EStG	70.000 €
./. Skonto	Zahlungsabzüge	§ 255 Abs. 1 Satz 3 HGB	./. 2.100 €
Zwischensumme			**67.900 €**
+ Transport	Anschaffungsnebenkosten **(c.)**	§ 255 Abs. 1 HGB	5.000 €
+ Aufstellung	Anschaffungsnebenkosten **(c.)**	§ 255 Abs. 1 HGB	2.000 €
Anschaffungskosten	Per 05.05.01	**(a.)**	**74.900 €**
./. Abschreibung	05.05.01 – 31.12.01 **(d.)**	74.900 € / 8 Jahre x 8/12	6.242 €
	Buchwert 31.12.01	Annahme: lineare AfA	68.658 €

3.4.5   Herstellungskosten § 255 HGB

Eine beliebte Klausuraufgabe war bisher die Abfrage der Herstellungskosten, weil sich bis zum in Kraft treten des Bilanzrechtsmodernisierungsgesetztes die Wertobergrenze in der Rechnungslegung nach HGB/EStG und IFRS unterschiedlich war. Durch die Annäherung der HGB-Vorschriften an die IFRS-Regelungen fallen viele Unterschiede weg.

Abbildung 3.18   Umfang der Herstellungskosten gem. § 255 (2) HGB/R 6.3. EStR[38]

Unter- und Obergrenze der Herstellungskosten in der Handels- und Steuerbilanz			
Bestandteile der Herstellungskosten		**Handelsbilanz**	**Steuerbilanz**
	Materialeinzelkosten	Gebot	Gebot
+	Fertigungseinzelkosten		
+	Sondereinzelkosten der Fertigung		
+	Materialgemeinkosten		
+	Fertigungsgemeinkosten		
+	Werteverzehr des Anlagevermögens		
Untergrenze der Herstellungskosten			
+	allgemeine Verwaltungs(gemein)kosten	Wahlrecht	Wahlrecht
+	Aufwendungen für soziale Einrichtungen		
+	Aufwendungen für freiwillige soziale Leistungen		
+	Aufwendungen für die betriebliche Altersversorgung		
+	Fremdkapitalzinsen (nur ein bedingtes Wahlrecht – siehe Kapitel 4)	Wahlrecht	Wahlrecht
Obergrenze der Herstellungskosten			
	Sondereinzelkosten des Vertriebs	Verbot	Verbot
	Vertriebsgemeinkosten		
	Forschungskosten		

> **Beispiel:**

Fertigungseinzelkosten (FEK)	200.000 €
Materialeinzelkosten (MEK)	100.000 €
Fertigungsgemeinkosten (FGK)	100.000 €
Materialgemeinkosten (MGK)	80.000 €

---

[38] Es gilt für die handelsrechtlichen Wahlrechte ein steuerliches Aktivierungsgebot für Wirtschaftsgüter, mit deren Herstellung nach Veröffentlichung der EStÄR 2012 im BStBl begonnen wird (25.3.2013). Siehe bitte auch R 6.3 EStR.

Verwaltungsgemeinkosten (VWG)	50.000 €
Vertriebskosten (Vertrieb)	60.000 €

In der HB sind die fertigen Erzeugnisse mit den Herstellungskosten anzusetzen gem. § 253 Abs. 1 Satz 1 HGB. Die Ermittlung der HK ergibt sich aus § 255 Abs. 2 Satz 1 bis 3 HGB. In der StB sind die fertigen Erzeugnisse ebenfalls mit den HK anzusetzen gem. § 6 Abs. 1 Nr. 2 Satz 1 EStG. Denkbar sind drei Ergebnisse:

1. HB- und StB-Untergrenze: 480.000 €

2. HB- und StB-Obergrenze: 530.000 €

3. HB weicht von der StB ab, weil gem. § 5 Abs. 1 Satz 1 EStG steuerrechtliche Wahlrechte unabhängig von handelsrechtlichen Wahlrechten ausgeübt werden können.

3.4.6   Planmäßige Abschreibung § 253 HGB

Gemäß § 253 Absatz 3 Satz 1 HGB sind bei Vermögensgegenständen des Anlagevermögens, deren Nutzung zeitlich begrenzt ist, die Anschaffungs- oder die Herstellungskosten um planmäßige Abschreibungen zu vermindern. Abschreibung oder AfA (Absetzung für Abnutzung) bedeutet, dass die AK/HK verteilt über die Nutzungsdauer als Betriebsausgaben abgezogen werden. Gemäß § 7 Absatz 2 EStG kann bei beweglichen Wirtschaftsgütern des Anlagevermögens statt der Absetzung für Abnutzung in gleichen Jahresbeträgen (lineare Absetzung für Abnutzung) die Absetzung für Abnutzung in fallenden Jahresbeträgen (degressive Absetzung für Abnutzung) in Anspruch genommen werden. Handelsrechtlich sind grundsätzlich alle Verfahren, wenn sie nur einen Plan verfolgen, erlaubt. Die Abschreibung bestimmt sich in der Steuerbilanz grundsätzlich nach der im Bundessteuerblatt veröffentlichten amtlichen Abschreibungstabelle. Nachfolgend eine Übersicht und Beispiele.

Tipp: Siehe bitte auch IHK-Formelsammlung unter „2. Rechnungswesen".

	Handelsbilanz	Steuerbilanz	IAS/IFRS
Lineare Abschreibung	§ 253 HGB	§ 7 Abs. 1 Satz 1 EStG	IAS 16.60 und 16.62
Geometrisch-degressive Abschreibung	§ 253 HGB	§ 7 Abs. 2, 3 EStG **Weggefallen für Wirtschaftsgüter, angeschafft nach dem 01.01.2011**	IAS 16.60 und 16.62
Leistungs-abschreibung	§ 253 HGB	§ 7 Abs. 1 Satz 6 EStG	IAS 16.60 und 16.62

❯ Beispiel: lineare Abschreibung

Die Betriebswirt GmbH hat am 01.01.01 eine Maschine für 100.000 € angeschafft und schreibt diese linear über 10 Jahre in der HB und StB ab.

Zugangswert	01.01.01	100.000 €
Abschreibung	01	10.000 €
Buchwert	31.12.01	90.000 €
Abschreibung	02 - 10	90.000 €
Buchwert	31.12.10	0 €

Der Transparenz des Bilanzlesers dient der Ausweis des Anlagevermögens in einem nachfolgend abgebildeten Anlagenspiegel.

Abbildung 3.19   Anlagenspiegel per 31.12.01 für obiges Beispiel

1	2	3	4	5	6	7	8
AK/ HK	Zugang AK/HK	Abgänge AK/HK	Umbuchungen AK/HK	Abschreibung kumuliert	Abschreibung Geschäftsjahr	Zuschreibung Geschäftsjahr	Endbestand
100.000 €	100.000 €				10.000 €		90.000 €

❯ Beispiel: degressive Abschreibung (Weggefallen gem. § 7 Abs. 2 Satz 1 EStG ab Anschaffung 01.01.2011). Nachfolgendes Beispiel ist aber in der Handelsbilanz möglich.

Mr. Betriebswirt kauft am 01.01.01 einen Firmen-Pkw für 30.000 € netto. Die betriebsgewöhnliche Nutzdauer beträgt sechs Jahre. Nachfolgend die lineare und degressive Abschreibung in der Gegenüberstellung.

Berechnung: 30.000 € / 6 Jahre = 5.000 €.

Die lineare Abschreibung beträgt prozentual: 100% = 30.000 €; 5.000 € = 16,66%.

Die degressive Abschreibung beträgt: 2,5 x 16,66 = 41,65% aber max. 25%.

Hinweis: Ab dem Jahr 03 ist der Übergang von der degressiven zur linearen Abschreibung sinnvoll.

		Lineare Abschreibung	Degressive Abschreibung
Anschaffungskosten	30.000 €	30.000 €	30.000 €
Abschreibung 01		5.000 €	7.500 €
Buchwert 31.12.01		25.000 €	22.500 €
Abschreibung 02		5.000 €	5.625 €
Buchwert 31.12.02		20.000 €	16.875 €
Abschreibung 03		5.000 €	4.218 €
Buchwert 31.12.03		15.000 €	12.657 €
Abschreibung 04		5.000 €	3.164 €
Buchwert 31.12.04		10.000 €	9.493 €
Abschreibung 05		5.000 €	2.373 €
Buchwert 31.12.05		5.000 €	7.120 €
Abschreibung 06		0 €	5.340 €

❯ Beispiel: Abschreibung nach Leistungseinheiten

Die Abschreibung kann gem. § 7 Abs. 1 Satz 6 EStG bei Anlagegütern, deren Leistung schwankt und deren Verschleiß unterschiedlich ist, nach der Inanspruchnahme oder Leistung berechnet werden.

Die Betriebswirt GmbH schafft einen Lkw für 80.000 € am 01.01.01 an. Die geschätzte Gesamtfahrleistung beträgt 200.000 km. Laut Fahrtenbuch werden folgende km nachgewiesen: 40.000 km; 60.000 km; 35.000 km; 65.000 km.

💡 Lösung: Die Leistungsabschreibung berechnet sich wie folgt: 80.000 € / 200.000 km = 0,4 €/km.

	Fahrleistung	
Anschaffungskosten		80.000 €
Abschreibung 01	40.000 km x 0,4 €	16.000 €
Buchwert 01		64.000 €
Abschreibung 02	60.000 km x 0,4 €	24.000 €
Buchwert 02		40.000 €
Abschreibung 03	35.000 km x 0,4 €	14.000 €

Buchwert 03		26.000 €
Abschreibung 04	65.000 km x 0,4 €	26.000 €
Buchwert 04		0

Bei entsprechend hoher Leistung führt die Leistungsabschreibung gegenüber der linearen in den ersten Jahren zu einer deutlich höheren Abschreibung und zu einer Minderung der Steuerbelastung.

Frage: Welche Bedeutung haben Abschreibungen betriebswirtschaftlich?

Antwort: Die meisten Anlagegüter unterliegen der Abnutzung und damit der technischen, rechtlichen oder wirtschaftlichen Entwertung. Dem wird durch Abschreibung Rechnung getragen.

Frage: Stellt die Abschreibung den Wertverlust des jeweiligen Geschäftsjahres dar?

Antwort: Abschreibungen dienen dazu, die Anschaffungs- und Herstellungskosten abnutzbarer Anlagegüter auf die voraussichtliche Gesamtdauer der Verwendung oder Nutzung zu verteilen.

Nachfolgend eine Übersicht der Gebote und Verbote in der Handelsbilanz mit einem Beispiel zu den außerplanmäßigen Abschreibungen (Teilwertabschreibung).

Abbildung 3.20 Gebote und Verbote der Abschreibung in der Übersicht

Kapitalgesellschaften/ HGB	Abnutzbares Anlagevermögen	Nicht abnutzbares Anlage-vermögen	Geschäfts- und Firmenwert
Ausgangswert = Obergrenze	Anschaffungskosten und Herstellungskosten § 253 Abs. 1 Satz 1 HGB (Anschaffungskostenprinzip)		Unterschiedsbetrag Legaldefinition § 246 (1) Satz 4 HGB
lanmäßige Abschreibung	**Gebot** Planmäßige Abschreibung § 253 Abs. 1 Satz 1, 2 HGB	**Verbot** § 253 Abs. 3 HGB	**Gebot** § 253 Abs. 3 Satz 1, 2 HGB
ußerplanmäßige Abschreibung	**Gebot** bei voraussichtlicher dauernder Wertminderung § 253 (3) S. 3 HGB (Niederstwertprinzip)		
	Verbot bei voraussichtlicher **nicht** dauernder Wertminderung § 253 Abs. 3 Satz 3 HGB		
Zuschreibung	**Gebot** § 253 Abs. 5 Satz 1 HGB		**Verbot** § 253 (5) Satz 2 HGB

Für den Fall einer voraussichtlich dauernden Wertminderung bei Wirtschaftsgütern des Anlage- oder des Umlaufvermögens eröffnet § 6 Abs. 1 Nr. 1 Satz 2, Nr. 2 Satz 2 EStG die Möglichkeit, diese Wertminderung erfolgswirksam bei dem betreffenden Wirtschaftsgut als Teilwertabschreibung zu buchen. Dieses Wahlrecht führt nach Meinung des BMF[39] zu einer Durchbrechung der direkten Maßgeblichkeit der Handelsbilanz für die Steuerbilanz. In der Handelsbilanz ist in Fällen einer voraussichtlich dauernden Wertminderung bei Vermögensgegenständen des Anlage- oder des Umlaufvermögens zwingend eine außerplanmäßige Abschreibung vorzunehmen.

⟩ **Beispiel: Teilwertabschreibung[40] (4 P)**

Die Betriebswirt GmbH hat am 01.01.01 eine Maschine 100.000 € angeschafft und schreibt diese linear über 10 Jahre ab. Der Marktpreis (Teilwert) der Maschine liegt in 02, 03, 05, 06 bei ca. 90.000 € - 100.000 €. Entwickeln Sie den Buchwert auf den Bilanzstichtag 04! Kann der Teilwert in Höhe von 50.000 € zum Stichtag 04 angesetzt werden (eine dauernde Wertminderung liegt nicht vor)?

Berechnung: (2 P)

Zugangswert	01.01.01	**100.000 €**
Abschreibung	01	10.000 €
Buchwert	31.12.01	90.000 €
Abschreibung	02 - 04	30.000 €
Buchwert	31.12.04	**60.000 €**
Teilwert	31.12.04	**50.000 €**

Begründung: (2 P) Ein niedriger Teilwert wird angesetzt, wenn eine voraussichtliche dauernde Wertminderung vorliegt. Ein Ansatzwahlrecht besteht gem. § 253 Abs. 3 Satz 3 HGB weder für die Handels- noch für die Steuerbilanz § 6 Abs. 1 Nr. 1 und 2 EStG, weil keine voraussichtliche dauernde Wertminderung vorliegt.

Siehe hierzu auch (wen das Thema näher interessiert) das BMF-Schreiben vom 16.7.2014. Hier wird die Teilwertabschreibung gemäß § 6 Absatz 1 Nummer 1 und 2 EStG bzw. die voraussichtlich dauernde Wertminderung sowie das Wertaufholungsgebot besprochen.

3.4.7   Geschäfts- oder Firmenwert § 246 HGB

Ein Bewertungswahlrecht im HGB (d.h. eine Bewertung der Höhe nach…) kann sich auch bei dem derivativ erworbenen Firmenwert ergeben, in Höhe der Festlegung der Abschreibung bzw. Nutzdauer des Vermögensgegenstandes.

ℹ **Hinweis:** Bitte beachten Sie die Änderungen durch BilRUG im § 246 Abs. 1 Satz 4 HGB i.V. mit § 285 Nr. 13 HGB (bis BilRUG: 5 Jahre) und § 253 Abs. 3 Satz 3 HGB (10 Jahre)!

---

[39] BMF-Schreiben vom 12.03.2010

[40] Teilwert Definition siehe § 10 BewG.

Frage 1: Erläutern Sie kurz, was unter einem Geschäfts- oder Firmenwert zu verstehen ist!

Lösung 1: Der Geschäfts- oder Firmenwert als ein Bestandteil des immateriellen Anlagevermögens ist in § 246 Abs. 1 Satz 4 HGB definiert.

Frage 2: Nennen Sie ein Anwendungsbeispiel für den derivativen Geschäfts- oder Firmenwert!

Lösung 2: Der Geschäftswert bzw. Firmenwert „entsteht" bei Unternehmenskäufen. Wenn einer entsteht, wird dieser in der Bilanz auf der Aktivseite des Käuferunternehmens als Differenz zwischen Kaufpreis und Vermögensgegenstände plus Schulden des gekauften Unternehmens (asset deal) bilanziert.

Frage: Können Sie ein Beispiel mit Zahlen machen?

Lösung: Beispiel

Unternehmer A will das Unternehmen von B kaufen. Der Kaufpreis entspricht der Bilanzsumme.

Aktiva	Unternehmen des Käufers vor Kauf	Passiva	
Bank	100.000	Eigenkapital	100.000
	100.000		100.000

Aktiva	zu verkaufendes Unternehmen	Passiva	
Vermögen	20.000	Eigenkapital	8.000
		Fremdkapital	12.000
Kaufpreis = Bilanzsumme	20.000		20.000

Aktiva	Unternehmen des Käufers vor Kauf		Passiva	
Geschäfts- u. Firmenwert Kaufpreis ./. EK		12.000	Eigenkapital	100.000
Vermögen		20.000	Fremdkapital	12.000
Bank	100.000			
	./. 20.000	80.000		
		112.000		112.000

3.4.8   Verbrauchsfolgeverfahren – Vorräte § 256 HGB

? **Frage:** Erläutern Sie den Begriff „Verbrauchsfolgeverfahren" und gehen Sie dabei auf die unterschiedliche Behandlung in der Handels- und Steuerbilanz ein!

Abbildung 3.21   Bewertungsvereinfachungen

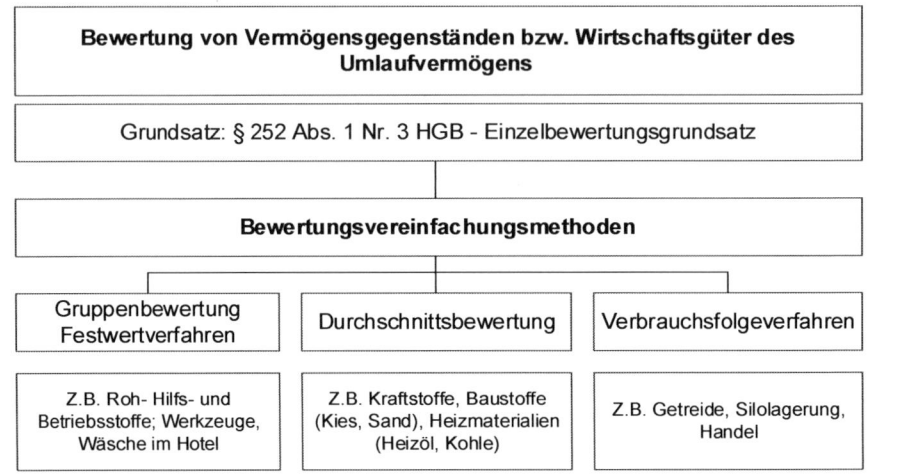

! **Antwort:** Nach § 256 HGB kann für den Wertansatz gleichartiger Vermögensgegenstände des Vorratsvermögens eine bestimmte Verbrauchsfolge unterstellt werden (Fifo und Lifo). Steuerrechtlich besteht nach § 6 Absatz 1 Nummer 2a EStG dieses Wahlrecht nur für das Verbrauchsfolgeverfahren, bei dem die zuletzt angeschafften oder hergestellten Wirtschaftsgüter zuerst verbraucht oder veräußert werden (Lifo).

Die Anwendung des Verbrauchsfolgeverfahrens in der Steuerbilanz setzt nicht voraus, dass der Steuerpflichtige die Wirtschaftsgüter auch in der Handelsbilanz unter Verwendung von Verbrauchsfolgeverfahren bewertet.

Eine Einzelbewertung der Wirtschaftsgüter in der Handelsbilanz steht der Anwendung des Verbrauchsfolgeverfahrens nach § 6 Absatz 1 Nummer 2a Satz 1 EStG unter Beachtung der dort genannten Voraussetzungen nicht entgegen.

Abbildung 3.22   Bewertungsvereinfachungsverfahren nach HGB, EStG und IFRS

	Handelsbilanz	Steuerbilanz	IAS/ IFRS
Festwertverfahren/ Gruppenbewertung Sachanlagen, Rohstoffe, Hilfsstoffe, Betriebsstoffe (Festwert)	§ 256 HGB; § 240 Abs. 3 HGB	§ 5 Abs. 1 EStG R 5.4 EStR H 6.8 (Festwert) EStH	Nicht zulässig
Durchschnittsbewertung Gleichartige Vermögensgegenstände des Vorratsvermögens	Gewogener Durchschnitt (permanente (gleitende)/ periodische Durchschnittsbewertung) § 240 Abs. 4 HGB/R 6.8 Abs. 4 EStR/ IAS 2.25		
Verbrauchsfolgeverfahren (Annähernd) Gleichartige Vermögensgegenstände des Vorratsvermögens(Verbrauchsfiktion)	§ 256 HGB Wert des Verbrauchsfolgeverfahrens: LIFO oder FIFO	§ 6 Abs. 1 Nr. 2a EStG; LIFO	IAS 2.25 FIFO

Artgleiche Gegenstände sind z.B. Güter der gleichen Warengattung (z.B. Tischwäsche unterschiedlicher Formen und Farben). **Funktionsgleiche Gegenstände** sind z.B. Güter mit gleichem Verwendungszweck (z. B. Nägel, Schrauben).

⟩ Beispiel FIFO[41]: Die landwirtschaftliche Betriebswirt GmbH hat 500 t Weizen am Bilanzstichtag 31.12.00 auf Lager liegen.

Einkaufszeitpunkte	Menge (t)	Preis je t in €	Gesamtpreis
02.02.00	400	2.000 €	800.000 €
05.05.00	250	2.200 €	550.000 €
12.12.00	200	2.100 €	420.000 €

☝ **Lösung:** Die FIFO (first in – first out)-Methode ist gem. § 246, § 256 HGB in der HB zulässig. Bei der Fifo-Methode wird davon ausgegangen, dass die jeweils ältesten Bestände zuerst verbraucht bzw. veräußert werden. Der Jahresendbestand umfasst folglich die zeitlich letzten Zugänge und wird dementsprechend mit aktuellen Preisen angesetzt.

---

[41] FIFO kann visuell als „Siloprinzip" dargestellt werden. Der Weizen, der zuerst in das Silo geschüttet wird, kommt auch als erstes wieder raus.

Einkaufszeitpunkte	Menge (t)	Preis je t in €	Gesamtpreis
12.12.00	200	2.100 €	420.000 €
05.05.00	250	2.200 €	550.000 €
02.02.00	50	2.000 €	100.000 €
31.12. Bilanzansatz	500		1.070.000 €

❯ **Beispiel:** Dem LIFO-Verfahren[42] (last in – first out) liegt die Annahme zu Grunde, dass die zuletzt erfolgten Zugänge zuerst wieder verbraucht bzw. veräußert werden. Der Endbestand setzt sich demgemäß aus dem historischen Anfangsbestand sowie gegebenenfalls Zugängen vom Beginn des Geschäftsjahrs zusammen.

Einkaufszeitpunkte	Menge (t)	Preis je t in €	Gesamtpreis
02.02.00	400	2.000 €	800.000 €
05.05.00	100	2.200 €	220.000 €
12.12.00	0	2.100 €	0 €
31.12. Bilanzansatz	500		1.020.000 €

❯ **Beispiel:** Die Durchschnittspreisermittlung erfolgt hier nur einmal jährlich, und zwar zum Ende eines Geschäftsjahrs. Dabei wird der – durch Multiplikation von Preis und Menge – ermittelte Wert des Anfangsbestands und der Zugänge auf die betreffende Gesamtmenge bezogen. Hinweis: Es gibt mehrere Verfahren. Hier ist nur eins dargestellt.

Finanzbuchhaltung	Menge (t)	Preis je t in €	Gesamtpreis
02.02.2015	400	2.000,00 €	800.000,00 €
05.05.2015	250	2.200,00 €	550.000,00 €
12.12.2015	200	2.100,00 €	420.000,00 €
	850		1.770.000,00 €
		1.770.000,00 €/850	2.082,35 €
Bilanzansatz	500	2.082,35 € x 500	1.041.176,47 €

---

[42] Das LIFO-Verfahren wird auch visuell als „Papierstapel" dargestellt. Das zu letzte oben auf den Papierhaufen hingelegte Papierstück wird zuerst gelesen/ bearbeitet. Oder denken Sie an die neue frisch eingekaufte Schokolade im Kühlschrank, die zuerst (gleich) wieder gegessen wird!

Ergebnis zum 31.12.00: In der Handelsbilanz sind die Verfahren FIFO: 1.070.000 €, LIFO: 1.020.000 € oder Durchschnitt, wohingegen in der Steuerbilanz nur LIFO: 1.020.000 € oder Durchschnittswerte gesetzlich erlaubt sind.

3.4.9 Grenzen der Bilanzierungsgrundsätze

Grenzen der Bilanzierung dem Grunde nach (Ansatzbewertung) und der Höhe nach (Bewertungsvorschriften) ergeben sich handels- und steuerrechtlich sowohl hinsichtlich der Maßgeblichkeit gem. § 5 Abs. 1 EStG wie auch hinsichtlich der Steuer- und Bilanzpolitik (Zielkonflikt).

Rahmenplan Nr. 2.3.3. Steuerliche Wahlrechte

3.5 Steuerliche Wahlrechte

Steuerliche Wahlrechte können sich aus dem Gesetz oder aus den Verwaltungsvorschriften (z. B. R 6.5 Absatz 2 EStR, R 6.6 EStR oder BMF-Schreiben) ergeben.

Wahlrechte, die nur steuerrechtlich bestehen, können unabhängig vom handelsrechtlichen Wertansatz ausgeübt werden (§ 5 Absatz 1 Satz 1 Halbsatz 2 EStG). Die Ausübung des steuerlichen Wahlrechtes wird insoweit nicht nach § 5 Absatz 1 Satz 1 Halbsatz 1 EStG durch die Maßgeblichkeit der handelsrechtlichen Grundsätze ordnungsmäßiger Buchführung beschränkt.

Abbildung 3.23 Steuerbilanzielle Wahlrechte

Steuerbilanzielle Bilanzierungswahlrechte	HGB	EStG	IAS/ IFRS
Übertragung von stillen Reserven gem. § 6b EStG	Verbot	Wahl	Verbot
Übertragung stiller Reserven bei Ersatzbeschaffung gem. R 6.6 EStR	Verbot	Wahl	Verbot
Investitionsabzugsbetrag gem. § 7g EStG	Verbot	Wahl	Verbot
Erfolgsneutrale Behandlung von Zuschüssen gem. R 6.5 EStR	Wahl	Wahl	Verbot

3.5.1 Übertragung von stillen Reserven gem. § 6b EStG

Stille Reserven aus der Veräußerung bestimmter Anlagegüter können zur Vermeidung der Besteuerung auf die Anschaffungs- oder Herstellungskosten anderer bestimmter Wirtschaftsgüter übertragen werden. Dazu sind deren Anschaffungs- oder Herstellungskosten zu mindern. Soweit die Übertragung auf ein anderes Wirtschaftsgut nicht vorgenommen wird, kann der Steuerpflichtige eine den steuerlichen Gewinn mindernde Rücklage bilden. Eine Minderung der Anschaffungs- oder Herstellungskosten oder die Bildung einer entsprechenden Rücklage in der Handelsbilanz ist nach den Vorschriften des HGB nicht zulässig. Die Abweichung vom Handelsbilanzansatz in der Steuerbilanz wird durch § 5 Absatz 1 Satz 1 Halbsatz 2 EStG zugelassen.

Beide Wahlrechte sind nunmehr losgelöst von der Handelsbilanz in der Steuerbilanz auszuüben. Im Zeitpunkt der Übertragung der Voraussetzung für die Ausübung steuerlicher Wahlrechte ist nach § 5 Abs. 1 Satz 2 EStG die Aufnahme der Wirtschaftsgüter, die nicht mit dem handelsrechtlich maßgeblichen Wert in der steuerlichen Gewinnermittlung ausgewiesen werden, insbesondere, laufend zu führende Verzeichnisse. Die Verzeichnisse sind Bestandteil der Buchführung.

Hinweis: Seit 2016 ist der § 6b um den Absatz 2a ergänzt worden.

3.5.1.1   Übertragung stiller Reserven bei Ersatzbeschaffung R 6.6. EStR

Die Gewinnverwirklichung durch Aufdeckung stiller Reserven kann in bestimmten Fällen der Ersatzbeschaffung vermieden werden. Voraussetzung ist, dass ein Wirtschaftsgut des Anlage- oder Umlaufvermögens infolge höherer Gewalt oder infolge oder zur Vermeidung eines behördlichen Eingriffs gegen Entschädigung aus dem Betriebsvermögen ausscheidet und innerhalb einer bestimmten Frist ein funktionsgleiches Wirtschaftsgut (Ersatzwirtschaftsgut) angeschafft oder hergestellt wird, auf dessen Anschaffungs- oder Herstellungskosten die aufgedeckten stillen Reserven übertragen werden.

❯ **Beispiel:**

Letzter Buchwert des ausgeschiedenen Wirtschaftsguts:	30.000 €
Entschädigung oder Gegenleistung für das ausgeschiedene Wirtschaftsgut (Wert des Ersatzwirtschaftsguts zzgl. der erhaltenen Barzahlung):	50.000 €
Aufgedeckte stille Reserven:	20.000 €
Anschaffungs- oder Herstellungskosten des Ersatzwirtschaftsguts:	40.000 €
Zu übertragende stille Reserven anteilig: 20.000 € x 40.000 €: 50.000 € =	16.000 €
Das Ersatzwirtschaftsgut wird angesetzt mit 40.000 € - 16.000 € =	24.000 €
Stpfl. Gewinn in Höhe der nicht übertragbaren stillen Reserven (20.000 € ./. 16.000 € =)	4.000 €

3.5.1.2   Investitionsabzug gem. § 7g EStG

Die Bildung des Investitionsabzugsbetrags erfolgt außerhalb der Bilanz. Wird jedoch das geplante Wirtschaftsgut angeschafft, hat dieses Auswirkungen innerhalb der Bilanz, da die Anschaffungs- oder Herstellungskosten um bis zu 40%, höchstens aber in Höhe des Investitionsabzugsbetrags zu mindern sind. Die Minderung der Anschaffungs- oder Herstellungskosten als auch die mögliche Sonderabschreibung nach § 7g Abs. 5 EStG innerhalb der Steuerbilanz.

> **Beispiel:** Die Betriebswirt AG hat im Jahr 01 einen Jahresüberschuss laut Handelsbilanz in Höhe von 200.000 € erzielt. In der steuerrechtlichen Gewinnermittlung nimmt die AG einen Investitionsabzugsbetrag nach § 7g EStG in Höhe von 200.000 € x 40% = 80.000 € in Anspruch. Der Investitionsabzugsbetrag ist in der Steuerbilanz außerbilanziell zu erfassen und darf nicht in die Handelsbilanz übernommen werden.

3.5.1.3   Erfolgsneutrale Behandlung von Zuschüssen gem. R 6.5 EStR

Im Fall der Gewährung von Zuschüssen bei Anschaffung bzw. Herstellung von Wirtschaftsgütern des Anlagevermögens können in der Steuerbilanz nach R 6.5 Abs. 3 EStR die Zuschüsse entweder von den Anschaffungs- oder Herstellungskosten gemindert oder erfolgswirksam als Ertrag erfasst werden.

Abbildung 3.24   Zuschüsse gem. R 6.5 EStR

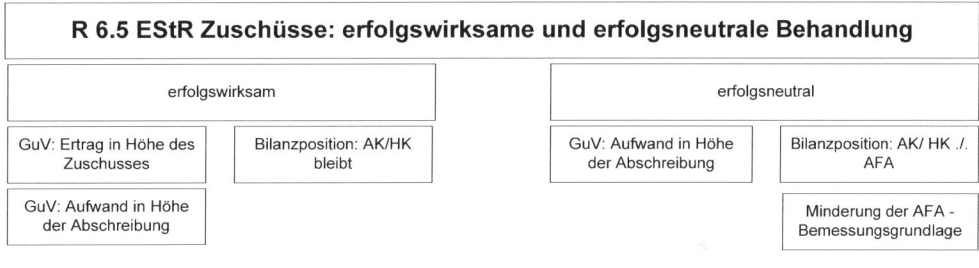

> **Beispiel:** Im Laufe des Jahres 01 bewilligt die Europäische Union der Betriebswirt GmbH einen Investitionszuschuss in Höhe von 1.000.000 €. Dieser wird für den Bau einer Anlage mit Herstellungskosten in Höhe von 2.000.000 € mit betriebsgewöhnlicher Nutzdauer von 10 Jahren benötigt. Die GmbH wünscht, dass der Gewinn 01 so niedrig wie rechtlich zulässig ausgewiesen wird.

> **Lösung:** Die Behandlung des Zuschusses kann (Wahlrecht) gem. R 6.5 Abs. 2 EStR als sonstiger betrieblicher Ertrag oder als erfolgsneutrale Minderung der Herstellungskosten des bezuschussten Wirtschaftsgutes behandelt werden. Bei der zweiten Möglichkeit werden die Herstellungskosten zuerst um den Zuschuss gemindert und verringern damit die Bemessungsgrundlage der Abschreibung.

3.5.2 Geringwertige Wirtschaftsgüter[43] § 6 EStG

? **Frage:** Erläutern Sie den Begriff „Geringwertige Wirtschaftsgüter"!

! **Antwort:** „Geringwertige Wirtschaftsgüter" sind gem. § 6 Abs. 2 **und** § 6 (2a) EStG eigenständig nutzbare bewegliche Vermögensgegenstände und müssen länger als ein Jahr dem Betrieb dienen, wobei die AK/HK je nach Absatz zwischen „150 € und 1.000 €" liegen.

Abbildung 3.25 „Geringwertige Wirtschaftsgüter (GWG)" § 6 EStG/R 6.13 EStR

	Abschreibung gem. § 6 Abs. 1 Nr. 1 / § 7 EStG	Sofortabschreibung § 6 Abs. 2 EStG	Sammelposten § 6 Abs. 2a EStG
0 – 150,00 €	X	X	
150,01 € - 410,00 €	X	X	X
410,01 € - 1.000 €	X		X
1.000,01 €	X		

? **Frage:** Welche Abschreibungsmöglichkeiten gibt es für sog. „GWG"?

! **Antwort:** Aus dem obigen Schaubild ist ersichtlich, dass es ein Wahlrecht zwischen Sofortabschreibung, Abschreibung gem. § 7 EStG und Bildung eines Sammelpostens gibt.

? **Frage:** Erläutern Sie kurz den Begriff „Sammelposten"!

! **Antwort:** Der Sammelposten ist kein Wirtschaftsgut, sondern eine Rechengröße (R 6.13 Absatz 6 Satz 1 EStR).

⊙ **Hinweis:** Es ist zu erwarten, dass Sie in Klausuren mit folgender Aufgabenstellung/ Fragen konfrontiert werden könnten:

? **Frage:** Wie wird ein Wirtschaftsgut mit 80 € netto bilanziell berücksichtigt?

! **Antwort:** Aufwendungen (ohne Umsatzsteuer) zwischen 0,01 € und 150 € können im maßgebenden Wirtschaftsjahr in voller Höhe als Betriebsausgaben abgezogen werden. Das Wahlrecht lässt sich für jedes Wirtschaftsgut individuell in Anspruch nehmen. Mit Ausnahme der buchmäßigen Erfassung des Zugangs des Wirtschaftsgutes bestehen

---

[43] BMF Schreiben vom 30. September 2010 – Zweifelsfragen zur bilanzsteuerlichen Behandlung sog. geringwertiger Wirtschaftsgüter nach § 6 Absatz 2 EStG und zum Sammelposten nach § 6 Absatz 2a EStG in der Fassung des Gesetzes zur Beschleunigung des Wirtschaftswachstums vom 22. Dezember 2009 (BGBl. 2009 I S. 3950, BStBl 2010 I S. 2) IV C 6 - S 2180/09/10001 - 2010/0750885.

keine weiteren Aufzeichnungspflichten.

❓ Frage: Wie wird ein Wirtschaftsgut mit 200 € netto bilanziell berücksichtigt?

❗ Antwort: Aufwendungen zwischen 150,01 € und 410 € können in voller Höhe als Betriebsausgaben abgezogen werden. Das Wirtschaftsgut ist in ein besonderes, laufend zu führendes Verzeichnis aufzunehmen, sofern diese Angaben nicht bereits aus der Buchführung ersichtlich sind. Alternativ ist die Erfassung in einem Sammelposten möglich. Das Wahlrecht kann nur einheitlich für alle Wirtschaftsgüter des Wirtschaftsjahres mit Aufwendungen zwischen 150,01 € und 1.000 € in Anspruch genommen werden.

❓ Frage: Wie wird ein Wirtschaftsgut mit 500 € netto bilanziell berücksichtigt?

❗ Antwort: Aufwendungen zwischen 410,01 € und 1.000 € können in einem Sammelposten erfasst werden. Dieses Wahlrecht kann nur einheitlich für alle Wirtschaftsgüter des Wirtschaftsjahres mit Aufwendungen in dieser Preiskategorie in Anspruch genommen werden.

❓ Frage: Wie werden nachträgliche Anschaffungskosten beim Sammelposten behandelt?

❗ Antwort: Nachträgliche Anschaffungs- oder Herstellungskosten erhöhen den Sammelposten des Wirtschaftsjahres, in dem die Aufwendungen entstehen. Sofern diese Regelung in diesem Wirtschaftsjahr nicht angewendet werden soll, beschränkt sich der Sammelposten auf die nachträglichen Aufwendungen und nicht auf die übrigen Investitionen dieses Jahres.

❓ Frage: Was passiert beim Sammelposten, wenn ein Wirtschaftsgut vernichtet wird?

❗ Antwort: Scheidet ein Anlagegut aus dem Betriebsvermögen durch Entnahme, Veräußerung oder Verschrottung aus, hat dies keine Auswirkung auf den Sammelposten, der wird planmäßig fortgeführt und – unabhängig vom Werdegang des jeweiligen Wirtschaftsguts – mit jeweils einem Fünftel gewinnmindernd zum Ende eines Wirtschaftsjahres aufgelöst.

❓ Frage: Ein Maler kauft am 01.01.2011 für seinen Betrieb ein Malergerüst in Höhe von netto 1.000 €. Dieses hat lt. Abschreibungstabelle eine betriebsgewöhnliche Nutzdauer von 10 Jahren. Ermitteln Sie den steuerlich geringsten Gewinn des laufenden Jahres!

❗ Antwort: Die Abschreibungs-Bemessungsgrundlage beträgt 1.000 € und der Maler hat das Wahlrecht zwischen der linearen Abschreibung gem. § 7 EStG mit einem Abschreibungsvolumen für das Jahr 2011 in Höhe von 1.000 € / 10 Jahre = 100 €. Wählt der Maler den Ansatz eines Sammelpostens hat dieser einen Auflösungsbetrag von 1.000 € / 5 Jahre = 200 € im Jahre 2011 steuerlich gewinnmindernd zu berücksichtigen.

Abbildung 3.26   Sammelpostenentwicklung

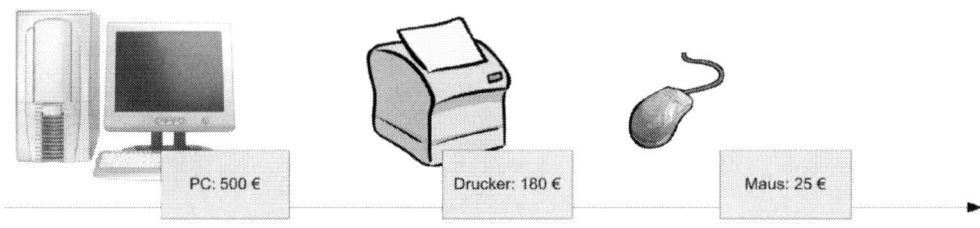

❯ Beispiel: Einzelunternehmer A schafft am Ende des Wirtschaftsjahres 01 für sein Anlagevermögen einen PC an. Die Anschaffungskosten betragen 500 Euro. Im Wirtschaftsjahr 02 erfolgt die Anschaffung eines Druckers – welcher neben dem Drucken keine weiteren Funktionen ausführen kann – sowie einer PC-Maus, die bisher nicht im Lieferumfang des PC enthalten war. Die Anschaffungskosten für den Drucker betragen 180 Euro und für die PC-Maus 25 Euro. A wendet in 01 und 02 die Regelungen zum Sammelposten gemäß § 6 Absatz 2a EStG an.

⚙ Lösung: Der PC ist als selbständig nutzungsfähiges Wirtschaftsgut des Anlagevermögens im Sammelposten des Wirtschaftsjahres 01 zu erfassen. Eine Abschreibung über die betriebsgewöhnliche Nutzungsdauer kommt nicht in Betracht, da A sich für die Anwendung der Regelungen zum Sammelposten entschieden hat (einheitliche Wahlrechtsausübung). Dagegen ist der Drucker ein nicht selbständig nutzungsfähiges Wirtschaftsgut (vgl. BFH-Urteil vom 19. Februar 2004, BStBl II S. 958). Die Aufwendungen stellen aber keine nachträglichen Anschaffungskosten des PC dar. Der Drucker ist einzeln nach den Vorschriften des § 6 Absatz 1 Nummer 1 EStG zu bewerten und die Anschaffungskosten sind über die betriebsgewöhnliche Nutzungsdauer abzuschreiben. Demgegenüber bildet die ebenfalls nicht selbständig nutzungsfähige PC-Maus eine Nutzungseinheit mit dem PC. Daher sind die Aufwendungen für die PC-Maus nachträgliche Anschaffungskosten des PC und im Sammelposten des Wirtschaftsjahres 02 zu erfassen (vgl. R 6.13 Absatz 5 Satz 2 EStR).

❯ Beispiel: Die Betriebswirt GmbH schafft am 30.12.2013 einen PC für netto 410,00 € (betriebsgewöhnliche Nutzungsdauer 3 Jahre) an.

❓ Frage: Wie hoch ist der Steuereffekt im Jahr der Anschaffung?

⚙ Lösung:[44]

	Abschreibung gem. § 6 Abs. 1 Nr. 1 / § 7 EStG	Abschreibung Sofortiger Aufwand § 6 Abs. 2 EStG	Abschreibung Sammelposten § 6 Abs. 2a EStG
Netto – Anschaffungskosten	410,00 €	410,00 €	410,00 €
Nutzdauer 3 Jahre (1/36)	11,39 €		
Sofortabschreibung		410,00 €	
Sammelposten 5 Jahre			82,00 €
Gewinnauswirkung	./. 11,39 €	./. 410,00 €	./. 82,00 €

Rahmenplan Nr. 2.3.4. Steuerliche Entscheidungskriterien

3.6   Steuerliche Entscheidungskriterien im Rahmen von Unternehmensbeteiligungen

Haben wir im ersten Kapitel gesehen, dass es kurz- und langfristige Unternehmensziele gibt, ist das nachfolgende Thema die Vertiefung der Frage, ob die Tätigkeit innerhalb eines einzelnen Rechtsträgers, einer losen Verbindung von getrennten Rechtsträgern oder im Rahmen eines Konzernes vorgenommen wird. Steuerliche Faktoren beeinflussen die Frage für welche Unternehmensstruktur sich ein Unternehmer entscheidet. Für ein Einheitsunternehmen spricht beispielsweise die überschaubaren Pflichten der Rechnungslegung, Prüfung und Offenlegung der zu erstellenden Jahresabschlüsse, die Reduzierung der administrativen Pflichten wie z.B. Dividendenzahlungen, Umstrukturierungen, Gewährung von Rabatten an Mitarbeiter etc. Demgegenüber ist z.B. die Organschaft oder die Organisation mit getrennten Rechtsträgern, an denen die Gesellschafter mehrheitlich beteiligt sind, zu betrachten. Vorteilhaft sind diese Unternehmensformen, weil z.B. Dividenden und Gewinne aus der Veräußerung gem. § 8b KStG keine Belastung darstellen, steuerliche Gewinne und Verluste zwischen den Konzernunternehmen nur bei Vorliegen einer Organschaft relevant sind und Finanzierungen regelmäßig einfacher sind. Nachfolgend wird das Thema Organschaft sowie Unternehmensbeteiligungen näher erörtert.

---

[44] Die Regelung des § 6 Abs. 2 EStG kann unter Bezug auf das Wesentlichkeitsprinzip auch in der Handelbilanz angesetzt werden. Siehe hierzu u.a. Beck'scher Bilanz-Kommentar Rz. 434 ff; 10. Auflage 2016.

> **Beispiel:** Mrs. Betriebswirt bereitet einen Vortrag vor, weil Ihr Unternehmen expandieren möchte. Nachfolgende Fragen bestimmen den Inhalt.

Abbildung 3.27   Formen von Unternehmensverbindungen

Unternehmensverbindungen gem. § 271 HGB	
Beteiligung gem. § 271 (1) HGB	**Verbundene Unternehmen gem. § 271 (2) HGB**
• Dauernde Geschäftsverbindung • Im Zweifel: ab 1/5 des Nennkapitals	• Mutter-Tochter-Verhältnis gem. § 290 HGB • Einbeziehung in den Konzernabschluss der Mutter

? **Frage:** Was bedeutet das Wort „expandieren" steuerrechtlich?

! **Antwort:** Unter „expandieren" ist die Möglichkeit einer Beteiligung an einem anderen Unternehmen oder die Gründung eines zusätzlichen Standortes zu verstehen.

? **Frage:** Welche Formen von Unternehmensbeteiligungen kennen Sie?

! **Antwort:** Die Beteiligung an einer Personen- oder Kapitalgesellschaft ist eine Möglichkeit, sein Kapital einzusetzten. Die Beteiligung kann offen oder still sein.

? **Frage:** Erklären Sie den Unterschied zwischen einer Beteiligung gem. § 271 Abs. 1 HGB und einem verbundenen Unternehmen gem. § 271 Abs. 2 HGB!

! **Antwort:** Eine Beteiligung liegt dann vor, wenn die Verbindung zu dem Unternehmen auf Dauer angelegt ist (§ 271 Abs. 1 HGB). Die Regelungen im Gesellschaftsvertrag/Satzung können festlegen, dass bestimmte Geschäfte nicht gegen den Willen einer Sperrminorität (z. B. 25,1 %) getätigt werden können.

Bei verbundenen Unternehmen liegt immer eine Mehrheitsbeteiligung (> 50%) vor (§ 271 Abs. 2 HGB), die auch als Mutter-Tochter-Verhältnis gem. § 290 HGB besteht (Beherrschungsvertrag).

3.6.1   Organschaft

? **Frage:** Erläutern Sie den Begriff „Organschaft"!

! **Antwort:** Die Organschaft regelt den Tatbestand, dass eine im Grundsatz zivil- und steuerrechtlich selbständige Kapitalgesellschaft in ein anderes Unternehmen wirtschaftlich, finanziell und organisatorisch eingegliedert ist.

Abbildung 3.28   Formen von Organschaften

Organschaftsformen	Körperschaftsteuer- und Gewerbesteuerliche Organschaft	Umsatzsteuerliche Organschaft
Organträger	§ 14 Abs. 1 Satz 1 KStG	§ 2 Abs. 2 Nr. 2 UStG
Organgesellschaft	§ 14 Abs. 1 Nr. 2 KStG	§ 2 Abs. 2 Satz 2 Nr. 4 UStG
Finanzielle Eingliederung	§ 14 Abs. 1 Nr. 1 KStG	§ 2 Abs. 2 Satz 2 Nr. 1 UStG
Wirtschaftliche und organisatorische Eingliederung	-----------------------------	Abhängigkeiten
Ergebnisabführungsvertrag	§ 14 Abs. 1 Nr. 3 KStG	-----------------------------

3.6.1.1   Körperschaftsteuerliche Organschaft

❓ **Frage:** Nennen Sie die Voraussetzungen der gewerbesteuerlichen[45] und körperschaft-steuerlichen Organschaft (6 P)![46]

❗ **Antwort: § 14 Abs. 1 KStG (Auszug):** Verpflichtet sich eine Europäische Gesellschaft, Aktiengesellschaft oder Kommanditgesellschaft auf Aktien mit Geschäftsleitung und Sitz im _____ (1 P) und Sitz in einem Mitgliedstaat der Europäischen Union oder in einem Vertragsstaat des EWR-Abkommens durch ei-nen_____(1 P) im Sinne des § 291 Abs. 1 des Aktiengesetzes, ihren ganzen Gewinn an ein einziges anderes gewerbliches Unternehmen abzuführen, ist das Einkommen der Organgesellschaft, soweit sich aus § 16 nichts anderes ergibt, dem Träger des Unternehmens (_____) (1 P) zuzurechnen, wenn die folgenden Voraussetzungen erfüllt sind:

1. Der Organträger muss an der Organgesellschaft vom Beginn ihres Wirtschaftsjahrs an (_____) (1 P) in einem solchen Maße beteiligt sein, dass ihm die Mehrheit der Stimmrechte aus den Anteilen an der Organgesellschaft zusteht (_____).Mittelbare Beteiligungen sind zu berücksichtigen, wenn die Beteiligung an jeder vermittelnden Gesellschaft die Mehrheit der Stimmrechte ge-währt.

---

[45] Für die Ermittlung der Gewerbesteuer verweist das GewStG über § 2 Abs. 2 Satz 2 GewStG auf die Vorschriften des KStG.

[46] Siehe auch: BMF Schreiben vom 28.03.2011 zu § 14 und 17 KStG.

2. Organträger muss eine (_____) **(1 P)** Person oder eine nicht von der Körperschaftsteuer befreite Körperschaft, Personenvereinigung oder Vermögensmasse sein. [...]

3. Der _____ **(1 P)** muss auf mindestens (_____) **(1 P)** Jahre abgeschlossen und während seiner gesamten Geltungsdauer durchgeführt werden.

❓ Frage: Erläutern Sie an einem Beispiel die Voraussetzung: „Finanzielle Eingliederung"!

Abbildung 3.29   Beispiel für die finanzielle Eingliederung[47]

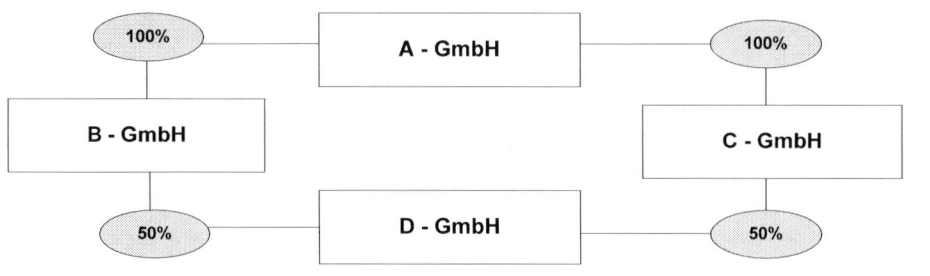

❗ Antwort: Die B-GmbH und die C-GmbH sind in die A-GmbH auf Grund unmittelbarer Beteiligung von jeweils 100% finanziell eingegliedert. Die A-GmbH ist an der D-GmbH nicht unmittelbar beteiligt.

Die Zusammenrechnung der mittelbaren Beteiligung über die B-GmbH (50%) und die C-GmbH (50%) führt aber zur finanziellen Eingliederung der D-GmbH in die A-GmbH.

❓ Frage: Wie kann das Einkommen der Organgesellschaft dem Organträger zugerechnet werden?

❗ Antwort: Liegen die Tatbestandsvoraussetzungen einer körperschaftsteuerlichen Organschaft vor, so ist nach § 14 Abs. 1 Satz 1 KStG das Einkommen der Organgesellschaft dem Träger des Unternehmens zuzurechnen.[48]

---

[47] BMF-Schreiben vom 26.08.2003; BMF IV A 2 – S 2770 – 18/03 – Tz. 13 ff.

[48] Ausnahmen nach § 16 KStG bleiben hier unberücksichtigt.

Abbildung 3.30 Körperschaftsteuerliche Organschaft

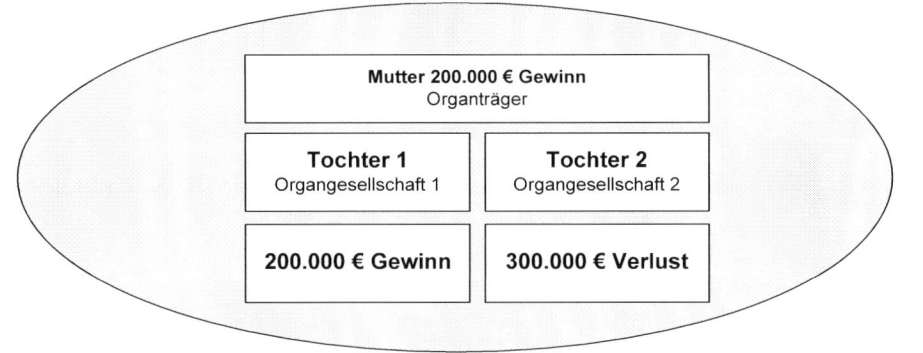

❯ **Fall:** Die Mutter-AG hält 100% der Anteile an der Tochter 1-GmbH und 100% der Anteile an der Tochter 2-GmbH. Alle Gesellschaften liegen im Inland.

Während die Mutter AG und die Tochter 1 GmbH jährlich einen steuerlichen Gewinn von je 200.000 € erwirtschaften, entstehen bei der Tochter 2 GmbH steuerlich regelmäßig Verluste in Höhe von 300.000 € p.A.

❯ **Aufgabe:** Erläutern Sie die Rechtsfolgen der körperschaftsteuerlichen Organschaft (6 P)!

Folgen für die Organgesellschaft (OG) sind z.B.

1. dass sie ihr Einkommen selbst nicht zu versteuern hat.

2. dass Verluste aus der Zeit vor der Organschaft nicht mit erzielten Gewinnen gem. § 10d EStG verrechnet werden dürfen.

3. dass der § 8b KStG i.V. m. § 15 Satz 1 Nr. 2 KStG keine Anwendung findet, weil Dividenden und Beteiligungserträge dem OT zuzurechnen sind.

4. dass der § 4h EStG (die Zinsschranke) i. V. m. § 15 Satz 1 Nr. 3 KStG nicht anzuwenden sind, weil OT und OG als ein Betrieb zu sehen sind. Die Freigrenze gilt nicht pro Organgesellschaft.

Folgen für den Organträger (OT) sind z.B., dass er sein und das Einkommen der OG zu versteuern hat.

❯ **Aufgabe:** Stellen Sie die steuerlichen Vorteile einer körperschaftsteuerlichen Organschaft im oben angegebenen Fall zahlenmäßig dar.

	Ohne Organschaft	Mit Organschaft
Mutter Organträgerin	200.000 € Gewinn x 15% KSt = 30.000 €	200.000 € Gewinn
Tochter 1 Organgesellschaft 1	200.000 € Gewinn x 15% KSt = 30.000 €	200.000 € Gewinn
Tochter 2 Organgesellschaft 2	300.000 € Verlust x 15% KSt = 0 €	300.000 € Verlust
KSt – Aufwand in der Summe:	60.000 €	= 100.000 € x 15% = 15.000 €

❂ **Lösung:** Die körperschaftsteuerliche Organschaft kann folgende Vorteile haben:

- Ausgleich von Verlusten und Gewinnen zwischen Organgesellschaft und Organträger (siehe Beispiel).

- Vermeidung der wirtschaftlichen Doppelbelastung von Gewinnen einer Kapitalgesellschaft, die sich durch die Besteuerung auf der Gesellschaftsebene und beim Anteilseigner ergibt.

- Steuerfreie Erträge können auf den Organträger transferiert werden.

- Beteiligungsbezogene Aufwendungen des Organträgers sind in vollem Umfang als Betriebsausgaben abzugsfähig. Das ist vorteilhaft, wenn der Erwerb der Beteiligung an der Organgesellschaft fremdfinanziert wurde.

3.6.1.2 Umsatzsteuerliche Organschaft

Die Voraussetzungen für die umsatzsteuerrechtliche Organschaft (§ 2 Abs. 2 Nr. 2 UStG) sind nicht in vollem Umfang identisch mit den Voraussetzungen der körperschaft- und gewerbesteuerlichen Organschaft[49]. Eine Organschaft nach § 2 Abs. 2 Nr. 2 UStG liegt vor, wenn eine juristische Person nach dem Gesamtbild der tatsächlichen Verhältnisse finanziell, wirtschaftlich und organisatorisch in ein Unternehmen eingegliedert ist. Organträger kann im Gegensatz zur körperschaft- und gewerbesteuerlichen Organschaft jede juristische Person sein, insbesondere eine Kapitalgesellschaft.[50]

---

[49] Abschn. 2.8 UStAE

[50] Siehe auch zur organisatorischen Eingliederung BMF-Schreiben vom 5. Mai 2014, BStBl I S. 280.

Abbildung 3.31   Organschaft in der Umsatzsteuer

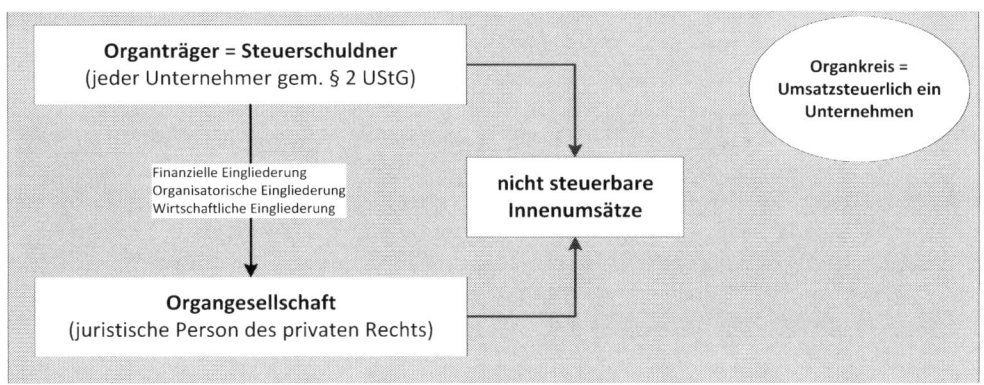

3.6.1.3 Folgen der Organschaft

■ Liegen die Voraussetzungen vor, ist die juristische Person (GmbH, AG) nicht selbstständig tätig – Unternehmereigenschaft hat nur der Organträger, er schuldet alle Umsatzsteuerbeträge des Organkreises.

■ Leistungen zwischen Organträger und Organgesellschaft sind als Innenumsätze nicht steuerbar.

■ Es besteht für die Betroffenen kein Wahlrecht, die Rechtsfolgen der Organschaft anzuwenden oder nicht.

3.6.1.4 Gewerbesteuerliche Organschaft

Nach § 2 Abs. 2 GewStG sind die Voraussetzungen der gewerbesteuerlichen Organschaft vollständig an die Voraussetzungen der körperschaftsteuerlichen Organschaft angepasst.[51]

Die Organgesellschaft gilt im Gewerbesteuerrecht als Betriebsstätte des Organträgers (§ 253 HGB). Sie ist nicht mehr selbst gewerbesteuerpflichtig. Folglich muss für die Organgesellschaft keine Gewerbesteuer-Erklärung abgegeben werden. Der Organträger ist Schuldner der gesamten Gewerbesteuer des Organkreises. Es erfolgt jedoch keine einheitliche Ermittlung des Gewerbeertrags des Organträgers und der Organgesellschaft (Abschn. 42 Abs. 1 GewStR; gleich lautende Erlasse der Finanzbehörden der Länder vom 4.7.2008, BStBl I 2008, 736, Tz. 4, 45). Der Gewerbeertrag der Organgesellschaft ist so zu ermitteln, als sie selbst Steuergegenstand wäre (Abschn. 42 Abs. 3 GewStR). Daher kann z.B. auch der Freibetrag von 100.000 € bei der Hinzurechnung von Finanzierungsanteilen nach § 8 Nr. 1 GewStG, der von den Finanzierungsanteilen abzuziehen ist, jeweils geson-

---

[51] Rz.11 des BMF-Schreibens vom 26.8.2003, BStBl I 2003, 437.

dert gewährt werden (s. gleich lautende Erlasse der Finanzbehörden der Länder vom 4.7.2008, BStBl I 2008, 736, Tz. 44f.). Sodann erfolgt eine Zusammenrechnung, es wird der einheitliche Steuermessbetrag ermittelt und ggf. auf die einzelnen Betriebsstätten-Gemeinden nach den §§ 28 ff. GewStG zerlegt.

3.7   Zusammenfassung und Wiederholung

Das dritte Kapitel ist erledigt – das ist schon 3/4 des Lernstoffes!

3.7.1   Kreuzworträtsel Kapitel 3

1. Bilanz heißt auf Italienisch 'bilancia' und bedeutet übersetzt?

2. Die Bilanz ist eine Gegenüberstellung zweier Größen: Vermögen auf der Aktivseite und …? auf der Passivseite. Welcher Begriff wird gesucht?

3. Die Aktivseite zeigt die Verwendung und die Passivseite die …? der Mittel. Welches Wort wird gesucht?

4. Der wirtschaftliche Erfolg eines Unternehmens wird in § 4 Abs. 1 EStG definiert und positiv auf der Passivseite ausgewiesen. Wie heißt der Begriff?

5. Welches sind gem. § 242 Abs. 3 HGB die Bestandteile des Jahresabschlusses? GuV-Rechnung und …?

6. Die Bilanz ist in Kontoform aufzustellen gem. § 266 HGB. Welche Überschrift trägt die Vorschrift, wenn man ein Substantiv daraus macht?

7. Es gibt Handelsbilanzen gem. § 238 ff HGB und …? gem. § 4 ff EStG.

8. Wie heißt das Prinzip in § 5 Abs. 1 EStG?

9. Jeder Geschäftsvorfall wird zuerst auf Ausweis gem. § 266 HGB geprüft und dann dem Grunde nach (…?) und dann der Höhe nach (Bewertungsvorschriften) untersucht. Welche Vorschrift wird in der Klammer gesucht?

10. Welches wichtige Verfahren finden wir im § 325 HGB beschrieben?

11. Welcher Bericht ist Bestandteil eines GmbH-Abschlusses und ist in § 289 HGB beschrieben?

12. Gem. § 248 Abs. 2 HGB besteht in der Handelsbilanz für selbst erstellte immaterielle Vermögensgegenstände ein …? In der Steuerbilanz besteht ein Ansatzverbot.

13. Die Bildung von Rückstellungen für unterlassene Aufwendungen für Instandhaltung mit Nachholung innerhalb des 4. bis 12. Monats sind in der HB und in der StB-Bilanz …?

14. Welcher Grundsatz ordnungsgemäßer Buchführung und Bilanzierung ist in § 246 HGB beschrieben?

15. Eine Unterbewertung der Aktiva und eine Überbewertung der Passiva führt zu …? Welcher Begriff wird gesucht?

16. In der Handelsbilanz besteht für den Unterschiedsbetrag bei Verbindlichkeiten (Disagio) ein Aktivierungswahlrecht. Unter welcher Bilanzposition wird dieser ausgewiesen?

17. Mit welchem Wert darf maximal ein gekaufter Vermögensgegenstand bilanziert werden gem. § 255 Abs. 1 HGB?

18. Dürfen Vertriebskosten bei der Ermittlung der Herstellungskosten einbezogen werden?

19. Wie heißt der Spiegel, der im Anhang abgebildet wird?

20. Welche Wahlrechte können sich aus dem Gesetz oder aus Verwaltungsvorschriften (z.B. R 6.5 EStR) ergeben?

Unterstützung der Unternehmensziele durch Bilanz- und Steuerpolitik

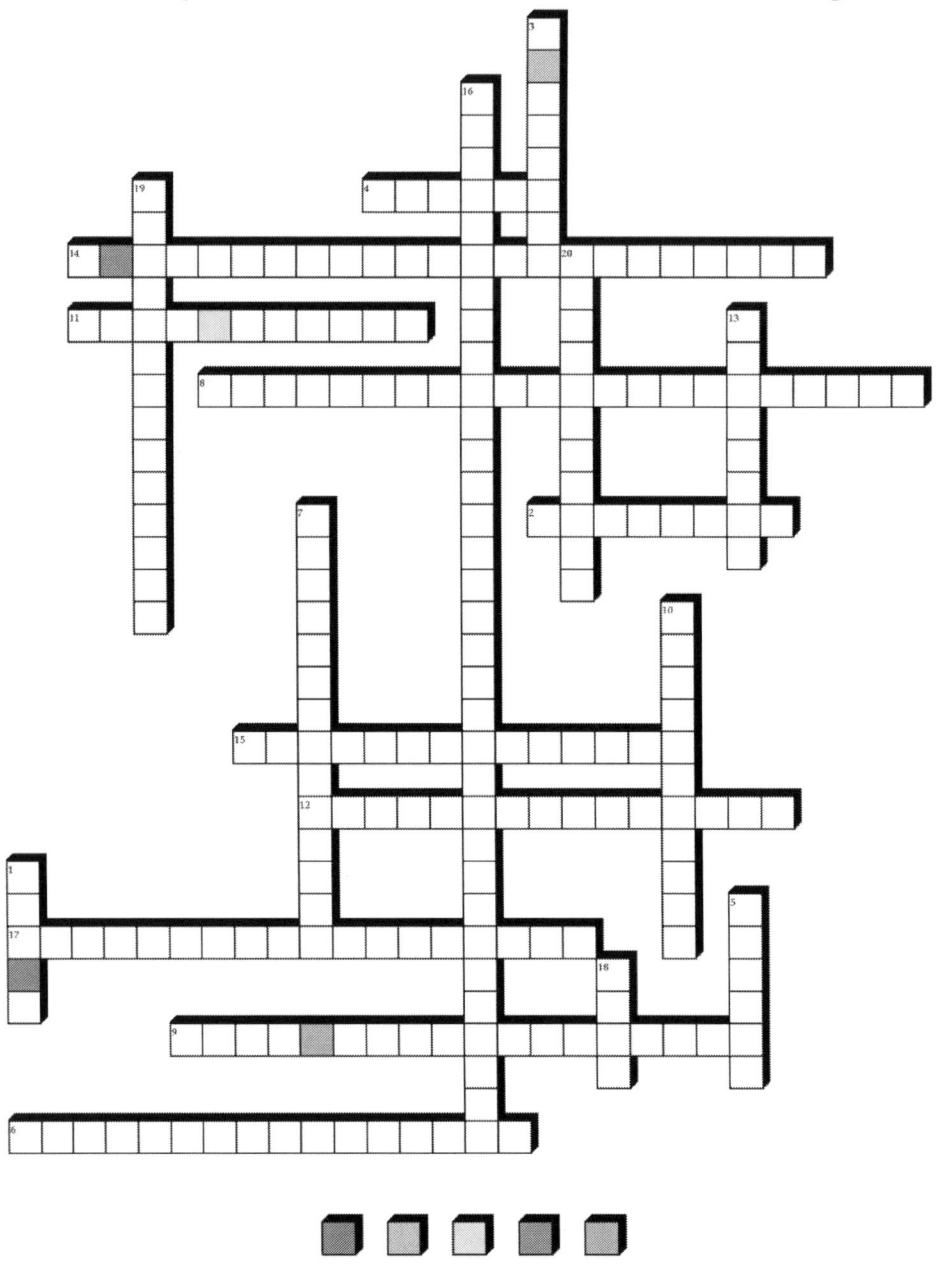

3.7.2 Welche Themenkomplexe haben wir in Kapitel 3 behandelt?

Abbildung 3.32 Übersicht behalten über die Themen des Kapitels 3

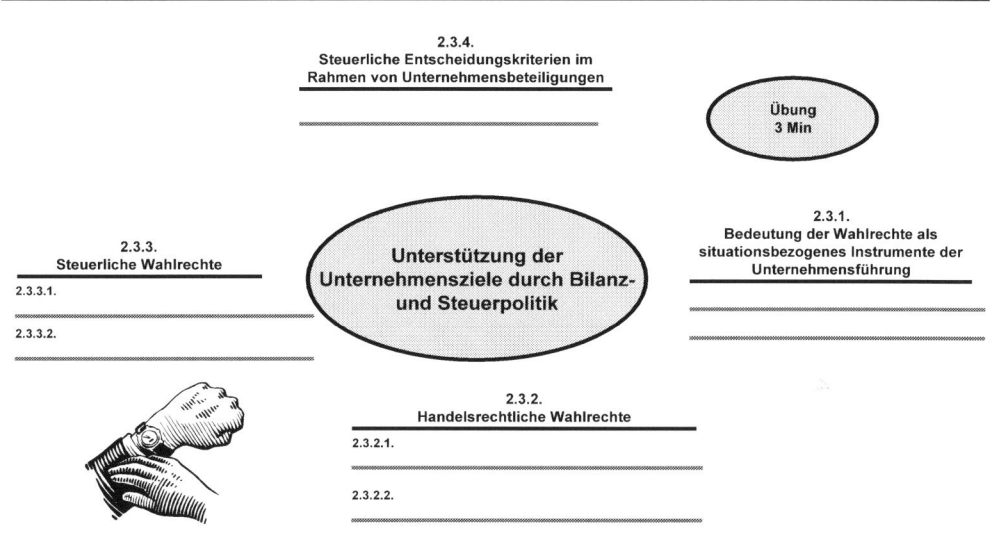

3.7.3   Fachbegriffe und §§ zum Kapitel

Abbildung 3.33   Fachbegriffe zu Kapitel 3

Welche Fachbegriffe fallen Ihnen zu dem 3. Kapitel: „Unterstützung der ...Bilanz- und Steuerpolitik" ein?

A:	K:
B:	L:
C:	M:
D:	N / O:
E:	P / Q:
F:	R:
G:	S / T:
H:	U / V:
I / J:	W / X / Y / Z:

3.7.4   Wie wird das Kapitel in der Prüfung abgefragt?

Die schriftliche Prüfung besteht aus Aufgaben zu den einzelnen Bilanzpositionen mit Zugangs- und Folgebewertung. Häufig sollen die Unterschiede zwischen Handels- und Steuerbilanz herausgearbeitet werden. Beliebt waren Fragen zu den Herstellungskosten genauso wie die Darstellung des Zielkonflikts zwischen Steuer- und Bilanzpolitik, Definition von stillen Reserven, organschaftlichen Voraussetzungen oder die Behandlung von Zuschüssen. Die schriftliche Prüfung besteht zu ca. 30 von 100 Punkten aus den Inhalten des Kapitels 3. Aktuelle Themen sind:

3.7.4.1   Bilanzrichtlinienumsetzungsgesetz (BilRUG)

Eckpunkte sind u.a.:

a)   § 275 HGB: Neudefinition der Umsatzerlöse

b)   § 285 Nr. 31 HGB: Angaben zu außerordentlichen Erträgen und Aufwendungen im Anhang

3.7.4.2   E-Bilanz

❓ Frage: Was ist eine E-Bilanz?

❗ Antwort: Die E-Bilanz ist der Jahresabschluss, der per Elster[52] an die Finanzverwaltung zur Bemessung der Steuer übermittelt wird. Sie ersetzt -einfach gesprochen- die bisherige Papier-Bilanz.

❓ Frage: Wo ist die Regelung zur E-Bilanz zu finden?

❗ Antwort: Mit dem Steuerbürokratieabbaugesetz vom 20. Dezember 2008 wurde über § 5b EStG die gesetzliche Grundlage zur elektronischen Übermittlung von Jahresabschlüssen an die Finanzverwaltung geschaffen. Das Bundesministerium hat in mehreren BMF-Schreiben die Regelungsgrößen (Übermittlungsformat und -inhalt) zur Umsetzung des Projekts E-Bilanz[53] festgelegt.

3.7.5   Klausurthemen 2011-2015 zu Kapitel 3

Abbildung 3.34   Klausurthemen 2011-2015 zu Kapitel 3

Rahmenplannummer und Klausurjahr		2015	2015	2014	2014	2013	2012	2012	2011	2011
		Frühjahr	Herbst	Frühjahr	Herbst	Frühjahr	Herbst	Frühjahr	Herbst	Frühjahr
2.3. Unterstützung der ...Bilanz- und Steuerpolitik							25			
2.3.1.	Bedeutung der Wahlrechte als			24	25			25		
2.3.2.	Handelsrechtliche Wahlrechte	30	27				32		22	25
2.3.2.1.	Möglichkeiten					11				
2.3.2.2.	Grenzen der Bilanzierungsgrundsätze									
2.3.3.	Steuerliche Wahlrechte									
2.3.3.1.	Möglichkeiten									
2.3.3.2.	Grenzen der Bewertungsmaßstäbe									
2.3.4.	Steuerliche Entscheidungskriterien ...								15	
	Summe	30	27	24	25	36	32	25	37	25

---

[52] Elster= Projekt „**El**ektronische **ST**euer**ER**klärung". Siehe auch unter www.elster.de.

[53] Siehe mehr hierzu unter: www.esteuer.de.

Übungsklausur zum Rahmenplan Nr. 2.3

3.8   Übungsklausur zu Kapitel 3 (120 Min./100 P)

3.8.1   Aufgabe 1

Die Betriebswirt GmbH hat für das Jahr 01 einen steuerpflichtigen Gewinn in Höhe von 500.000 € ohne Berücksichtigung der nachfolgenden Geschäftsvorfälle ermittelt.

4 P   a.) Die GmbH hat am 1. März 01 eine bewegliche Maschine mit betriebsgewöhnlicher Nutzdauer von acht Jahren in Höhe von 100.000 € netto angeschafft.

4 P   b.) Die GmbH hat am 15. Januar 01 einen Zuschuss in Höhe von 45.000 € für die Herstellung (Herstellungskosten betragen 180.000 € netto) einer Halle mit betriebsgewöhnlicher Nutzdauer von 14 Jahren erhalten.

Aufgabe:

Beurteilen Sie bitte oben genannte Sachverhalte aus handels- und steuerrechtlicher Sicht mit dem Ziel, den Gewinn zu minimieren. Zeigen Sie auch die Gewinnauswirkungen!

11 P

3.8.2   Aufgabe 2

Die Betriebswirt GmbH hat 01 in China Wunderkerzen für 0,50 € erworben, die sie üblicherweise zu 0,80 € an den Großhandel veräußern wird.

Durch unsachgemäße Behandlung ist es an Silvester zu Bränden gekommen, über die auch im Fernsehen und in der Presse unter Nennung der Marke berichtet wurde.

Nach Silvester verkauft die GmbH daher alle Bestände zu 0,30 € an einen ausländischen Großhändler.

Beurteilen Sie, ob der Wertansatz in der HGB-Handelsbilanz 01 mit 0,30 € korrekt ist!

4 P

3.8.3   Aufgabe 3

Bei der Betriebswirt GmbH ist im Rahmen der Aufstellung des Jahresabschlusses eine Reihe von Geschäftsvorfällen angefallen, die bislang noch nicht verarbeitet wurden.

Zeigen Sie bitte auf, wie sich die aufgeführten Geschäftsvorfälle auf den Jahresabschluss dem Grunde nach und der Höhe nach auswirken!

6 P   a.) Stellen Sie dar, ob die Vorgänge dem Grund nach in der Handelsbilanz nach HGB angesetzt werden dürfen/müssen oder verboten sind!

6 P   b.) Zeigen Sie, ob die Vorgänge dem Grund nach in der Steuerbilanz nach EStG angesetzt werden dürfen/müssen oder verboten sind!

6 P   c.) Bestimmen Sie die Höhe der Bilanzpositionen nach HGB und EStG!

Tragen Sie bitte die Lösung in die nachfolgende Tabelle ein.   **HGB   EStG**

1. Originärer Firmenwert: 100.000 €

2. Flüssige Mittel: 200.000 €

3. Disagio: 300.000 €

4. Aktive latente Steuern: 400.000 €

5. Rückstellungen für ungewisse Verbindlichkeiten: 500.000 €

6. Rückstellungen für drohende Verluste: 600.000 €

18 P

3.8.4   Aufgabe 4

4 P   Erläutern Sie den Begriff „stille Reserven" und entwickeln Sie ein Beispiel dafür, wie es zur Bildung von stillen Reserven kommen kann.

4 P

3.8.5 Aufgabe 5

Der Automobilhersteller A produziert Autos der Marke „Betriebswirt", von denen am 31. Dezember 01 noch ein beträchtlicher Bestand auf Lager liegt.

5 P a.) Ermitteln Sie bitte die Wertuntergrenze für solche Vorräte im handelsrechtlichen Jahresabschluss!

5 P b.) Verdeutlichen Sie das Berechnungsschemata durch jeweils zwei Beispiele zu jeder Position.

5 P c.) Kennzeichnen Sie in nachfolgender Tabelle, ob die Positionen nach § 255 Abs. 2 und 3 HGB und R 6.3. EStR Pflicht/Wahl oder Verbote darstellen!

	HGB § 255	R 6.3 EStR
1. Abschreibung des Anlagevermögens		
2. Allgemeine Verwaltungskosten		
3. Fremdkapitalkosten		
4. Abschreibung auf Entwicklungskosten		
5. Vertriebskosten		

15 P

3.8.6 Aufgabe 6

Die Mutter-Betriebswirt AG im Inland hält 100% der Anteile an der Tochter 1 GmbH und 100% der Anteile an der Tochter 2 GmbH. Während die Mutter AG und die Tochter 1 GmbH jährlich einen steuerlichen Gewinn von je 500.000 € erwirtschaften, entstehen bei der Tochter 2 GmbH steuerlich regelmäßig Verluste in Höhe von 100.000 € p.a.

12 P a.) Erläutern Sie die Voraussetzungen und Folgen einer körperschaftsteuerlichen Organschaft.

12 P b.) Stellen Sie die steuerlichen Vorteile einer körperschaftsteuerlichen Organschaft im oben angegebenen Fall dar. Belegen Sie Ihre Aussage rechnerisch.

24 P

3.8.7 Aufgabe 7

10 P   Erläutern Sie bitte den Unterschied zwischen Rücklage und Rückstellung und nennen Sie jeweils zwei Beispiele!

10 P

3.8.8 Aufgabe 8

Die Betriebswirt GmbH hat zum 01.01.01 einen Kredit in Höhe von 200.000 € aufgenommen. Dieser Kredit wird allerdings nur zu 90% ausgezahlt und hat eine Laufzeit von fünf Jahren. Die Rückzahlung erfolgt am Ende der Laufzeit.

8 P   a.) Welche Möglichkeiten gibt es den Sachverhalt in Handels- und Steuerbilanz zu behandeln?

4 P   b.) Welche bilanziellen Auswirkungen haben die beiden Möglichkeiten auf das aktuelle Jahr?

2 P   c.) Wie ist das Disagio in der Bilanz der GmbH zu behandeln, wenn die Darlehenstilgung in jährlichen Raten von 40.000 € erfolgt?

14 P

3.8.9 Aufgabe 9 Extraaufgabe ohne Punkte

Bitte vervollständigen Sie das nachfolgende Schaubild!

	Abschreibungsmöglichkeiten von GWG und Sammelposten		
	Abschreibung § 6 Abs. 1 Nr. 1 / § 7 EStG	GWG § 6 Abs. 2 EStG	Sammelposten § 6 Abs. 2a EStG
0-150 €			
150,01-410,00 €			
410,01-1.000 €			
> 1.000,01 €			

3.9 Lösung zur Übungsklausur Kapitel 3

	Punkteverteilung:			Punkte	Erzielte Punkte
Aufgabe 1			a	4	
			b	4	
			c	3	
				11	
Aufgabe 2				**4**	
Aufgabe 3			a	6	
			b	6	
			c	6	
				18	
Aufgabe 4				**4**	
Aufgabe 5			a	5	
			b	5	
			c	5	
				15	
Aufgabe 6			a	12	
			b	12	
				24	
Aufgabe 7				**10**	
Aufgabe 8			a	8	
			b	4	
			c	2	
				14	
				100 P	

			Ihre Note:
Notenschlüssel	100 – 92 Punkte	**Sehr gut**	
	Unter 92 – 81 Punkte	**Gut**	
	Unter 81 – 67 Punkte	**Befriedigend**	
	Unter 67 – 50 Punkte	**Ausreichend**	
	Unter 50 – 30 Punkte	**Mangelhaft**	
	Unter 30 – 0 Punkte	**Ungenügend**	

3.9.1   Aufgabe 1: Abnutzbare Sachanlagen

Hinweis: Die Behandlung in der Steuerbilanz erfolgt rechnerisch identisch.

a)   **Maschine**

Ausweis: § 266 Abs. 2 A II HGB; Maschine, abnutzbares Anlagevermögen, Anlagevermögen § 247 Abs. 2 HGB

Ansatz: Aktivierungspflicht § 246 HGB bzw. § 5 Abs. 1 EStG

Bewertung: Anschaffungskosten abzüglich der Absetzung für Abnutzung, § 255 HGB und § 253 HGB bzw. § 6 und § 7 EStG

Berechnung:

01.03.01		Anschaffungskosten	100.000 €
./. Abschreibung	(pro rata temporis)	100.000 € / 8 x 10/12	10.417 €
31.12.01			**89.583 €**

b)   **Halle**

Ausweis: § 266 Abs. 2 A II HGB; Halle, abnutzbares Anlagevermögen, Anlagevermögen § 247 Abs. 2 HGB

Ansatz: Aktivierungspflicht § 246 HGB bzw. § 5 Abs. 1 EStG

Bewertung: Anschaffungskosten abzüglich der Absetzung für Abnutzung, § 255 HGB bzw. § 6 und § 7 EStG

Berechnung des Zuschusses als Betriebseinnahme:

15.01.01		Anschaffungskosten	180.000 €
./. Abschreibung	(pro rata temporis)	180.000 € / 14	12.857 €
31.12.01			**167.143 €**

Berechnung des Zuschusses als erfolgsneutrale Verrechnung:

15.01.01		Anschaffungskosten	180.000 €
./. Zuschuss			45.000 €
			135.000 €
./. Abschreibung	(pro rata temporis)	135.000 € / 14	9.643 €
31.12.01			**125.357 €**

c) **Kopierer**

Ausweis: § 266 Abs. 2 A II HGB; abnutzbares Anlagevermögen, Anlagevermögen § 247 Abs. 2 HGB

Ansatz: Aktivierungspflicht § 246 HGB bzw. § 5 Abs. 1 EStG

Bewertung: Anschaffungskosten abzüglich der Absetzung für Abnutzung oder Sofortabschreibung oder Einstellung in den Sammelposten, § 255 HGB bzw. § 6 und § 7 EStG

Berechnung der Kopierer mit **linearer Abschreibung § 7 Abs. 1 EStG:**

01.05.01		Anschaffungskosten	400 €
./. Abschreibung	(pro rata temporis)	400 € / 3 Jahre x 8/12	89 €
31.12.01			**311 €**

Berechnung der Kopierer mit **Sofortabschreibung § 6 EStG:**

01.05.01	Anschaffungskosten	400 €
./. Abschreibung	100%	400 €
31.12.01		**0 €**

Berechnung der Kopierer mit **Einstellung in den Sammelposten § 6 Abs. 2a EStG:**

01.05.01	Anschaffungskosten	400 €
./. Abschreibung	400 € / 5 Jahre	80 €
31.12.01		**320 €**

Ab dem VZ 2008 wird für abnutzbare bewegliche Wirtschaftsgüter des Anlagevermögens, die einer selbstständigen Nutzung fähig sind, wenn deren AK oder HK netto zwischen 150 € und 1.000 € betragen, im Wirtschaftsjahr der Anschaffung, Herstellung oder Einlage ein Sammelposten gebildet gem. § 6 Abs. 2a EStG. Dieser ist im Wirtschaftsjahr und in den folgenden 4 Wirtschaftsjahren mit je 1/5 bzw. 20% aufzulösen. Ein Ausscheiden des Wirtschaftsguts aus dem Betriebsvermögen vermindert den Sammelposten nicht.

3.9.2 Aufgabe 2: Umlaufvermögen Niederstwertprinzip

1 P   Im vorliegenden Sachverhalt geht es um das **Umlaufvermögen/Vorräte** gem. § 266 Abs. 2 HGB.

1 P

1 P

1 P

1 P   Das **Strenge Niederstwertprinzip** gem. § 253 Abs. 4 HGB besagt, dass bei Vermögensgegenständen des **Umlaufvermögens** auch bei nicht andauernder Wertminderung der niedrigste Wert angesetzt werden muss. Grundsätzlich ist aus der Sicht des handelsrechtlichen Vorsichtsprinzips der Kaufmann angehalten, sich auf der Aktivseite nicht reicher und auf der Passivseite nicht ärmer zu rechnen. In der Handelsbilanz zum 31.12.01 hat daher der **Ausweis zu 0,30 €** zu erfolgen.

4P

3.9.3 Aufgabe 3: Maßgeblichkeitsprinzip § 5 EStG

		HGB	ESTG
3 P	1. Originärer Firmenwert: 100.000 €	Aktivierungsverbot, da kein Vermögensgegenstand § 248 Abs. 2 HGB Bewertung: 0 €	Aktivierungsverbot § 5 Abs. 2 EStG Bewertung: 0 €
3 P	2. Flüssige Mittel: 200.000 €	Aktivierungspflicht § 246 HGB Bewertung: 200.000 €	Aktivierungspflicht § 5 Abs. 1 Satz 1 Maßgeblichkeitsprinzip Bewertung: 200.000 €
3 P	3. Disagio: 300.000 €	Aktivierungswahlrecht § 250 Abs. 3 HGB Bewertung: ggf. 300.000 €	Aktivierungspflicht § 5 Abs. 1 Satz 1 Maßgeblichkeitsprinzip § 5 Abs. 5 EStG Bewertung: ggf. 300.000 €

3 P	4. Aktive latente Steuern: 400.000 €	Aktivierungswahlrecht § 274 Abs. 1 HGB Bewertung: 0,00 € ggf. 400.000 €	Aktivierungsverbot, da kein Wirtschaftsgut Bewertung: 0 €
3 P	5. Rückstellungen für ungewisse Verbindlichkeiten: 500.000 €	Passivierungspflicht § 249 Abs. 1 HGB Bewertung: 500.000 € ggf. abzuzinsen	Passivierungspflicht § 5 Abs. 1 Satz 1 Maßgeblichkeitsprinzip Bewertung: 500.000 €
3 P	6. Rückstellungen für drohende Verluste: 600.000 €	Passivierungspflicht § 249 Abs. 1 HGB Bewertung: 600.000 € ggf. abzuzinsen	Passivierungsverbot § 5 Abs. 4a EStG Bewertung: 0 €
18 P			

3.9.4 Aufgabe 4: Stille Reserven

1 P Unter dem Begriff der „stillen Reserven" versteht man die aus der Bilanz nicht erkennbare Differenz zwischen dem Buchwert und einem über dem Buchwert liegenden Marktwert.

1 P

1 P Stille Reserven entstehen zum einen als Folge der **Unterbewertung der Aktiva** durch Anwendung des Niederstwertprinzips bei der Bewertung der Aktiva (Gläubigerschutz). Zum anderen durch eine **Überbewertung der Passiva**.

1 P **Beispiel:** Zu der Bildung von stillen Reserven kann es kommen, wenn die bilanziellen Abschreibungen eines Gebäudes nicht dem tatsächlichen Werteverzehr eines Vermögensgegenstandes/Wirtschaftsgut entsprechen und dieses im Falle einer tatsächlichen Veräußerung einen höheren Preis erzielen würde, als den Buchwert laut Bilanz.

4 P

3.9.5   Aufgabe 5: Herstellungskosten

Unter- und Obergrenze der Herstellungskosten in der Handels- und Steuerbilanz		
Kostenkategorie	**Handelsbilanz**	**Steuerbilanz**
Materialeinzelkosten		
+ Fertigungseinzelkosten		
+ Sondereinzelkosten der Fertigung		
+ Materialgemeinkosten	Gebot	Gebot
+ Fertigungsgemeinkosten		
+ Werteverzehr des Anlagevermögens		
Untergrenze der Herstellungskosten		

5 P   a.) Für die Darstellung des richtigen Schemas bis zur Wertuntergrenze

b.) § 255 Abs. 2 Satz 1-3 HGB

1 P   Materialeinzelkosten sind z.B. Rohstoffe, Hilfsstoffe

1 P   Fertigungseinzelkosten sind z.B. Löhne, Lohnnebenkosten

1 P   Materialgemeinkosten sind z.B. Lagerhaltung, Materialprüfung

1 P   Allgemeine Verwaltungskosten sind z.B. Einkauf, Wareneingang, Rechnungswesen

1 P   Steuern vom Gewinn sind z.B. ESt, KSt

c.)	**HGB**	**ESTG**
1. Abschreibung des Anlagevermögens	Pflicht	Pflicht
2. Allgemeine Verwaltungskosten	Wahlrecht	Wahlrecht
3. Fremdkapitalkosten	Wahlrecht	Wahlrecht
4. Abschreibung auf Entwicklungskosten	Pflicht	Entfällt
5. Vertriebskosten	Verbot	Verbot

1 P (row 1)
1 P (row 2)
1 P (row 3)
1 P (row 4)
1 P (row 5)

5 P

3.9.6 Aufgabe 6: Organschaft

1 P Durch die Organschaft werden rechtlich selbständige Unternehmen, welche eine Beteiligung in Form einer Organschaft eingehen, steuerlich als eine Einheit betrachtet. Ziel ist die wirtschaftliche Verbundenheit bei der Besteuerung zu berücksichtigen § 14 – 17 KStG.

1 P 1. **Organgesellschaft:** können nur Kapitalgesellschaften sein, z.B. SE (Europäische Aktiengesellschaft), AG, GmbH und KGaA. Der Sitz und die Geschäftsleitung der Organgesellschaft müssen im Inland sein.

3 P 2. **Organträger:** kann eine unbeschränkt steuerpflichtige natürliche Person, eine nicht steuerbefreite Körperschaft, Personenvereinigung oder Personengesellschaft sein. Ferner kann auch eine inländische, im Handelsregister eingetragene Zweigniederlassung eines ausländischen gewerblichen Unternehmens Organträger sein. Anders als bei der Organgesellschaft muss der Organträger gewerblich tätig sein, d. h. es müssen die Voraussetzungen für einen Gewerbebetrieb vorliegen. Bei Kapitalgesellschaften ist dies immer der Fall (§ 8 Abs.2 KStG). Personengesellschaften (an denen natürliche Personen beteiligt sein können) können nur Organträger sein, wenn sie originär gewerblich i.S.d. § 15 Abs.1 Satz 1 Nr.1 EStG tätig sind und selbst die Anteile an der Kapitalgesellschaft halten, § 14 Abs.1 Satz 1 Nr. 2 Satz 2 und 3 KStG.

1 P 3. **Finanzielle Eingliederung:** Der Organträger (Ot) ist an der Organgesellschaft (OG) gem. § 271 Abs. 1 HGB beteiligt und verfügt über die Mehrheit der Stimmrechte gem. § 14 Abs. 1 Satz 1 Nr. 1 KStG.

1 P 4. **Ergebnisabführungsvertrag:** Alle Gewinne der Organgesellschaft werden an den Organträger abgeführt und Verluste der Organgesellschaft werden durch den Organträger übernommen. Die Mindestlaufzeit des Ergebnisabführungsvertrages muss fünf Jahre betragen gem. § 14 Abs. 1 Satz 1 Nr. 3 KStG.

1 P **Folgen/Wirkung der Organschaft:** Zunächst wird das körperschaftsteuerliche Einkommen der Organgesellschaften einzeln ermittelt. gem. § 15 KStG.

1 P Durch die KSt Organschaft besteht die Möglichkeit, Verluste auf die Muttergesellschaft zu verrechnen und damit steuermindernd nutzbar zu machen. Die Organgesellschaft hat zur Folge, dass dem OT das Einkommen der untergeordneten OG zugeordnet wird.

1 P Bei dem zuzurechnenden Einkommen kann es sich sowohl um einen Gewinn als auch um einen Verlust handeln. Daher können Gewinn und Verluste verrechnet werden.

1 P   Ein Verlustausgleich zwischen Schwesterngesellschaften geschieht über die Organschaft durch die Zusammenrechnung von Gewinnen und Verlusten beim OT.

1 P   Die Organgesellschaft hat zur Folge, dass dem OT das Einkommen der untergeordneten OG zugeordnet wird. Die Steuerbelastung kann im vorliegenden Fall gesenkt werden, was unten rechnerisch belegt wird.

b.)

	Ohne Organschaft		**Mit Organschaft**	
	KSt-Gewinn	KSt-Steuer		KSt Steuer
Mutter	500.000 € x 0,15	75.000 €	500.000 €	
Tochter 1	500.000 € x 0,15	75.000 €	500.000 €	
Tochter 2			./. 100.000 €	
Summe:		**150.000 €**	**900.000 € x 0,15**	**135.000 €**

24 P

3.9.7   Aufgabe 7: Rückstellung und Rücklage

3 P   Eine Rücklage ist ein nicht auf dem Kapitalkonto ausgewiesener Bestandteil des Eigenkapitals.

– offene Rücklagen: auf der Passivseite der Bilanz § 266 Abs. 2 HGB,

– stille Rücklagen: überhaupt nicht ausgewiesene, die durch Bewertung von Posten der Aktivseite am Markt (Immobilienwert nach Abschreibung) entstehen.

2 P   **Beispiele:** Gewinnrücklagen, gesetzliche Rücklagen, Rücklage für Ersatzbeschaffung R 6.6 EStR.

3 P   Eine Rückstellung ist ein Posten auf der Passivseite § 266 Abs. 3 HGB i.V.m. § 249 HGB, die für Aufwendungen gebildet werden, die ins Abschlussjahr gehören, aber noch ungewiss hinsichtlich auftreten/der Höhe sind (z.B. fehlende Rechnung, fehlender Gerichtsentscheid, gegebene Garantien). Wenn feststeht wie viel zu zahlen ist bzw. dass keine Verpflichtung eintritt, ist die Rückstellung aufzulösen. In der Wirkung sichert eine Rückstellung das Unternehmen gegen einen Aufwand ab.

2 P   **Beispiele** für Rückstellungen sind: Pensionsrückstellungen, Steuerrückstellungen, Rückstellung für Abschluss- und Prüfungskosten.

10 P

3.9.8 Aufgabe 8: Rechnungsabgrenzungsposten

Bilanzposition (Ausweis): § 266 Abs. 2; Ansatz HB: § 250 Abs. 3 HGB

2 P   **Bewertung HB:** Wahlrecht den Unterschiedsbetrag zwischen der Rückzahlung und der Auszahlung einer Verbindlichkeit als ARAP zu aktivieren oder den Aufwand sofort zu verbuchen.

2 P   **Ansatz STB:** In der Steuerbilanz hat die GmbH kein Wahlrecht zur Behandlung des Disagios. Nach § 5 Abs. 5 Satz 1 Nr. 1 EStG ist das Disagio zwingend als aktiver Rechnungsabgrenzungsposten in der Steuerbilanz anzusetzen und über die Laufzeit des Darlehens linear aufzulösen.

2 P   Sofortige Aufwandsverbuchung: Gewinnauswirkung: 20.000 €

2 P   ARAP: Gewinnauswirkung: 4.000 € pro Jahr

2 P   Erfolgt in der Handels- und Steuerbilanz eine einheitliche Behandlung des Disagios im Sinne der zweiten Möglichkeit, so ergeben sich keine Besonderheiten in den Folgejahren, da in beiden Bilanzen gleichhoher Aufwand verrechnet wird. Wird dagegen das Disagio in der Handelsbilanz direkt im Jahr der Kreditaufnahme als Aufwand verbucht, während in der Steuerbilanz Aktivierungspflicht besteht, so ist der handelsrechtliche Gewinn geringer als das steuerliche Ergebnis.

2 P   Bei einer solchen zeitlichen Differenz (timing differences) gleicht sich der Steueraufwand im Laufe der Zeit aus und muss im Anhang gesondert gem. § 279 Abs. 2 Satz 2 HGB in Höhe des Disagios x Gesamtsteuerbelastung (ca. 30% = KSt 15% + Solid 5,5% + GewSt 15%) ausgewiesen werden.

2 P   Das Disagio hat einen zinsähnlichen Charakter und kann daher digital oder degressiv aufgelöst werden, was der wirtschaftlichen Sichtweise einer periodengerechten Gewinnermittlung entspricht.

   Extrapunkt: Die Zinsstaffelformel errechnet sich wie folgt: Summe der Zahlungsreihen: 15. Jahr 1: 20.000 € x 5/15 = 6.667 €.

14 P

3.9.9 Aufgabe 9 Abschreibung § 6 Abs. 2 und 2a EStG

	Abschreibungsmöglichkeiten von GWG und Sammelposten		
	Abschreibung § 6 Abs. 1 Nr. 1 / § 7 EStG	GWG § 6 Abs. 2 EStG	Sammelposten § 6 Abs. 2a EStG
0-150 €	x	x	
150,01-410,00 €	x	x	x
410,01-1.000 €	x		x
> 1.000,01 €	x		

4 Internationale Rechnungslegungsvorschriften

Abbildung 4.1 Kapitelübersicht: Kapitel 4

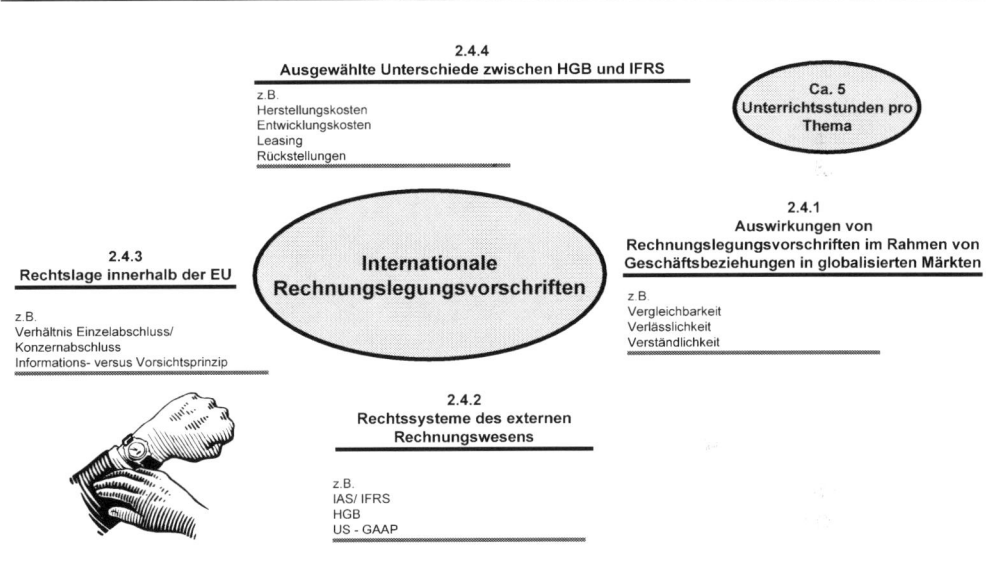

4.1 Kernfragen des Kapitels 4

1. Welche Bedeutung haben Rechnungslegungsvorschriften für Unternehmen?

2. Welche Rechtssysteme gibt es im externen Rechnungswesen?

3. Welche Ziele werden mit internationalem Standard verfolgt?

4. Wie ist das Verhältnis zwischen Einzelabschluss und Konzernabschluss?

5. Welche Bereiche aus der internationalen Rechnungslegung sind wichtig?

6. Welche Unterschiede gibt es zwischen HGB und IFRS?

7. Wie wird das Kapitel in der Klausur abgeprüft?

4.2   Wissenstest zu Kapitel 4

Können Sie die nachfolgenden Fachbegriffe den Schwerpunkten des 4. Kapitels zuordnen? Lösungshinweis im Kapitel 5 in der „Lerncheckliste".

Abbildung 4.2   Wissenstest Kapitel 4

2.4.1. Auswirkung von Rechnungslegungsvorschriften im Rahmen von Geschäftsbeziehungen in globalisierten Märkten

US – GAAP / HGB / IAS / IFRS
Vergleichbarkeit/ Verlässlichkeit/ Verständlichkeit
Rückstellungen IAS 37 financial liabilities

2.4.2. Rechtssysteme des externen Rechnungswesens

Einzelabschluss / Konzernabschluss
Herstellungskosten IAS 2 costs of conversion

2.4.3. Rechtslage innerhalb der EU

Vorräte IAS 2 - inventories
Informations versus Vorsichtsprinzip

2.4.4. Ausgewählte Unterschiede zwischen HGB und IFRS

Standards, Framewok, Interpretations
EU Verordnung Nr. 1606 / 2002

Rahmenplan Nr. 2.4.1. Auswirkungen von Rechnungslegungsvorschriften

4.3   Auswirkungen von Rechnungslegungsvorschriften im Rahmen von Geschäftsbeziehungen in globalisierten Märkten

Der Begriff „globalisierte Märkte" meint die Globalisierung der Güter- und Kapitalmärkte, die deutsche Unternehmen zwingen Geschäftspartner und Investitionsmöglichkeiten **weltweit** zu suchen.

Unternehmen wie z.B. global agierende Aktiengesellschaften brauchen Kapital für ihre wirtschaftliche Tätigkeit. Ein sinnvolles Finanzierungsmittel ist die Eigenfinanzierung, da Aktien eine unbefristete Laufzeit haben und Verzinsungen an Börsen gehandelt werden können. Um Anleger und Investoren mit effizienten, aussagefähigen Informationen über das Unternehmen weltweit zu versorgen, ist eine einheitliche Rechnungslegungsvorschrift wie z.B. IFRS zeit- und kostensparend. Kapitalmarktorientierte Unternehmen (§ 264d HGB) sind in der EU dazu verpflichtet, ihre Abschlüsse nach internationalen Rechnungslegungsvorschriften anzuwenden, um den Anleger zu schützen, aber auch das Vertrauen in die Finanzmärkte zu erhalten und Abschlüsse transparent und vergleichbar zu machen (siehe auch den Wortlaut der EU-Verordnung 1606/2002).

? Frage: Nennen Sie drei wichtige Gründe für die Anwendung der internationalen Rechnungslegung! (6 P)

! Antwort: Gründe für eine internationale Rechnungslegung können sowohl die direkte Vergleichbarkeit von Unternehmenserfolgen sein wie auch der Vergleich einzelner Erfolgskomponenten miteinander sowie die Verlässlichkeit.

Tipp: Markieren Sie die drei Begriffe: Vergleichbarkeit, Verlässlichkeit und Verständlichkeit in Ihrem Rahmenkonzept.

Abbildung 4.3   Anwendung der internationalen Rechnungslegungsvorschriften

---

Gründe für internationale Rechnungslegungsvorschriften: 3 x V – Merkregel!		
V- ergleichbarkeit	V- erlässlichkeit	V- erständlichkeit

Für Geschäftsjahre ab 2005 sind die International Financial Reporting Standards (IFRS) für Konzernabschlüsse kapitalmarktorientierter Unternehmen in Europa ansässiger Unternehmen anzuwenden. Damit sind die IFRS für in der Bundesrepublik Deutschland ansässige kapitalmarktorientierte Unternehmen derzeit das relevante internationale Rechnungslegungssystem. Der Begriff des kapitalmarktorientieren Unternehmens wird durch das Gesetz zur Modernisierung des Bilanzrechts (BilMoG), das am 29.05.2009 in Kraft getreten ist, erstmals im deutschen Handelsgesetzbuch definiert.

Die Zunahme der weltweiten Wirtschaftsbeziehungen machte es notwendig, die Unternehmensabschlüsse nach einheitlichen Kriterien zu erstellen. Die internationalen Güter- und Kapitalströme führten dazu, dass die Unternehmen neben den nationalen Kapitalmärkten auch die Kapitalmärkte anderer Staaten in Anspruch nahmen, was durch unterschiedliche Börsenzulassungskriterien erschwert wurde.

Das nachfolgende Kapitel beleuchtet hierzu einige Schwerpunkte.

Rahmenplan Nr. 2.4.2. Rechtssysteme des externen Rechnungswesens

4.4   Rechtssysteme des externen Rechnungswesens

Abbildung 4.4   Überblick über die Rechtssysteme des externen Rechnungswesens

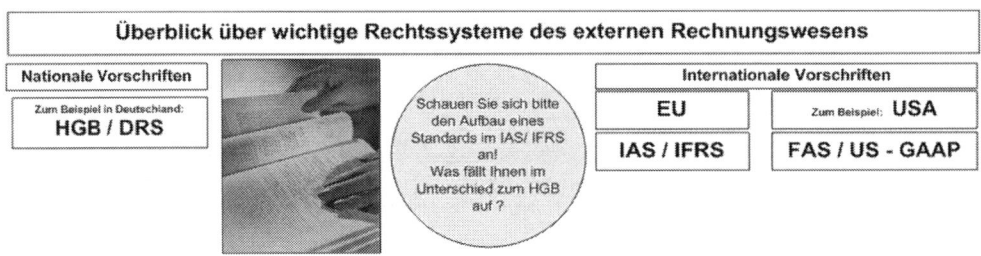

Der Begriff „externes Rechnungswesen" ist synonym zum Begriff „Rechnungslegung" zu verwenden. Inhaltlich geht es im weitesten Sinne um das Ziel die wirtschaftliche Lage des Unternehmens in Form eines Abschlusses basierend auf der Grundlage der Geschäftsbuchhaltung zu erstellen und für Externe zugänglich zu machen.

Neben den nationalen Vorschriften (HGB, DRS[54]) existieren auch internationale Vorschriften wie das FAS[55]/US – GAAP[56], das als Regelwerk für Vergleichbarkeit, Verlässlichkeit und Verständlichkeit der Abschlüsse sorgt.

Klausurrelevant ist die Kenntnis der Existenz der verschiedenen Rechnungslegungsstandards aber im Speziellen die Beschäftigung mit dem IAS/IFRS.

---

[54] DRS = Deutscher Rechnungslegungsstandard

[55] FAS = Financial Accounting Standard

[56] US - GAAP = United States Generally Accepted Accounting Principles

Abbildung 4.5 Internationale Rechnungslegung IAS/IFRS

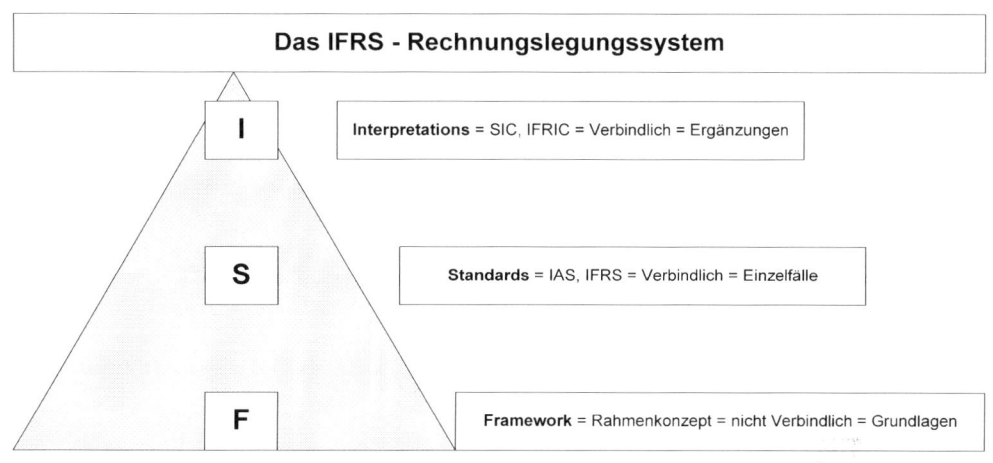

Die weiter oben beschriebene EU Verordnung 1606/2002 sowie das Rahmenkonzept oder engl. Framework genannt, ist in den meisten klausurverwendeten Textausgaben IAS/IFRS ein fester Baustein und nachlesbar. Ein schneller Durchgang dieser wesentlichen Texte mit einem Markierungsstift bringt Ihnen die internationale Rechnungslegung näher. Wichtig ist es, die Unterschiede zwischen Rahmenkonzept/Framework sowie Standards und Interpretations zu kennen.

Aktuell gibt es 37 Standards, davon 29 IAS und 8 IFRS.

Übung: Nehmen Sie sich bitte das Inhaltsverzeichnis Ihrer IAS/IFRS Ausgabe und füllen Sie die nachstehenden Lücken aus! Das Ergebnis ist ein Überblick über die wesentlichen IAS/IFRS-Bereiche, die für Sie klausurrelevant sein könnten.

IAS 1	Darstellung des Abschlusses
IAS 2	
IAS 8	
IAS 11	
IAS 16	
IAS 17	
IAS 27	
IAS 33	
IAS 37	

| IAS 38 | |
| IFRS 8 | |

Abbildung 4.6   Ordnen Sie bitte die Basisbegriffe richtig zu!

Interpretations	IAS und IFRS	allgemein
Standards	IASB Rahmenkonzept	speziell
Framework	SIC und IFRIC	spezieller

Rahmenplan Nr. 2.4.3. Rechtslage innerhalb der EU

4.5   Rechtslage innerhalb der EU

Aufgrund der EU Verordnung vom 19.07.2002 haben (Pflicht) alle deutschen kapitalmarktorientierten (= börsennotierten) Unternehmen ihren Konzernabschluss nach den IFRS aufzustellen. Durch das Bilanzrechtsmodernisierungsgesetz wurde das HGB in Deutschland an die IFRS zwar angenähert, aber alle nicht kapitalmarktorientierten Unternehmen haben nach § 315a Abs. 3 HGB ein Wahlrecht zwischen HGB- und den IFRS-Vorschriften.

Abbildung 4.7   Wahl und Pflicht zur Anwendung der HGB/IFRS Vorschriften

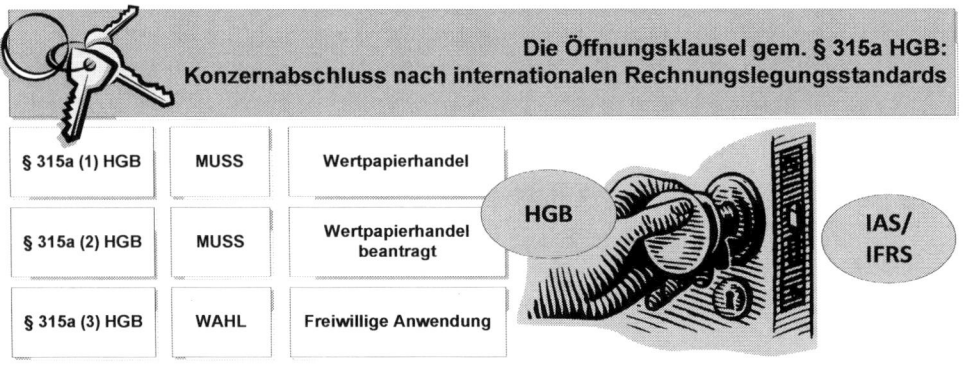

Die Öffnungsklausel gem. § 315a HGB:
Konzernabschluss nach internationalen Rechnungslegungsstandards

§ 315a (1) HGB	MUSS	Wertpapierhandel
§ 315a (2) HGB	MUSS	Wertpapierhandel beantragt
§ 315a (3) HGB	WAHL	Freiwillige Anwendung

HGB

IAS/ IFRS

Der HGB Einzelabschluss verfolgt andere Ziele als der HGB Konzernabschluss oder der IFRS Abschluss. Hat der IFRS und der HGB Konzernabschluss das Ziel den Jahresabschluss als Informationsvermittlung der Vermögen, Finanzen und Ertragslage (= wirtschaftliche Lage) zum Ziel (IFRS 1.9), so steht beim HGB-Einzelabschluss der Gläubigerschutz samt Vorsichtigkeitsprinzip mit Bestimmungszweck der Ausschüttungsbemessung, Dokumentation und Information.

❓ Frage: Kennen Sie die Bestandteile der Rechnungslegung nach den verschiedenen Rechnungslegungssystemen?

Abbildung 4.8   Die Bestandteile der Rechnungslegung nach HGB/IFRS und EStG

	Bilanz	GuV	Anhang	Lage- bericht	EK- spiegel	Kapital- flussrechnung	Segment- bericht	Ergebnis je Aktie
HGB (börsennotiert) Einzelabschluss	X	X	X	X	X	X	X[57]	
EStG-Abschluss	X	X						
IFRS (börsennotiert) Konzernabschluss	X	X	X	X	X	X	X	X
IFRS (börsennotiert) Einzelabschluss	X	X	X		X	X	X	X

Rahmenplan Nr. 2.4.4. Ausgewählte Unterschiede zwischen HGB und IFRS

4.6   Ausgewählte Unterschiede zwischen HGB und IAS/ IFRS

Abbildung 4.9   Übersicht über die wesentlichen klausurrelevanten Bereiche

Ausgewählte klausurrelevante Bereiche aus der IFRS Rechnungslegung

Anschaffungskosten Cost of purchase	Herstellungskosten Costs of conversion	Entwicklungskosten Development costs	Vorräte inventories	Leasing leases	Rückstellungen Non financial liabilities
IAS 2.10 ff/ IAS 16.16 ff / IAS 38.27 ff	IAS 2	IAS 16	IAS 2	IAS 17	IAS 37

---

[57] Siehe auch § 288 Satz 1 Nr. 4 HGB.

4.6.1   Anschaffungskosten – costs of purchase

Nachfolgend die Übersicht der Behandlung der Anschaffungskosten in der Handelsbilanz nach den Rechnungslegungssystemen HGB, EStG und IAS/IFRS.

Abbildung 4.10   Anschaffungskosten in HGB/EStG und IFRS

	HGB	EStG	IAS/IFRS
Anschaffungskosten (costs of purchase)	Anschaffungskostenprinzip § 253 Abs. 1 HGB/ § 255 HGB	Maßgeblichkeitsprinzip § 5 Abs. 1 Satz 1 EStG	Finanzierungskosten (borrowing costs) sind gem. IAS 23.08 dem Grunde nach (Ansatzgebot) Bestandteil der Anschaffungskosten/ Herstellungskosten.

Abbildung 4.11   Anschaffungskosten nach IFRS

Anschaffungskosten = costs of purchase	
Anschaffungspreis	Purchase price
+ Nebenkosten (direkt zuordenbar)	Incidental charges (directly attributable)
./. Anschaffungspreisminderungen	Reduction
= Anschaffungskosten	Costs of purchase

4.6.2   Herstellungskosten – costs of conversion

Nachfolgend die Übersicht der Behandlung der Herstellungskosten in der Handelsbilanz nach den Rechnungslegungssystemen HGB, EStG und IAS/IFRS.

Abbildung 4.12   Herstellungskosten nach HGB/EStG und IFRS

Unter- und Obergrenze der Herstellungskosten in der Handels-; Steuerbilanz und IFRS - Bilanz			
Bestandteile der Herstellungskosten	**HGB**	**ESTG**	**IAS/ IFRS**
Materialeinzelkosten			
+ Fertigungseinzelkosten			
+ Sondereinzelkosten der Fertigung	Gebot	Gebot	Gebot
+ Materialgemeinkosten			
+ Fertigungsgemeinkosten			
+ Werteverzehr des Anlagevermögens			
Untergrenze der Herstellungskosten			
+ allgemeine Verwaltungs(gemein)kosten			**Verbot**
+ Aufwendungen für soziale Einrichtungen			
+ Aufwendungen für freiwillige soziale Leistungen	Wahlrecht	Wahlrecht	Wahlrecht
+ Aufwendungen für die betriebliche Altersversorgung			
+ Fremdkapitalzinsen (bedingtes Wahlrecht)			Pflicht
Obergrenze der Herstellungskosten			
Sondereinzelkosten des Vertriebs			
Vertriebsgemeinkosten	**Verbot**	**Verbot**	**Verbot**
Forschungskosten			

Hinweis zu der grauen Markierung: (Stand 1.9.2013 und auch 2016):

Es gilt für die handelsrechtlichen Wahlrechte ein steuerliches Aktivierungsgebot R 6.3 EStR für Wirtschaftsgüter, mit deren Herstellung nach Veröffentlichung der EStÄR 2012 im BStBl begonnen wurde (25.3.2013). Ab dem Jahr 2013 existiert dadurch eine neue steuerliche Untergrenze, die künftig höher liegt und zu Differenzen zwischen Handels- und Steuerbilanz führen.

❓ Frage: Dürfen oder müssen Fremdkapitalkosten bei den Herstellungskosten (costs of conversion) nach IFRS und HGB einbezogen werden oder nicht? Begründen Sie!

❶ Antwort: Fremdkapitalkosten müssen (Gebot) gem. IAS 23.11 einbezogen werden. Gem. § 255 Abs. 3 HGB gehören Zinsen für Fremdkapital grundsätzlich nicht zu den Herstellungskosten. Ausnahmsweise dürfen sie nur einbezogen werden, soweit sie zur Herstellungsfinanzierung notwendig sind und auf den Herstellungszeitraum entfallen.

4.6.3   Immaterielle Vermögensgegenstände – intangible assets IAS 38

Nachfolgend die Übersicht der Behandlung der immateriellen Vermögensgegenstände in der Handelsbilanz nach den Rechnungslegungssystemen HGB, EStG und IAS/IFRS.

Abbildung 4.13   Immaterielle Vermögensgegenstände in HGB/EStG und IFRS

	HGB	EStG	IAS/ IFRS
Immaterielles Vermögen (intangible assets)	Umfang: § 266 Abs. 2 A I	Umfang: R 5.5 Abs. 1 Satz 1 EStR	Definition: IAS 38.8 – 38.17 und IAS 38.21 – 38.23 Ausweis: IAS 1.54 Buchstabe c.)
Entwicklungskosten	Aktivierungswahlrecht § 248 Abs. 2 HGB	Aktivierungsverbot § 5 Abs. 1 Satz 1 EStG § 5 Abs. 2 EStG	Aktivierungspflicht IAS 38.51 ff
Forschungskosten	Aktivierungsverbot § 255 Abs. 2 Satz 4 HGB		Aktivierungsverbot IAS 38.54
Originärer (selbsterstellter) Firmenwert (internally generated goodwill)	Aktivierungsverbot, weil kein Vermögensgegenstand § 248 Abs. 2 HGB	Aktivierungsverbot § 5 Abs. 2 EStG	Aktivierungsverbot IAS 38.48
Derivativer (entgeltlich erworbener) Firmenwert (acquired goodwill)	Aktivierungspflicht § 246 Abs. 1 Satz 1 und Satz 4 HGB	Aktivierungspflicht	Aktivierungspflicht IFRS 3.51

4.6.3.1   Forschung und Entwicklung – research and development costs

❸ Beispiel: Die Betriebswirt AG (börsennotiert) beschäftigt sich vorrangig mit der Entwicklung eines Steuervereinfachungstools. Das Tool dient dem eigenen Unternehmen. Im Jahre 01 fallen Forschungskosten für das Projekt in Höhe von 200.000 € an. Nach abgeschlossener Testphase fallen ab dem 01.01.02 Entwicklungsaufwendungen von insgesamt 100.000 € an. Die voraussichtliche Nutzdauer des Tools beläuft sich auf fünf Jahre. Der wirtschaftliche Nutzen ist gegeben.

Abbildung 4.14   research and development costs

Forschung und Entwicklung Beispiel zu HGB/ EStG und IAS/ IFRS

Betriebswirt AG

200.000 €   100.000 €

Forschungskosten   Entwicklungskosten

Anlagevermögen

Abschreibeung

Eigene Nutzung im Unternehmen

Nutzungsdauer 5 Jahre

❓ **Frage:** Wie ist handelsrechtlich und nach internationaler Rechnungslegung die Bilanzierung des immateriellen Vermögensgegenstandes/Wirtschaftsgutes zu beurteilen?

🔆 **Lösung:**

- **Ausweis HB:** § 266 Abs. 2 unter Anlagevermögen/ Immaterielle VGG

- **Ansatz:** Aktivierungswahlrecht § 248 Abs. 2 HGB

- **Bewertung:** Herstellungskosten abzüglich Abschreibung gem. § 255 Abs. 2 und 2a in Verbindung mit § 253 Abs. 3 HGB.

- **Ausweis IAS:** 1.54 Buchstabe c.)

- **Ansatz:** IAS 38.18 und IAS 38.21

- **Bewertung:** IAS 38.54ff.

In der Handelsbilanz besteht ein Aktivierungswahlrecht für Entwicklungskosten gem. § 248 Abs. 2 HGB. In der IFRS-Bilanz sind die Entwicklungskosten (development costs) gem. IAS 38.52 bzw. IAS 38.57 aktivierungspflichtig und planmäßig mit 100.000 € / 5 Jahre = 20.000 € im Jahre 02 abzuschreiben. Der Wert am 31.12.02 beträgt in der Bilanz demnach 80.000 €. Forschungskosten unterliegen – wie auch in der Handelsbilanz nach HGB – dem Aktivierungsverbot IAS 38.52 bzw. IAS 38.54.

4.6.4   Sachanlagen – property, plant and equipment IAS 16[58]

Nachfolgend die Übersicht der Behandlung der Sachanlagen in der Handelsbilanz nach den Rechnungslegungssystemen HGB, EStG und IAS/IFRS.

Abbildung 4.15   Sachanlagen in HGB/EStG und IFRS

	HGB	EStG	IAS/ IFRS
Sachanlagen (property, plant and equipment; investment property)	Definition: dauernd dem Betrieb dienend und materieller Vermögensgegenstand § 266 Abs. 2 A II; § 246, § 247 HGB	§ 5 Abs. 1 Satz 1 EStG R 6.1.Abs. 1 EStR	Definition: Nutzung > 1 Periode, materieller Vermögensgegenstand etc. gem. IAS 16.6 und 16.7

Beispiel: Ein Gebäude wurde für 500.000 € gekauft und besteht aus 20% Dach, 20% Fenster und 60% Mauerwerk.

Frage: Wie werden die Sachanlagen (property, plant and equipment) gem. IFRS abgeschrieben?

Abbildung 4.16   Bewertung von Sachanlagen Komponentenansatz IAS 16.43

Bewertung von Sachanlagen – property, plant and equipment

z.B. Gebäude   Anschaffungskosten (cost of purchase) oder
                      Herstellungskosten (cost of conversion)

Aufteilung der Sachanalagen (Gebäude) in Komponenten IAS 16.43:

	Sachanlage I = z.B. Dach	Sachanlage II = z.B. Fenster	Sachanlage III = z.B. Mauerwerk
100%	20%	20%	60%
500.000 €	100.000 €	100.000 €	300.000 €
Abschreibung ./.	(20 Jahre Nutzdauer) 5.000 €	(10 Jahre Nutzdauer) 10.000 €	(30 Jahre Nutzdauer) 10.000 €
Aktivierung	95.000 €	90.000 €	290.000 €

---

[58] Die EU hat 2015 Änderungen an IAS 16 und 38 hinsichtlich der Abschreibungsmethoden vorgenommen (Quelle: Verordnung (EU) 2015/2231 vom 2.12.2015). Die Änderungen gelten für das Geschäftsjahr ab 1.1.2016. Geänderte Vorschriften: IAS 16.62A; IAS 38.98 A; IAS 16.56c; IAS 38.92

❓ Frage: Erläutern Sie den "Komponentenansatz[59]" und nennen Sie ein Beispiel! (4 P)

❗ Antwort: Der Komponentenansatz (component approach) ist gem. IAS 16 eine Methode um Sachanlagen der Höhe nach (Bewertung) zu bilanzieren. Das Verfahren zerlegt den Vermögensgegenstand in physische Komponenten (Bestandteile) und bewertet jede anschließend für sich.

❯ Beispiel: Ein Unternehmen ordnet den erstmalig angesetzten Betrag einer Sachanlage ihren bedeutsamen Teilen zu und schreibt jedes dieser Teile getrennt ab. Es kann zum Beispiel angemessen sein, das Flugwerk und die Triebwerke eines Flugzeugs getrennt abzuschreiben, sei es als Eigentum oder aufgrund eines Finanzierungsleasings angesetzt (IAS 16.44).

4.6.5   Anschaffungskosten- und Neubewertungsmodell

❯ Beispiel: Die Betriebswirt AG kauft ein Grundstück zum Wert von 500.000 €. Am Bilanzstichtag ist der Wert auf 700.000 € angestiegen.

❓ Frage: Wie kann das Grundstück lt. IFRS bilanziert werden?

✪ Lösung: Sachanlagen sind gem. IAS 1.54 auszuweisen und bei der Erstbewertung mit den Anschaffungs- oder Herstellungskosten gem. IAS 16.15 anzusetzen.

Im obigen Beispiel ist die Zugangsbewertung 500.000 €. Bei der Folgebewertung besteht ein Bewertungswahlrecht gem. IAS 16.29 zwischen dem Anschaffungskosten- und Neubewertungsmodell. Bei der Wahl des Anschaffungskostenmodells sind die Anschaffungs- und Herstellungskosten um planmäßige Abschreibungen zu mindern. Bei der Wahl des Neubewertungsmodells sind in regelmäßigen Abständen Neubewertungen vorzunehmen. Das Grundstück ist nicht abnutzbar und kann daher nicht abgeschrieben werden. Mithin ist der Bilanzansatz (Folgebewertung) mit 700.000 € anzusetzen. Die Differenz ist gem. IAS 16.39 in einer Neubewertungsrücklage zu erfassen.

---

[59] Bitte beachten Sie, dass das Wort „Komponentenansatz" nicht im Standard vorkommt, aber in der Rechtsprechung verwendet wird.

4.6.6   Vorräte - inventories u.a. IAS 2

Nachfolgend die Übersicht der Behandlung der Vorräte in der Handelsbilanz nach den Rechnungslegungssystemen HGB, EStG und IAS/IFRS.

Abbildung 4.17   Bewertungsvereinfachungsverfahren nach HGB, EStG und IAS/IFRS

	Handelsbilanz	Steuerbilanz	IAS/ IFRS
Festwertverfahren/ Gruppenbewertung	§ 256 HGB;	§ 5 Abs. 1 EStG	Nicht zulässig
Sachanlagen, Rohstoffe, Hilfsstoffe, Betriebs-	§ 240 Abs. 3 HGB	R 5.4 EStR	
stoffe (Festwert)		H 6.8 (Festwert) EStH	
Durchschnittbewertung Gleichartige Vermö-gensgegenstände des Vorratsvermögens	Gewogener Durchschnitt (permanente (gleitende)/ periodische Durchschnittsbe-wertung) § 240 Abs. 4 HGB/R 6.8 Abs. 4 EStR/ IAS 2.25		
Verbrauchsfolgeverfahren (Annähernd)	§ 256 HGB Wert des	§ 6 Abs. 1 Nr. 2a EStG;	IAS 2.25 FIFO
Gleichartige Vermögensgegenstände des	Verbrauchsfolgeverfah-	LIFO	
Vorratsvermögens(Verbrauchsfiktion)	rens: LIFO oder FIFO		

❯ Beispiel: Die Betriebswirt AG stellt Rohstoffe her.

☼ Lösung:

Ausweis: Der Ausweis der Vorräte erfolgt gem. IAS 1.54 Buchstabe g i. V. m. IAS 1.60. Ansatz: Dem Grund nach besteht Ansatzpflicht gem. Framework 89.

Bewertung: Der Höhe nach ist der Wert primär nach den Anschaffungs- oder Herstellungskosten gem. IAS 2.10 zu ermitteln.

Wahlrechte: Abweichend vom Grundsatz der Einzelbewertung (z.B. IAS 2.23) ist auch das Verbrauchsfolgeverfahren FIFO möglich gem. IAS 2.25. Die Bestandsveränderungen sind – wie im HGB § 275 auch – nach Umsatzkosten oder Gesamtkostenverfahren erlaubt (IAS 1.99/IAS 1.102 ff).

4.6.7   Leasing - lease IAS 17 bzw. IFRS 16

Nachfolgend die Übersicht der Behandlung von Leasing in der Handelsbilanz nach den Rechnungslegungssystemen HGB, EStG und IAS/IFRS.

☼ Klausurhinweis: Bisher wurde Leasing noch in keiner Klausur abgefragt bzw. thematisiert. Bitte beachten Sie bzw. beobachten Sie den neuen Leasingstandard IFRS 16. Da dieser Standard erst ab 1.1.2019 anwendbar ist, wird er in dieser Auflage nicht thematisiert.

Abbildung 4.18 Leasing in HGB, EStG und IFRS

	HGB	EStG	IAS/ IFRS
Leasing (lease)	Zurechnung nach wirtschaftlicher Zugehörigkeit § 39 AO. Ansatzverbot bei Operatingleasing beim Leasingnehmer gem. BMF Schreiben vom 19.04.1971		Kriterien der Zuordnung gem. IAS 17.7 ff **Finanzierungsleasing:** Risiken und Chancen beim Leasingnehmer, dann Bilanzierung beim Leasingnehmer. **Operatingleasing:** Risiken und Chancen beim Leasinggeber, dann Bilanzierung beim Leasinggeber.

> **Beispiel:** Die Betriebswirt AG least unten stehende 4 Maschinen. Beurteilen Sie bitte ob Finanzierung- oder Operationsleasing vorliegt IAS 17.4/IAS 17.8? (8 P)

	Leasing-beginn	wirtschaftliche ND in Jahren	Feste Mietzeit in Jahren	Vereinbarung	P
Fall 1: Maschine	01.01.01	20	15	Rückgabe vereinbart	2
Fall 2: Maschine	01.01.01	20	12	Kauf: 40.000 € / Zeitwert: 45.000 €	2
Fall 3: Maschine	01.01.01	20	12	Kauf: 29.000 € / Zeitwert: 42.000 €	2
Fall 4: Spezialmaschine	01.01.01	15	10	Keine Kaufoption	2

Abbildung 4.19   Leasingentscheidungsbaum

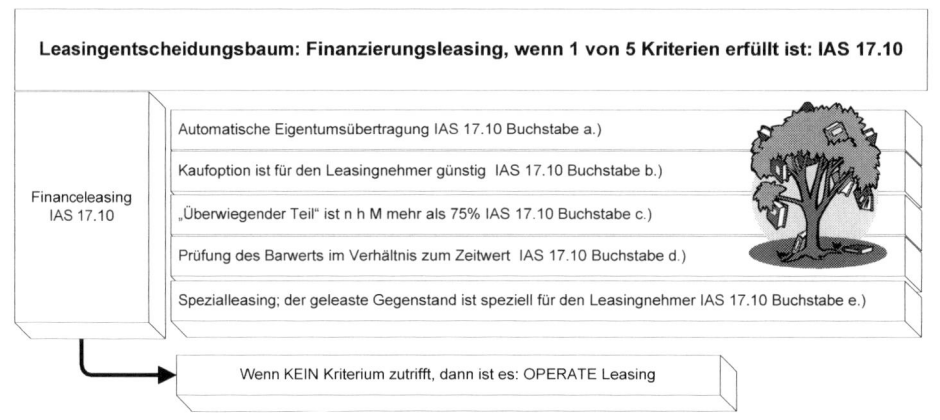

Leasingentscheidungsbaum: Finanzierungsleasing, wenn 1 von 5 Kriterien erfüllt ist: IAS 17.10

Financeleasing
IAS 17.10

Automatische Eigentumsübertragung IAS 17.10 Buchstabe a.)

Kaufoption ist für den Leasingnehmer günstig IAS 17.10 Buchstabe b.)

„Überwiegender Teil" ist n h M mehr als 75% IAS 17.10 Buchstabe c.)

Prüfung des Barwerts im Verhältnis zum Zeitwert IAS 17.10 Buchstabe d.)

Spezialleasing; der geleaste Gegenstand ist speziell für den Leasingnehmer IAS 17.10 Buchstabe e.)

Wenn KEIN Kriterium zutrifft, dann ist es: OPERATE Leasing

💡 Lösung:

IAS 17.10	Buchstabe a.)	Buchstabe b.)	Buchstabe c.)	Buchstabe d.) / e.)
Kriterien gem. IAS 17.10	Eigentumsüber-gang zum Lauf-zeitende?	Kaufoption günstig?	Nutzdauer in %	Barwert = Zeitwert oder Speziallea-sing?
Fall 1: Maschine	Rückgabe verein-bart	Keine Kaufop-tion	15/20 = 75%	---
Fall 2: Maschine	Kaufoption	Nicht günstig, da < 20%	12/20 = 60%	---
Fall 3: Maschine	Kaufoption	Günstig, da > 20%	12/20 = 60%	---
Fall 4: Spezialma-schine	Keine Kaufoption	Keine Kauf-option	10/15 = 66%	Spezialleasing

Fall 1, 3 und 4: Es liegt Finance Leasing vor, da ein Kriterium erfüllt ist. Folglich sind alle wesentlichen Chancen und Risiken, die mit dem Eigentum verbunden sind, auf den Leasingnehmer übergegangen. Im Fall 2 ist kein Kriterium erfüllt mit der Folge, dass Operation Leasing vorliegt und die Bilanzierung beim Leasing-Geber erfolgt (IAS 17.4 und IAS 17.13).

🌐 **Hinweis:** Im HGB sind Vermögensgegenstände immer beim wirtschaftlichen Eigentümer zu bilanzieren § 39 AO, § 246 Abs. 1 Satz 2 HGB. Auch nach IFRS erfolgt die Zurechnung grundsätzlich nach diesem Prinzip (substance over form).

4.6.7.1   Rückstellungen – non financial liabilities IAS 37

❓ **Frage:** Definieren und beschreiben Sie die Bedeutung der Rückstellung in der Bilanz!

❗ **Antwort:** Aus Gründen der periodengerechten Erfolgsermittlung sind zum Bilanzstichtag auch solche Aufwendungen zu erfassen, deren Höhe und Fälligkeit noch nicht bekannt sind, die jedoch wirtschaftlich in das Abschlussjahr gehören (siehe unter anderem IAS 37.10). Für diese Art von Aufwendungen sind dann die Beträge zu schätzen und als Verbindlichkeiten in Form von Rückstellungen auf der Passivseite auszuweisen.

Nachfolgend die Übersicht der Behandlung der Rückstellung in der Handelsbilanz nach den Rechnungslegungssystemen HGB, EStG und IAS/IFRS.

Abbildung 4.20   Rückstellung in HGB, EStG und IAS/ IFRS

	HGB	**EStG**	**IAS/ IFRS**
Rückstellungen für ungewisse Verbindlichkeiten (provisions)	Passivierungspflicht § 249 Abs. 1 HGB Bewertung: Erfüllungsbetrag	Passivierungspflicht § 5 Abs. 1 Satz 1 EStG	Passivierungspflicht IAS 37.14 Bewertung: IAS 37.36
Rückstellung für bestimmten Aufwand	Passivierungsverbot	Passivierungsverbot	Passivierungsverbot IAS 37.14
Rückstellung für unterlassene Instandhaltung und Abraumbeseitigung	Passivierungspflicht bei Nachholung der Instandhaltung in 3 Monaten im folgenden Geschäftsjahr oder innerhalb von einem Jahr für Abraumbeseitigung. § 249 Abs. 1 Nr. 1 HGB	Passivierungspflicht § 5 Abs. 1 Satz 1 EStG	Passivierungspflicht IAS 37.14
Rückstellung für drohende Verluste aus schwebenden Geschäften (onerous contracts)	Passivierungspflicht § 249 Abs. 1 HGB Bewertung: Erfüllungsbetrag	Passivierungsverbot § 5 Abs. 4a EStG	Passivierungspflicht IAS 37.66 – 37.69 Bewertung: IAS 37.36 ff

❓ **Frage:** Welche Merkmale sind beim Ansatz einer Rückstellung (provision) gem. IAS 37 zu prüfen?

❶ Antwort:

Standard	Die wichtigsten Merkmale:
IAS 37.11	Es besteht am Bilanzstichtag eine Unsicherheit hinsichtlich Fälligkeit und Höhe einer Schuld.
IAS 37.15	Es besteht am Bilanzstichtag eine sehr wahrscheinliche gegenwärtige Verpflichtung.
IAS 37.10	Es besteht am Bilanzstichtag eine rechtliche Verpflichtung (Außenverpflichtung).
IAS 37.17	Der Rückstellung liegt ein Ereignis in der Vergangenheit zu Grunde.
IAS 37.23	Im Zusammenhang mit der Erfüllung der Verpflichtung muss ein wahrscheinlicher Abfluss von Ressourcen mit wirtschaftlichem Nutzen vorliegen.
IAS 37.25	Die Rückstellung muss verlässlich geschätzt werden können.

Abbildung 4.21   4 Fälle zu Rückstellungen gem. IAS 37

Rückstellungen gem. IAS 37

Fall 1	Pflicht	Warum?
Fall 2	Verbot	...
Fall 3	Pflicht	...
Fall 4	Verbot	...

❯ **Aufgabe:** Prüfen Sie bitte, ob gem. IAS 37 Rückstellungen zu bilden sind!

1. Für einen gemieteten Lkw besteht nach dem Mietvertrag eine Verpflichtung zur Instandhaltung. In 01 hat der Lkw einen Achsenschaden.

2. Wie unter 1.) – aber es handelt sich um einen eigenen Lkw.

3. Die Betriebswirt AG baut im Jahr 01 Eisenerz ab, wobei ein Teil der Erdoberfläche (Abraum) zu entfernen ist. Die Baugenehmigung wurde von der Behörde unter der Auflage erteilt, dass der Abraum regelmäßig beseitigt werden muss.

4. Wie 3.) – aber die Beseitigung des Abraums erfolgt aus betrieblichen Gründen.

❂ **Lösung:** Für die Passivierung von Rückstellungen nach IAS 37 muss eine **Verbindlichkeit (liability)** vorliegen, deren Höhe verlässlich bestimmt werden kann. Diese setzt eine gegenwärtige Verpflichtung (aus rechtlichen oder faktischen Gründen) voraus, die in der Vergangenheit verursacht wurde. Die Wahrscheinlichkeit der Belastung ist beim Ansatz ohne Bedeutung.

Ad 1. **Verbindlichkeit:** Der Schaden ist durch die Nutzung des Lkws in 01 entstanden. Es liegt eine vertragliche Verpflichtung gegenüber dem Vermieter vor, da im Mietvertrag die Instandhaltung gefordert wird. Das Kriterium ist erfüllt. **Höhe/Schätzbarkeit:** Durch eine Werkstattauskunft könnte der Instandhaltungsbedarf verlässlich geschätzt werden. Das Kriterium ist erfüllt. **Ergebnis/Ansatz:** Rückstellungspflicht

Ad 2. **Verbindlichkeit:** Die Verpflichtung beruht nicht auf rechtlichen oder faktischen Gründen. Es handelt sich um eine Innenverpflichtung, so dass keine Verbindlichkeitsrückstellung, sondern eine Aufwandsrückstellung vorliegt. **Ergebnis/kein Ansatz:** Rückstellungsverbot

Ad 3. **Verbindlichkeit:** Der Abraum entsteht durch den Abbau des Eisenerzes in 01. Es besteht eine öffentlich-rechtliche Verpflichtung gegenüber der Behörde, da die Abraumbeseitigung ein Bestandteil der Abbaugenehmigung ist. Das Kriterium ist erfüllt. **Höhe/Schätzbarkeit:** Die Höhe der Belastung ist schätzbar, da die Menge des Abraums und die Transportkosten ermittelt werden können. **Ergebnis/Ansatz:** Rückstellungspflicht

Ad 4. **Verbindlichkeit:** Der Abraum entsteht durch den Abbau des Eisenerzes in 01. Es besteht keine Außen-, sondern eine Innenverpflichtung. Das ist aus betrieblichen Gründen notwendig. Es handelt sich um eine Aufwandsrückstellung. **Ergebnis/kein Ansatz:** Rückstellungsverbot

Nachfolgend wird zum Vergleich mit IAS 37 die Behandlung gem. HGB und EStG dargestellt.

Abbildung 4.22 Rückstellungen gem. HGB/EStG

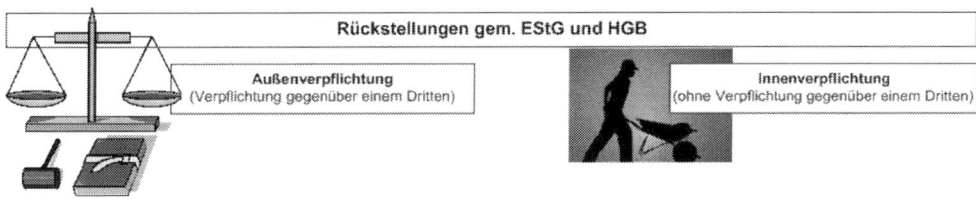

❯ **Beispiel 1:** Die Taschenrechner AG (T AG) produziert und vertreibt Taschenrechner. Im Internet findet die T AG einen Anbieter für die gleichen Taschenrechner und verklagt den Hersteller Solarrechner AG (S AG). Die Klage auf Schadensersatz wird mit 100.000 € beziffert und der voraussichtlicher Aufwand für Anwalt, Gericht, Gutachter beträgt unstreitig 20.000 €.

> **Aufgabe:** Müssen für die folgenden Geschäftsvorfälle in der HGB und EStG Bilanz Rückstellungen gebildet werden? Begründen Sie Ihr Ergebnis bitte in kurzer Form. (Jeweils 3 P)

○ **Lösung:** (Außenverpflichtung)

Handelsbilanz:

Ausweis: § 266 Abs. 3 HGB: Rückstellung

Ansatz: Dem Grunde nach besteht in der Handelsbilanz eine Ansatzpflicht zur Bildung einer Rückstellung für ungewisse Verbindlichkeiten § 246 Abs. 1 Satz 1, § 247 Abs. 1 HGB, § 249 Abs. 1 Satz 1 HGB. (1 P)

Bewertung: Der Höhe nach ist die Rückstellung in der Handelsbilanz mit dem Erfüllungsbetrag gem. § 253 Abs. 1 Satz 2 HGB zu passivieren: 120.000 €. (1 P)

Steuerbilanz: Durch direkte Maßgeblichkeit der Handelsbilanz für die Steuerbilanz gem. § 5 Abs. 1 Satz 1 EStG ist die Rückstellung auch in der Steuerbilanz mit dem Erfüllungsbetrag von 120.000 € zu passivieren. (1 P)

> **Beispiel 2:** Aufgrund einer unterlassenen Instandhaltung am Dach des Betriebsgebäudes soll auf der Grundlage eines Angebots des Dachdeckers ein Aufwand von 10.000 € auf die Firma zukommen. Die Instandhaltung hätte schon im Dezember 01 erfolgen sollen, wurde aber wetterbedingt auf die KW 5 in 02 verschoben.

○ **Lösung:** (Innenverpflichtung)

Dem Grunde nach besteht in der Handelsbilanz eine Ansatzpflicht zur Bildung einer Rückstellung für unterlassene Instandhaltung § 246 Abs. 1 Satz 1, § 247 Abs. 1 HGB, § 249 Abs. 1 Satz 2 Nr. 1 HGB. (1 P)

Der Höhe nach ist die Rückstellung in der Handelsbilanz mit dem Erfüllungsbetrag gem. § 253 Abs. 1 Satz 2 HGB zu passivieren: 10.000 €. (1 P)

Durch direkte Maßgeblichkeit der Handelsbilanz für die Steuerbilanz gem. § 5 Abs. 1 Satz 1 EStG ist die Rückstellung auch in der Steuerbilanz mit dem Erfüllungsbetrag von 10.000 € zu passivieren. (1 P)

Hinweis: Das Steuerrecht regelt in § 5 Abs. 4b EStG, dass Aufwendungen, die in künftigen Wirtschaftsjahren zu Anschaffungs- oder Herstellungskosten führen, nicht als Rückstellung passiviert werden dürfen. (1 P)

4.6.8   IAS 11 Fertigungsaufträge und POC-Methode

> **Aufgabe:** Erläutern Sie die POC- Methode gem. IAS 11!

○ **Lösung:** Der IAS 11 beinhaltet die Bilanzierung von Erträgen und Aufwendungen von Fertigungsaufträgen z.B. der Bau einer Brücke oder einer Fabrik.

IAS 11 verpflichtet unter bestimmten Voraussetzungen zur Gewinnrealisierung nach dem Fertigstellungsgrad (Percentage of Completion Method, POC-Methode).

Gemäß dieser Methode werden die entsprechend dem Fertigstellungsgrad angefallenen Auftragskosten den Auftragserlösen zugeordnet. Hieraus ergibt sich eine Berücksichtigung von Erträgen, Aufwendungen und Ergebnissen entsprechend dem Leistungsfortschritt. Diese Methode liefert nützliche Informationen zum Stand der Vertragsarbeit sowie zur Leistung während einer Periode.

Im Gegensatz dazu dürfen nach § 252 Abs. 1 Satz 4 HGB Gewinne aus solchen Projekten aufgrund des Vorsichtsprinzips und den Grundsätzen ordnungsmäßiger Buchführung erst dann ausgewiesen werden, wenn diese auch tatsächlich realisiert wurden, etwa bei Übergang des wirtschaftlichen Eigentums (Completed Contract Method).

❯ **Beispiel:**

Die Betriebswirt AG erhielt am 01.01.01 den Auftrag zum Bau einer Brücke. Voraussichtliche Bauzeit 2,5 Jahre. Vereinbart ist ein Festpreis von 9 Mio. €. Sämtliche Voraussetzungen zur Anwendung der POC-Methode sind erfüllt.

01 sind Auftragskosten in Höhe von 2,4 Mio. € angefallen. Am 31.12.01 betragen die geschätzten gesamten Auftragskosten 8 Mio. €. 02 werden Auftragskosten in Höhe von 4,6 Mio. € anfallen. 03 werden bis zur Fertigstellung Auftragskosten von 1 Mio. € anfallen.

❯ **Aufgabe:** Stellen Sie dar, wie dieser Auftrag in der Gewinn- und Verlustrechnung sowie in der Bilanz gem. IAS 11 in den Jahren 01, 02 und 03 abgebildet wird!

● **Lösung zum Beispiel:**

	01 (Mio. €)	02 (Mio. €)	03 (Mio. €)
Bilanz			
unfertige Erzeugnisse Forderungen L und L	2,7	5,175	1,125
Gewinn- und Verlustrechnung			
Umsatzerlöse	2,7	5,175	1,125
Aufwand des Jahres	./. 2,4[60]	./. 4,600	./. 1,000
Gewinn	**0,3**	**0,575**	**0,125**

---

[60] 2,4 Mio € / 8 Mio € = 30%; 30% x Umsatzerlöse von 9 Mio. € = 2,7 Mio €. usw.

4.6.9   Sonstige Unterschiede und mehr

Sonstige Unterschiede sind nachfolgend tabellarisch dargestellt und wurden vor einigen Jahren in Klausuren in Stichworten abgefragt. Am Rande sei hier erwähnt, das IAS/ IFRS dem US-GAAP sehr ähnlich ist. Obwohl in Rahmenplanpunkt 2.4.2 aufgeführt, wurde es bisher nicht in einer Klausur geprüft.

Thema	HGB	IAS/IFRS
Regelungssystem	Das Regelsystem ist abstrakt, weil Einzelfallbezug nur über Rechtsprechung und Kommentare gelöst wird.	Das Regelsystem ist konkret, weil Einzelfälle geregelt sind und dem allgemeinen Framework vorgehen (lex specialis)
Bilanzzweck	Das Ziel ist die vorsichtige Ermittlung des ausschüttungsfähigen Gewinns.	Das Ziel ist die Vermittlung entscheidungsnützlicher Informationen
Grundprinzip	Vorsichtsprinzip	Grundsatz der periodengerechten Gewinnermittlung
Rechtsform und Größenklassen der Unternehmen	Publizität und Prüfung sind Rechtsform- und größenabhängig.	Publizität und Prüfung sind nicht Rechtsform- und größenabhängig; sind aber national geregelt
Abschlussbestandteile	Bilanz GuV bei KapGes und kapitalmarktorientierten Kapitalgesellschaften: auch Anhang und Lagebericht bei Konzernen: auch Kapitalflussrechnung, Segmentbericht und Eigenkapitalspiegel	Bilanz Gesamtergebnisrechnung[61] GuV Anhang Eigenkapitalveränderungsrechnung Kapitalflussrechnung bei börsennotierten Konzernen auch Segmentbericht und Ergebnis je Aktie
Gliederung Bilanz	für Personenunternehmen keine, für KapGes streng detaillierte Vorschriften dabei Aktivseite nach Fristigkeit, Passivseite nach Art der Schuld	Bilanz kann mit wenigen Posten auskommen: Untergliederungen und Fristigkeitsangaben wahlweise in Bilanz oder Anhang; Gliederung Aktiv- und Passivseite nach Fristigkeit (IAS 1)

---

[61] In der Herbstklausur 2013 wurde der Begriff „Gesamtergebnisrechnung" verwendet. Siehe hierzu unter anderem IAS 1.10.

Thema	HGB	IAS/IFRS
Gliederung GuV	Gesamtkostenverfahren (GKV) oder Umsatzkostenverfahren (UKV)	In GuV nur wenige Mindestangaben. Weitere Aufgliederung nach *nature-of-expense* (GKV) oder *cost-of-sales* (UKV) wahlweise in GuV selbst oder in den *notes* (IAS 1)
Konzernabschluss		
Aufstellungspflicht	Größen- und rechtsformabhängig	unabhängig von Größe und Rechtsform
Konsolidierungskreis	Einbeziehungswahlrechte	keine speziellen Einbeziehungswahlrechte
Vereinfachungen (Konsolidierungskreis, Zwischenergebniseliminierung usw.)	eingeschränkt durch Einzelvorschriften zugelassen	nur unter Berufung auf Wesentlichkeitsgrundsatz zulässig

▶ **Beispiel zur IFRS-Bilanzgliederung:** Die Betriebswirt AG hat nach Ansatz und Bewertung unstrittige Bilanzpositionen, die unter Angabe der Originalbezeichnungen gem. IAS 1.54 aufzustellen ist: Gezeichnetes Kapital: 250.000 €; Rückstellungen: 20.000 €; Forderungen aus Lieferungen und Leistungen: 116.000 €; Bank 10.000 €; Vorräte: 120.000 €; Sachanlagen 200.000 €.

Assets	TEUR	Liabilities and Equity	
A. Non Current Assets		A. Capital and Reserves	
I. Property, Plant and Equipment	200.000	I. Issued Capital	250.000
II. Non Current Financial Assets		II. Reserves	176.000
B. Current Assets		B. Current Liabilities	
I. Inventories	120.000	I. Non financial Liability	20.000
II. Trade Receivables	116.000		
III. Cash	10.000		
	446.000		446.000

4.7   Zusammenfassung und Wiederholung

Das vierte und letzte Kapitel ist erarbeitet – das war der Lernstoff!

4.7.1   Kreuzworträtsel Kapitel 4

1. Ein anderes Wort für 'börsennotiert'?

2. Wenn die Mutter die Mehrheit der Stimmrechte an den Töchtern hat, dann nennt man das Gebilde wie?

3. Jede Gesellschaft erstellt einen eigenen ...?

4. Der Einzelabschluss besteht aus Bilanz, Anhang und ...?

5. Der § 267 HGB beinhaltet die Schwellenwerte für welche Gesellschaften?

6. Wie heißt der Spiegel, der Bestandteil eines jeden IFRS Abschlusses ist (IAS 1.10c und IAS 1.106)?

7. Wie heißt der Bericht, der Bestandteil des Anhangs eines IFRS Abschlusses ist IFRS 8?

8. AGs, die Stammaktien öffentlich handeln, müssen das Ergebnis je ? im IFRS Abschluss ausweisen.

9. Bilanzsumme, Umsatz oder Anzahl Arbeitnehmer ist ? für die Pflicht zur Aufstellung des Konzernabschlusses.

10. Ist die Kapitalflussrechnung Bestandteil des IFRS-Abschlusses?

11. Welchen Bericht finden wir in den § 297 HGB i V m § 315 HGB ?

12. Das HGB ist eine nationale Rechnungslegungsvorschrift. Das IFRS und das US-GAAP ist eine ? Vorschrift. Welches Wort wird gesucht?

13. Es gibt drei Hauptgründe für den Einsatz von internationalen Rechnungslegungsvorschriften: Vergleichbarkeit, Verlässlichkeit und ...?

14. Das IFRS-Rechnungslegungssystem besteht aus drei Bestandteilen: Framework, Standards und ...?

15. Dürfen Forschungskosten gem. IAS 38.54 in der IFRS-Bilanz aktiviert werden?

16. Welcher Ansatz wird bei der Bewertung von Sachanlagen gem. IAS 16.43 angewendet?

17. Besteht ein Passivierungsverbot oder eine Passivierungspflicht für Rückstellungen auf drohende Verluste gem. IAS 37 in der IFRS-Bilanz?

18. Die Rechnungslegung gem. IFRS kennt hauptsächlich zwei Arten von Leasingformen: Operationsleasing und ...?

19. Was heißt übersetzt: „intangable assets"?

20. Gibt es im IFRS latente Steuern?

Internationale Rechnungslegung

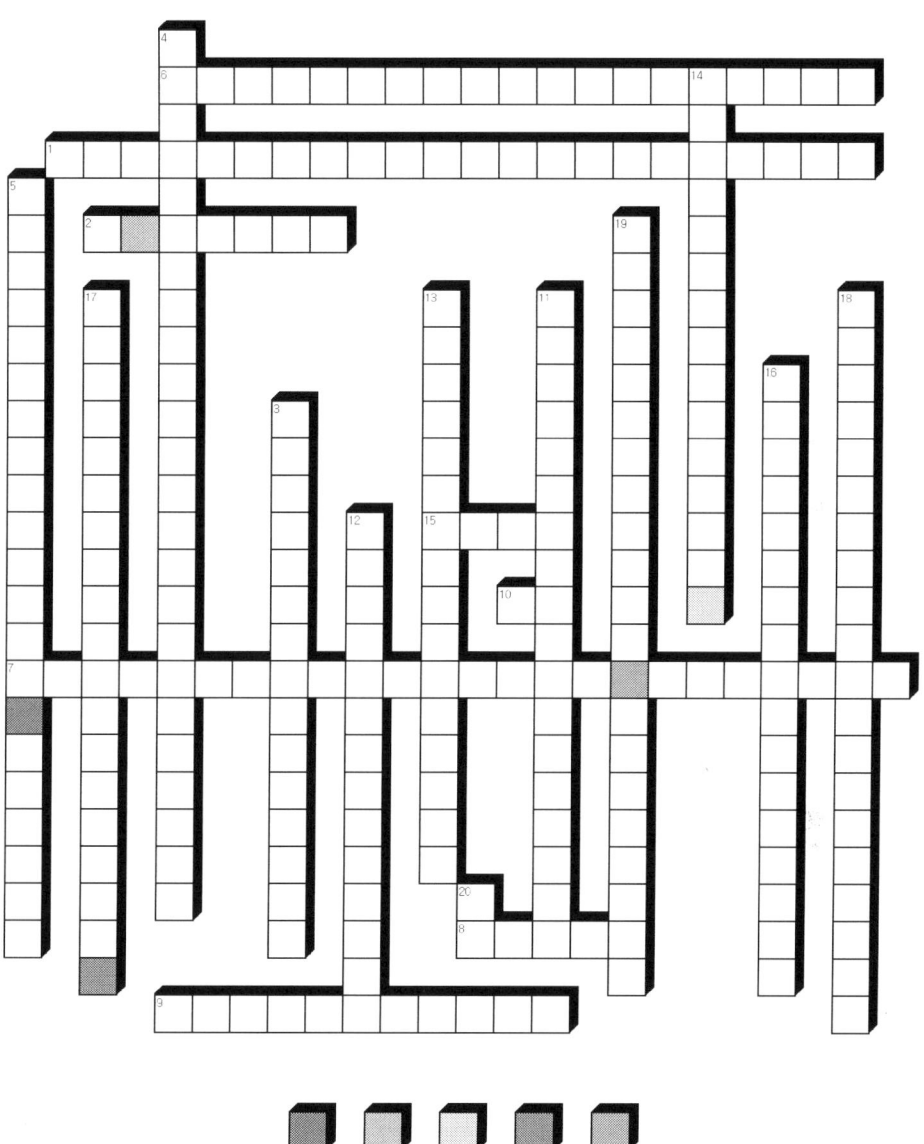

4.7.2   Welche Themenkomplexe haben wir im Kapitel 4 behandelt?

Abbildung 4.23   Übersicht behalten über die Themen des Kapitels 4

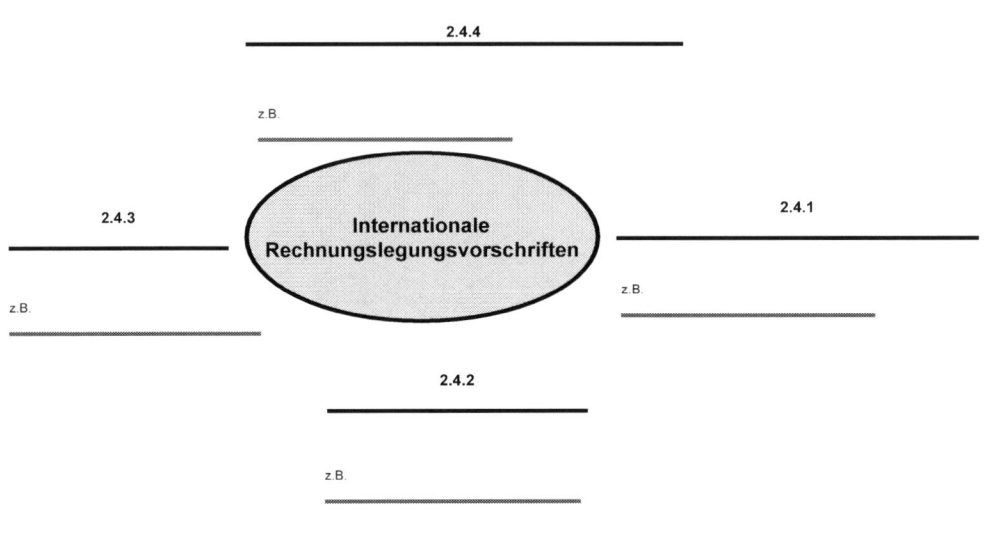

4.7.3   Fachbegriffe und §§ zum Kapitel

Abbildung 4.24   Fachbegriffe zum Kapitel 4

Welche Fachbegriffe fallen Ihnen zu dem 4 Kapitel: „Internationale Rechnungslegung" ein?

A:	K:
B:	L:
C:	M:
D:	N / O:
E:	P / Q:
F:	R:
G:	S / T:
H:	U / V:
I / J:	W / X / Y / Z:

4.7.4   Wie wird das Kapitel in der Prüfung abgefragt?

Ein beliebtes Thema des Kapitels 4 ist die Abfrage der Herstellungskosten nach IAS/IFRS im Vergleich zum HGB. Aber auch die Bilanzierung von Vorräten gem. IFRS mit Nennung der einschlägigen Vorschriften und Ermittlung von Bilanzansätzen. Es hat auch Klausuraufgaben gegeben, wo Sie sieben frei wählbare Themen auswählen und kommentieren konnten, die nach IFRS anders als im HGB zu bilanzieren sind. Wiederholt werden Fragestellung zu den rechtlichen Grundlagen für die Erstellung von Einzel- und Konzernabschlüsse abgefragt oder Sie werden gebeten, die Bestandteile des Einzel- bzw. Konzernabschlusses zu nennen. 15 P hat es bei einer Klausur gegeben für die Beurteilung, ob die Bildung von Rückstellungen nach IFRS erlaubt ist. Das Kapitel 4 wird mit ca. 20 von 100 Punkten in der schriftlichen Prüfung abgefragt.

4.7.5   Klausurthemen 2011–2015 zu Kapitel 4

Abbildung 4.25   Klausurthemen 2011–2015 zu Kapitel 4

Rahmenplannummer und Klausurjahr		2015	2015	2014	2014	2013	2012	2012	2011	2011
		Frühjahr	Herbst	Frühjahr	Herbst	Frühjahr	Herbst	Frühjahr	Herbst	Frühjahr
2.4. Internationale Rechnungslegungsvorschriften						19				
2.4.1.	Auswirkung von Rechnungslegungsvorschr..									
2.4.2.	Rechtssysteme des externen Rechnungs…									20
2.4.3.	Rechtslage innerhalb der EU									
2.4.4.	Ausgewählte Unterschiede zwischen HGB …	20	24	21	23		25	24	18	15
	Aktuelles aus der Gesetzgebung									
	Summe	20	24	21	23	19	25	24	18	35

Übungsklausur zum Rahmenplan Nr. 2.4

4.8   Übungsklausur zu Kapitel 4 (120 Min./100 P)

4.8.1   Aufgabe 1

Die Software GmbH hat ein Verfahren zum Testen von Steuersoftware entwickelt. Das Verfahren wurde zum 01.11.01 fertiggestellt. Das ausschließlich eigenbetriebliche Patent wird ab diesem Tag im Unternehmen eingesetzt. Die Herstellungskosten betragen 300.000 € und sind einzeln zuordenbar. Material- und Fertigungsgemeinkosten machen die Hälfte aus (150.000 €). Die Gebühren für den Notar und das Patentamt betragen 10.000 €. Der Buchhalter hat sämtliche Aufwendungen in 01 als betrieblich verbucht.

8 P   a.) Begründen Sie die Berücksichtigung des Patents in der HGB-Handelsbilanz (HB) und in der Steuerbilanz (StB)!

5 P   b.) Besteht in der im IFRS-Abschluss ein Verbot, Wahlrecht oder Ansatzgebot? Begründen Sie Ihre Aussage stichhaltig.

5 P   c.) Was ändert sich, wenn das Patent zu fremdbetrieblichen Zwecken entwickelt wurde in der HB/StB/IFRS-Bilanz?

18 P

4.8.2   Aufgabe 2

Die Betriebswirt AG mit Sitz und Geschäftsleitung im Inland, befasst sich mit der Herstellung und dem Vertrieb von Steuerprogrammen. Die Aktien der AG sind an der Börse gelistet. Die AG hat zwei Tochtergesellschaften, an denen sie zu jeweils 100% beteiligt ist. Tochtergesellschaft T1 entwickelt neue Programmtools zur „betriebswirtschaftlichen Beratung". Die Tochter T2 bildet Steuerfachkräfte für die Fertigung von Steuererklärungen aus. Weitere Niederlassungen sind im Inland wie auch im Ausland geplant. Der Jahresabschluss wird zwischen dem 15. und 31. März 01 aufgestellt. Der Konzernabschluss wird im April 01 erstellt. Die Gesellschaften haben folgende Größen:

	AG	T1	T2
Bilanzsumme (Tsd. €)	20.000	10.000	8.000
Umsatz (Tsd. €)	40.000	14.000	12.000
Anzahl Arbeitnehmer	300	100	70

3 P   a.) Begründen Sie, warum hier ein Konzernabschluss zu erstellen ist.

2 P   b.) Bestimmen Sie den Konsolidierungskreis.

4 P   c.) Beschreiben Sie Form und Inhalt der Rechnungslegung der einzelnen Unternehmen.

11 P d.) Nennen Sie die Bestandteile der Konzernrechnungslegung der AG.

20 P

4.8.3   Aufgabe 3

Beurteilen Sie, ob die folgenden Sachverhalte zur Bildung von Rückstellungen nach HGB, EStG und IFRS führen können:

5 P   a.) Für ausstehende Rechnungen wurde am Bilanzstichtag eine Rückstellung in Höhe von 1 Mio. € gebildet.

5 P   b.) Für Instandhaltungen, die in den nächsten 3 Monaten nach dem Bilanzstichtag durchgeführt werden, wurde eine Rückstellung gebildet.

5 P   c.) Für die gesetzlich vorgeschriebene Jahresabschlussprüfung und für die Durchführung der Hauptversammlung erwartet ein Unternehmen am Abschlussstichtag Ausgaben, die nach diesem Tag anfallen.

15 P

4.8.4   Aufgabe 4

Eine Fabrik stellt Wirtschaftsgüter zum Verkauf her und es ist am Bilanzstichtag noch ein beträchtlicher Bestand auf Lager. Erläutern Sie nachfolgende Aussagen des Bilanzbuchhalters stichhaltig mit Hinweis auf die einschlägigen Paragraphen!

6 P   a.) Die Materialgemeinkosten dürfen nach IFRS, HGB und EStG nicht in die Herstellungskosten einbezogen werden.

6 P   b.) Die allgemeinen Verwaltungskosten müssen nach IFRS, HGB und EStG in die Herstellungskostenberechnung einbezogen werden.

6P   c.) Die Vertriebsgemeinkosten dürfen nicht nach IFRS, HGB und EStG in die Herstellungskostenberechnung einbezogen werden.

2 P   d.) Fertigungsgemeinkosten sind nach IFRS in die Herstellungskostenberechnung einzubeziehen.

20 P

4.8.5   Aufgabe 5

Die Betriebswirt GmbH erwirbt am 1. April ein Unternehmen mit einem unstrittigen Firmenwert von 540.000 €. Die betriebsgewöhnliche Nutzdauer beträgt 15 Jahre und der Steuersatz der GmbH wird mit 30% (15% KSt und 15% GewSt) angenommen.

5 P   a.) Wie wird der Firmenwert in der Handelsbilanz bilanziert? Begründen Sie Ihre Aussage und berechnen Sie ggf. die Bilanzierung der Höhe nach unter Annahme einer linearen Abschreibung.

5 P   b.) Wie wird der Firmenwert in der IFRS-Bilanz bilanziert? Begründen Sie Ihre Aussage und berechnen Sie ggf. die Bilanzierung der Höhe nach unter Annahme einer linearen Abschreibung.

5 P   c.) Gehen Sie auf latente Steuern ein!

15 P

4.8.6   Aufgabe 6

Mr. Betriebswirt hat viele Fragen. Können Sie ihm helfen? Begründen Sie stichpunktartig Ihre Antwort.

3 P   Kann eine GmbH sich entschließen nur noch nach IFRS zu bilanzieren?

3 P   Kann der Einzelunternehmer mit seinem Einzelabschluss nach IFRS bilanzieren?

3 P   Kann die OHG mit ihrem Konzernabschluss nach IFRS bilanzieren?

3 P   Kann die nicht börsennotierte AG ihren Konzernabschluss nach IFRS erstellen?

12 P

4.9   Lösung zur Übungsklausur Kapitel 4

	Punkteverteilung:			
			P	Erzielte P
Aufgabe 1		a	8	
		b	5	
		c	5	
			18	
Aufgabe 2		a	3	
		b	2	
		c	4	
		d	11	
			20	
Aufgabe 3		a	5	
		b	5	
		c	5	
			15	
Aufgabe 4		a	6	

		b	6	
		c	6	
		d	2	
			20	
Aufgabe 5		a	5	
		b	5	
		c	5	
			15	
Aufgabe 6		a	3	
		b	3	
		c	3	
		d	3	
			12	
			100 P	
				Ihre Note:
Notenschlüssel	100 – 92 Punkte	**Sehr gut**		
	Unter 92 – 81 Punkte	**Gut**		
	Unter 81 – 67 Punkte	**Befriedigend**		
	Unter 67 – 50 Punkte	**Ausreichend**		
	Unter 50 – 30 Punkte	**Mangelhaft**		
	Unter 30 – 0 Punkte	**Ungenügend**		

4.9.1　Aufgabe 1 intangible assets

8 P　a.) Patente sind unter der **Bilanzposition § 266 Abs. 2 I Nr. 1 HGB** „selbst geschaffene gewerbliche Schutzrechte" zu subsumieren. In der HGB-Bilanz besteht gem. § 248 Abs. 2 HGB ein **Ansatzwahlrecht** (dem Grunde nach…). Der Höhe nach (Bewertungsvorschrift) wird das Patent mit den entwicklungsbedingten Herstellungskosten gem. § 253 Abs. 3 i V m § 255 Abs. 2a und § 255 Abs. 2 HGB **in Höhe von 460.000 €** erstmalig am 01.11 bewertet. In der Folgebewertung wird das Patent mit den fortgeführten Herstellungskosten bewertet. In der Steuerbilanz

wird das Patent **nicht bilanziert,** weil es sich **nicht** um ein entgeltlich erworbenes Wirtschaftsgut gem. § 5 Abs. 2 EStG handelt.

5 P   b.) Selbst geschaffene gewerbliche Schutzrechte des Anlagevermögens (Patente) **sind (Ansatzgebot)** als Immaterielle Vermögensgegenstände (intangible assets) gem. IAS 38 zu aktivieren, wenn die Ansatzkriterien in IAS 38.51 ff (IAS 38.21 – 38.23) erfüllt sind. Bei der Erstbewertung (der Höhe nach…) werden die entwicklungsbedingten und die direkt zurechenbaren Herstellungskosten **in Höhe von 460.000 €** bilanziert (IAS 38.66 ff).

5 P   c.) Zu fremdbetrieblichen Zwecken hergestellte Patente werden gem. § 246 Abs. 1 (Vollständigkeitsgebot), § 247 Abs. 1 HGB (**Aktivierungspflicht,** da nicht dauernd dem Betrieb dienend) dem Grund nach in der HGB-Bilanz angesetzt. In der Steuerbilanz besteht **Aktivierungspflicht** gem. Maßgeblichkeitsprinzip § 5 Abs. 1 Satz 1 EStG. Im IFRS-Abschluss wird dem Grunde nach gem. IAS 2 (Vorräte) das Patent als **Umlaufvermögen** bilanziert.

18 P

4.9.2   Aufgabe 2 Konzernrechnungslegung

3 P   a.) Die AG und ihre beiden Töchter T 1 und T 2 bilden einen Konzern (1 P), weil die Mutter-AG die Mehrheit der Stimmrechte an den Töchtern hat. § 290 Abs. 2 HGB (1 P). Der Abschluss ist nach IFRS aufzustellen, weil das Unternehmen börsennotiert (kapitalmarktorientiert) ist. § 315 a HGB (1 P).

2 P   b.) Der Konzernabschluss beinhaltet alle Unternehmen: Die Mutter sowie die selbst bilanzierenden Töchter T1 und T 2. Positive Abgrenzung: § 294 HGB; IAS 27.12 (1 P). Für eine negative Abgrenzung: § 296 HGB; IAS 27.10 lassen sich keine Hinweise im Aufgabentext finden (1 P).

4 P   c.) Bestandteile der Einzelabschlüsse nach HGB für alle Gesellschaften: § 6 HGB; § 238 HGB; 264 Abs. 1 HGB: Bilanz, Gewinn und Verlustrechnung, Anhang (3 P). Alle Unternehmen sind große Kapitalgesellschaft gem. § 264d HGB i.V.m. § 267 (3) HGB. Ein Lagebericht ist additiv als Folge des Größenmerkmals aufzustellen. (1 P)

4 P   d.) Bestandteile der Konzernbilanz gem. IAS 1.54 und IAS 1.10: Alle Unternehmen, unabhängig von Rechtsform, Größe und Börsennotierung bestehen aus 5 Teilen:

Bilanz, Gewinn und Verlustrechnung; Eigenkapitalaufstellung, Kapitalflussrechnung

6 P Anhang IAS 1.8; Segmentberichtserstattung IFRS 8; Offenlegung der
     EPS Daten IAS 33.67[62]

1 P Anhang IAS 1.112; Konzernlagebericht § 297 Abs. 1 HGB; § 315 HGB,
     § 315a Abs. 1 HGB

---

20 P

4.9.3   Aufgabe 3 provisions

5 P a.) Dem Grunde nach besteht in der Handelsbilanz eine Ansatzpflicht
     zur Bildung einer Rückstellung für ungewisse Verbindlichkeiten
     (Außenverpflichtung) aufgrund einer öffentlich-rechtlichen Ver-
     pflichtung § 246 Abs. 1 Satz 1, § 247 Abs. 1 HGB, § 249 Abs. 1 Satz 1
     HGB. Der Höhe nach ist die Rückstellung in der Handelsbilanz mit
     dem Erfüllungsbetrag gem. § 253 Abs. 1 Satz 2 HGB zu passivieren.
     Durch direkte Maßgeblichkeit der Handelsbilanz für die Steuerbi-
     lanz gem. § 5 Abs. 1 Satz 1 EStG ist die Rückstellung auch in der
     Steuerbilanz mit dem Erfüllungsbetrag zu passivieren. In der IFRS-
     Bilanz besteht eine Passivierungspflicht für ungewisse Verbindlich-
     keiten gem. IAS 37.14.

5 P b.) Dem Grunde nach besteht in der Handelsbilanz eine Ansatzpflicht
     zur Bildung einer Rückstellung bei Nachholung der Instandhaltung in
     drei Monaten im folgenden Geschäftsjahr gem. § 246 Abs. 1 Satz 1,
     § 247 Abs. 1 HGB, § 249 Abs. 1 Satz 2 Nr. 1 HGB. Der Höhe nach ist
     die Rückstellung in der Handelsbilanz mit dem Erfüllungsbetrag
     gem. § 253 Abs. 1 Satz 2 HGB zu passivieren. Durch direkte Maßgeb-
     lichkeit der Handelsbilanz für die Steuerbilanz gem. § 5 Abs. 1 Satz 1
     EStG ist die Rückstellung auch in der Steuerbilanz mit dem Erfül-
     lungsbetrag zu passivieren. Aufwendungen für Instandhaltung stel-
     len eine Innenverpflichtung dar, die nicht rückstellungsfähig ist, weil
     die rechtliche/faktische Verpflichtung gem. IAS 37.14 fehlt.

---

[62] EPS = Earnings per share

5 P   c.) Dem Grunde nach besteht in der Handelsbilanz eine Ansatzpflicht zur Bildung einer Rückstellung für ungewisse Verbindlichkeiten (Außenverpflichtung) aufgrund einer öffentlich-rechtlichen Verpflichtung § 246 Abs. 1 Satz 1, § 247 Abs. 1 HGB, § 249 Abs. 1 Satz 1 HGB. Der Höhe nach ist die Rückstellung in der Handelsbilanz mit dem Erfüllungsbetrag gem. § 253 Abs. 1 Satz 2 HGB zu passivieren. Durch direkte Maßgeblichkeit der Handelsbilanz für die Steuerbilanz gem. § 5 Abs. 1 Satz 1 EStG ist die Rückstellung auch in der Steuerbilanz mit dem Erfüllungsbetrag zu passivieren. In der IFRS-Bilanz besteht eine Passivierungspflicht für ungewisse Verbindlichkeiten gem. IAS 37.14.

15 P

4.9.4   Aufgabe 4 costs of conversion

6 P   Die Materialgemeinkosten (z.B. Lagerhaltung, Materialprüfung) müssen nach IFRS, HGB und EStG in die Herstellungskosten einbezogen werden. § 255 Abs. 2 HGB, R 6.3 EStR, IAS 2.10 für Vorräte.

6 P   Die allgemeinen Verwaltungskosten (z.B. Personalbüro, Rechnungswesen, Ausbildung) dürfen in der HGB-Bilanz und in der Steuerbilanz in die Herstellungskostenberechnung einbezogen werden § 255 Abs. 2 HGB, R 6.3 EStR. Dahingegen besteht hier in der IFRS-Bilanz ein Verbot gem. IAS 2.16.

6P   Die Vertriebsgemeinkosten (z.B. Werbung, Marktforschung) dürfen nicht nach IFRS, HGB und EStG in die Herstellungskostenberechnung einbezogen werden § 255 Abs. 2 bzw. 3 HGB, R 6.3 EStR, IAS 2.16.

2 P   Fertigungsgemeinkosten (z.B. Fertigungsvorbereitung, Raumkosten, Versicherung) sind nach IFRS, HGB und EStG in die Herstellungskostenberechnung einzubeziehen § 255 Abs. 2 HGB, R 6.3 EStR, IAS 2.13.

20 P

4.9.5   Aufgabe 5 acquired goodwill

5 P   Ausweis: § 266 Abs. 2 HGB als immaterieller Vermögenswert. Gem. § 248 Abs. 2 existiert ein Ansatzwahlrecht. Der Firmen- oder Geschäftswert wird in der Handelsbilanz gem. § 246 Abs. 1 Satz 4 HGB als Unterschiedsbetrag zwischen Kaufpreis abzüglich Schulden angesetzt. Bei der Zugangsbewertung greift § 255 HGB und bei der Folgebewertung wird der entgeltlich erworbene Wert gem. § 253 Abs. 3 HGB um planmäßige Abschreibungen

vermindert. Da hier von mehr als 5 Jahren Nutzdauer ausgegangen wird, ist diese begründet im Anhang darzulegen gem. § 285 Nr. 13 HGB.

Berechnung:

Bilanzwert: 01.04.:		540.000 €
Abschreibung:	540.000 € / 15 Jahre = 36.000 € x 9/12 =	27.000 €
Bilanzwert 31.12.		513.000 €

5 P Der Firmenwert in der IFRS-Bilanz wird gem. IFRS 3.51 dem Grund nach (Ansatzpflicht) bilanziert. Die **Zugangsbewertung** entspricht der **Folgebewertung** mit 540.000 €, weil planmäßige Abschreibungen gem. IFRS 3.55 **verboten** sind.

5 P In der Steuerbilanz ist der Wert gem. § 5 Abs. 2 EStG am 31.12 (Folgebewertung) um 27.000 € geringer als in der IFRS-Bilanz. Mithin haben wir einen Aktivüberhang und damit passive latente Steuern gem. § 274 HGB. Die Differenz ist mit dem Ertragssteuersatz zu multiplizieren: 27.000 € x 0,3 = 8.100 €. Latente Steuern entstehen zwischen Handels- und Steuerbilanz in diesem Fall nicht, weil das EStG in § 7 Abs. 1 Satz 3 eine lineare Abschreibung von 15 Jahren vorschreibt.

15 P

4.9.6 Aufgabe 6 Jahresabschluss IFRS allgemein

3 P Eine GmbH kann sich **nicht** entschließen nur noch nach IFRS zu bilanzieren, weil die HGB-Bilanz die **Grundlage** für die Rechnungslegung in Deutschland darstellt. Der HGB-Abschluss dient als Ausschüttungsbasis, wohingegen die IFRS Bilanz **Informationszwecken** dient.

3 P Der Einzelunternehmer kann sich **nicht** entschließen nur noch nach IFRS zu bilanzieren, weil die HGB-Bilanz die **Grundlage** für die Rechnungslegung in Deutschland darstellt. Eine IFRS Bilanz kann er freiwillig zu **Informationszwecken** aufstellen.

3 P Eine OHG erstellt keinen Konzernabschluss, da sie **keine Kapitalgesellschaft** ist (Die Größen des PublG sind nicht überschritten). Wäre die OHG die Tochter einer Muttergesellschaft gewesen, wäre die Bilanzierung im Einzelabschluss gem. HGB zu erstellen.

3 P Die nicht börsennotierte AG kann ihren Konzernabschluss nach IFRS aufstellen, muss es aber nicht.

12 P

5 Systematische Übersichten und allgemeine Prüfungshinweise

5.1 Schriftliche Klausur

Als angehender Betriebswirt müssen Sie für Ihre bevorstehende Klausur von ca. 120 Min. ihr Wissen just in time abrufen können. Eine gute fachliche Vorbereitung sowie eine gut eingeübte Klausurtechnik sind zielführend.

Abbildung 5.1   Wie fühlen sich 120 Min. Klausur schreiben an?

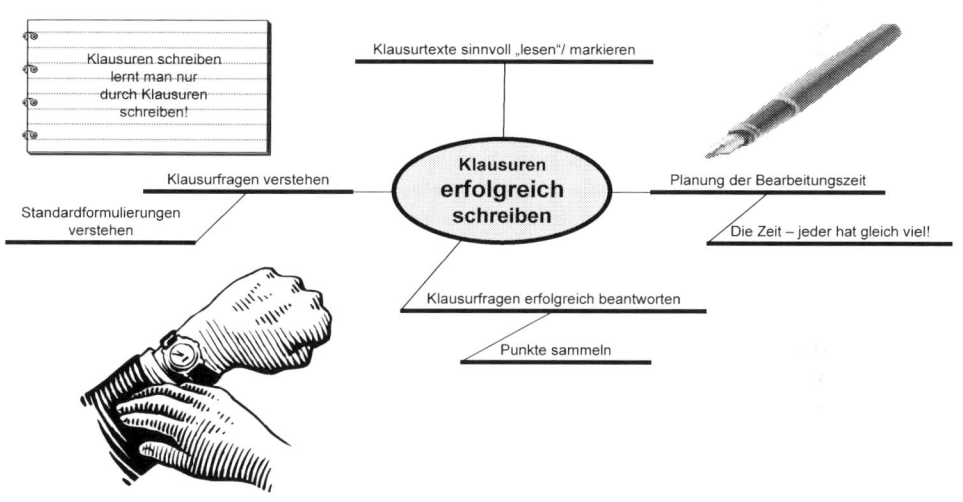

Neben der fachlichen Vorbereitung ist die richtige Klausurtechnik ein entscheidender Baustein für den Erfolg der Prüfung.

Prüfungen gibt es schon seit Jahrhunderten und ohne diese könnte der Arbeitgeber nicht den Leistungsstand eines potentiellen Arbeitnehmers einschätzen. Wir würden nicht wissen, auf welche Stelle wir uns bewerben oder was wir können, um uns selbständig zu machen. Das Instrument der Prüfung ist nicht wegzudiskutieren, aber es benachteiligt Menschen mit Prüfungsangst und kann negativen Stress auslösen, der zu mangelnden Leistungen führt. Übungsklausuren helfen Ihnen, sich selbst besser einzuschätzen und bereiten Sie auf die richtige Situation vor. Klausuren schreiben lernt man nur durch Klausur schreiben. Glauben Sie an sich und üben Sie nicht nur Fachwissen, sondern auch Klausurtechnik.

Die nachfolgende Stichwortliste soll Ihnen helfen, sich an die wesentlichen Dinge zu erinnern. Hilfreich ist auch der im nächsten Kapitel abgedruckte Rahmenplan mit Möglichkeit der eigenen Kontrolle.

❯ Organisatorisches:

Sind Ihre Hilfsmittel komplett (Taschenrechner, Lineal, Formelsammlung etc.)? Haben Ihre Gesetze den Rechtstand der Hilfsmittelliste[63]?

❯ Inhaltliches:

- Markieren Sie Ihre Klausurtexte sinnvoll, d.h. benutzen Sie eine Farbe für die im Aufgabentext vorkommende „GmbH 1" und eine andere für „GmbH 2" und Sie behalten die Übersicht bei der Bearbeitung.

- Bringen Sie nicht Ihre eigene Aufgabenstellung mit, d.h. interpretieren Sie nichts in die Sachverhalte hinein. Gehen Sie davon aus, dass die Sachverhalte sorgfältig erstellt und lösbar sind.

- Machen Sie sich zu Beginn einen Bearbeitungsplan mit Zeitangaben: z.B. 120 Min.: 4 Aufgaben = 30 Min. max. pro Aufgabe: besser: 25 Min. pro Aufgabe und 20 Min. für Nachbereitung.

- Verlieren Sie keine Zeit mit für Sie unlösbaren Aufgaben.

- Achten Sie auf sog. Fußgängerpunkte, d.h. benutzen Sie fachliche Begriffe und umschreiben Sie nicht legal definierte Terminologien wie „Herstellungskosten".

- Lautet die Aufgabenstellung: „Beschreiben Sie anhand eines Beispiels den Unterschied zwischen einem Freibetrag und einer Freigrenze", dann müssen Sie beide Fachbegriffe beschreiben und jeweils ein Beispiel nennen.

- Lautet die Aufgabenstellung: „Erläutern Sie den Begriff ‚stille Reserve'", dann erwartet der Korrektor ein Beispiel und eine Beschreibung.

- Wird nach einem abschreibungspflichtigen Wirtschaftsgut gefragt, wird ein möglichst niedriger Gewinnausweis gewünscht. So heißt das für Sie, dass es mehrere Abschreibungsalternativen gibt und Sie sich für eine entscheiden müssen, die Sie begründen. Fehlen die Begründung und der Hinweis auf das Wahlrecht fehlen Ihnen Punkte.

- „Komma weil"-Daumenregel: keine Behauptung ohne Begründung!

- Denken Sie daran, dass der Korrektor Ihre Schrift lesen kann und die Aufgabenzugehörigkeit eindeutig ist.

---

[63] Die sog. Hilfsmittelliste für die bundeseinheitliche IHK Weiterbildungsprüfung „Geprüfter Betriebswirt" erhalten Sie bei Ihrer IHK. Diese beinhaltet zu allen Prüfungsteilen die zugelassenen Hilfsmittel.

- Halten Sie Ihre Ausführung kurz aber auf das Wesentliche beschränkt. Die Erfahrung zeigt, dass Aufzählungen von Vorteilen oder Begründungen stichpunktartig ausreichen, wenn Sie eindeutig sind. Verschwenden Sie keine Zeit auf lange Ausführungen, wo Aussagen hin und her gewälzt werden.

- Bei Aufgaben, die eine Aufzählung von n-Fakten zur Lösung erfordern, werden – nach Rücksprache mit Korrektoren- nur die ersten n-Fakten gewertet. Alle darüber hinausgehenden Aufzählungen sollen gestrichen werden.

- Korrektoren sind angehalten Berechnungen mit Folgefehlern zu berücksichtigt

- In den letzten Jahren wurden immer wieder Punkte für **Begriffsdefinitionen** vergeben. Wer im Umgang mit Begriffen Sicherheit erlangt, kann einfache Punkte mitnehmen. Die ABC-Stichwortlisten zu jedem Kapitel sollen Sie beim Wiederholen unterstützen.

5.2   Mündliche Prüfung

Sollten Sie nach der schriftlichen Prüfung erfahren, dass Ihre schriftlichen Leistungen nicht ganz ausgereicht haben, so werden Sie in die mündliche Ergänzungsprüfung geladen.

In der mündlichen Prüfung will der Prüfer wissen und sehen, ob Sie Ihr Wissen „verkaufen" bzw. darstellen können. Es ist sicherlich vorteilhaft, wenn Sie so selbstbewusst auftreten, dass ein zukünftiger Kollege/Chef Ihnen gerne seine Angelegenheiten anvertraut. Nutzen Sie Ihre Chance und zeigen Sie den Prüfern, was in Ihnen steckt, insbesondere, dass Sie Ihr fachliches Wissen schnell und spontan abrufen, strukturiert und flüssig im Gespräch vermitteln können.

Auch hier ist der Rahmenplan bzw. die Verordnung maßgeblich für die ca. 20 -minütige Prüfung und Ihre Vorbereitung. Die im Buch eingearbeiteten Fragen und Antworten sind typische Beispiele für Fragen, wie Sie in mündlichen Prüfungen abgefragt werden könnten. Bei der schnelllebigen Steuergesetzgebung in Deutschland ist Detailwissen oft nicht möglich und schnell veraltet. Tagesaktuelle Fragen in der mündlichen Prüfung sind denkbar. Als Anhaltspunkt zu steuerrechtlichen Themen ist z.B. auf die kostenlos, abonnierbaren IHK-Steuerinfos zu verweisen. Die Erfahrungen zeigen, dass viele Prüfungskandidaten hohe Erfolgsquoten verzeichnen, wenn Sie den Prüfungsausschuss nicht als Gegner, der Ihnen das Bestehen verwehren will, sondern als neue Chance verstehen.

5.3   Lerncheckliste zum Rahmenplan

In der Lerncheckliste finden Sie u.a. die Begriffe der vier Wissenstests sowie einige wichtige Stichpunkte des Lernstoffes.

	SOLL-Lerninhalte gem. Rahmenplan	Wiederholung		
2.1. Das Steuersystem in seiner Bedeutung				
2.1.1.	Bedeutung von Unternehmenssteuern – Steuern sind Geldleistungen § 3 Abs. 1 AO – Öffentlich rechtliche Abgaben – Opfertheorie/ Äquivalenztheorie – Beiträge und Gebühren			
2.1.1.1	Auswirkung auf Aufwendungen und Kosten – Freibetrag und Freigrenze – Betriebsausgabenabzug für Zinsaufwendungen § 4h EStG			
2.1.1.2	Auswirkungen auf die Finanzwirtschaft – Finanzierungsformen Außen/ Innen – Tarifbegünstigung § 34a EStG			
2.1.1.3	Supranationale Auswirkungen – National/ bilateral/ supernational – Funktionsverlagerung § 1 Abs. 3 AStG			
2.1.1.4	Doppelbesteuerungsabkommen – Freistellungsmethode – Anrechnungsmethode – Weiße Einkünfte/ Keinmaleinkünfte			
2.1.2.	Gestaltungsmöglichkeiten der für das UN relevanten Steuern – Steuern beeinflussen Standortentscheidungen – Einkommensteuer – Abgeltungsteuer § 32d EStG – Körperschaftsteuer – Gewerbesteuer – Steuerermäßigung § 35 EStG – Umsatzsteuer – Mindestbestandteile von Rechnungen § 14 UStG			
2.1.3.	Unterschiede der Steuerbelastung als Entscheidungskriterium für die … – Einzelunternehmer – Personengesellschaft – Kapitalgesellschaft – Gewinnermittlungsmethoden			

	SOLL-Lerninhalte gem. Rahmenplan	Wiederholung		
	– Zuflussprinzip § 11 EStG – Transparenz- und Trennungsprinzip – Teileinkünfteverfahren § 3 Nr. 40 EStG; § 3c Abs. 2 EStG			
2.2. Zielorientierter Einsatz der Instrumente der Bilanzanalyse				
2.2.1.	Bedeutung der Bilanzanalyse für das Management des UN			
2.2.1.1.	Steuerungsinformationen für das Managementinformations-system – Planung, Organisation, Kontrolle, Informieren etc. – Hilfsmittel ist die Bilanzanalyse			
2.2.1.2.	Im Rahmen des Ratings – Rating = Sicherheit + Bonität – Bewertung/ Klassifizierung; Bonitätskriterien – Basel I. II und III			
2.2.1.3.	Im Rahmen des Due Dilligence – Systematische Stärken/ Schwächen Analyse – Prüfung für z.B. Kauf, Verkauf oder Börsengang – Unternehmensbewertungen			
2.2.2.	Ergebnisse der qualitativen Abschlussanalyse – Analyse der Bilanz, GuV, Anhang, Lagebericht – „Saarbrücker Modell" – Untersuchung von publizierten Quellen			
2.2.3.	Finanzkennzahlen als Ergebnis der quantitativen Analyse des Abschlusses – Analyse des Jahresabschlusses durch z.B. Kennzahlen – Strukturbilanz			
2.2.3.1.	Bilanzkennzahlen – Liquiditäts- Vermögens- und Kapitalkennzahlen			
2.2.3.2.	GuV Kennzahlen – Erfolgsquellen-, Rentabilitäts- und Cashflow Analyse			
2.2.4.	Grenzen der Bilanzanalyse sind z.B. – Stichtagsbezogenheit – Vergangenheitszahlen – Informationsmangel			

	2.3. Unterstützung der Unternehmensziele durch Bilanz- und Steuerpolitik			
2.3.1.	Bedeutung der Wahlrechte als situationsbezogenes Instrument – Ausweis § 266 HGB… – Ansatz § 246 ff HGB… – Bewertung § 252 ff HGB…			
2.3.2.	Handelsrechtliche Wahlrechte sind grundsätzlich z.B: – Ansatz- und Bewertungswahlrechte			
2.3.2.1.	Möglichkeiten – Herstellungskosten – Entwicklungskosten – Rückstellungen – Abschreibungsmethoden – ARAP; Disagio			
2.3.2.2.	Grenzen der Bilanzierungsgrundsätze – Grundsätze ordnungsgemäßer Buchführung/ Bilanzierung			
2.3.3.	Steuerliche Wahlrechte sind grundsätzlich z.B: – Ansatz- und Bewertungswahlrechte			
2.3.3.1.	Möglichkeiten – Übertragung stiller Reserven § 6b Rücklage – Herstellungskosten – Geringwertige Wirtschaftsgüter			
2.3.3.2.	Grenzen der Bewertungsmaßstäbe			
2.3.4.	Steuerliche Entscheidungskriterien im Rahmen von Unternehmensbeteiligung – Unternehmensbeteiligungen § 271 HGB – Organschaft			
	2.4. Internationale Rechnungslegungsvorschriften			
2.4.1.	Auswirkung von Rechnungslegungsvorschriften im Rahmen von Geschäft…			
2.4.2.	Rechtssysteme des externen Rechnungswesens – Nationale und internationale Vorschriften – Z.B. US-GAAP und IAS/ IFRS – EU- Verordnung 1606/2002			
2.4.3.	Rechtslage innerhalb der EU – § 315a HGB; § 290 HGB Konzerne – Börsennotiert (kapitalmarktorientiert)			

	Ausgewählte Unterschiede zwischen HGB und IFRS z.B.			
	– Forschung und Entwicklung			
	– Komponentenansatz			
	– Anschaffungs- und Neubewertungsmodell			
	– Informations- vs. Vorsichtigkeitsprinzip			
2.4.4.	– POC- Methode			

5.4　Die wichtigsten Paragraphen für Gesetzesmarkierungen

Farbige Hervorhebungen im Gesetz und in der Formelsammlung für z.B. die Bilanzanalyse erleichtern das Zurechtfinden in der Klausur und bieten wertvolle Gedächtnisstützen. Die nachfolgende Liste soll Ihnen bei der Auswahl der zu markierenden § und Begriffe eine erste Hilfe sein.

5.4.1　Einkommensteuergesetz EStG §

	§ 1 Abs. 1 EStG	Natürliche Personen; Normkette: § 1 EStG; § 8, 9 AO; (Welteinkommensprinzip)
	§ 2	Umfang der Besteuerung; Definition der sieben Einkunftsarten
	§ 2 und R 2 Abs. 1	Bemessungsgrundlage der ESt
	§ 2 Abs. 2 Nr. 1	Begriff: Gewinn
	§ 2 Abs. 2 Nr. 2	Begriff: Überschuss der Einnahmen über die Werbungskosten
	§ 3	Begriff: steuerfrei, insbesondere § 3 Nr. 40 Buchstabe d EStG
	§ 3 Nr. 33	Steuerfreie Kinderbetreuungskosten
	§ 4 Abs. 1	Gewinn; Betriebsvermögen; vermehrt, vermindert
	§ 4 Abs. 3	Als Gewinn den Überschuss….
	§ 4 Abs. 4	Betriebsausgaben (BA) sind…
	§ 4 Abs. 5	Betriebsausgaben, nicht mindern
	§ 4 Abs. 5b	Gewerbesteuer, keine Betriebsausgabe
	§ 4h Abs. 1 und 2	Zinsschranke (Fremdkapitalzinsen), Freibetrag 3 Mio.
	§ 5 Abs. 1 Satz 1	Steuerliche Wahlrechte, Verzeichnis

☐	§ 6 Abs. 1 Nr. 1a	Anschaffungsnahe Herstellungskosten
☐	§ 6 Abs. 2	Abnutzbar, beweglich, selbständige Nutzung; Vorsteuerbetrag, 150 €
☐	§ 6 Abs. 2a	Sammelpostenabschreibung, Vorsteuerbetrag; nicht vermindert
☐	§ 7 Abs. 1	Absetzung für Abnutzung; gleichen (lineare AfA)
☐	§ 7 Abs. 2	Bewegliche Wirtschaftsgüter, fallende (degressive)
☐	§ 7 Abs. 4	Gebäude
☐	§ 8 Abs. 2 Satz 9	Sachbezüge; (Warengutscheine bis) 44 € im Monat
☐	§ 8 Abs. 3	Waren u.o. Dienstleistungen des AG bis 1.080 € im Jahr.
☐	§ 9	Werbungskosten, Erwerbung, Sicherung, Erhaltung
☐	§ 10 d Abs. 1	Verlustabzug; Verlustrücktrag
☐	§ 10 d Abs. 2	Verlustvortrag
☐	§ 11 Abs. 1 Satz 1	(Zufluss- bzw. Abflußprinzip) zugeflossen
☐	§ 11 Abs. 1 Satz 2	Regelmäßig wiederkehrend; kurze Zeit
☐	§ 15 Abs. 1 Nr. 1	Gewerblichen Unternehmen
☐	§ 15 Abs. 1 Nr. 2	Gesellschafter, Mitunternehmer, Vergütungen
☐	§ 15 Abs. 2	selbständig, nachhaltig, Gewinne erzielen, wirtschaftlichen Verkehr
☐	§ 16	Veräußerungsgewinne – Einkünfte aus Gewerbebetrieb
☐	§ 18	Einkünfte aus gewerblicher Tätigkeit
☐	§ 18 Abs. 1 Nr. 1	Katalogberufe
☐	§ 20	Kapitalvermögen, § 20 Abs. 9 Sparer Pauschbetrag
☐	§ 32 a Abs. 1	Steuersatz, Einkommensteuertarif; zu versteuernden Einkommen
☐	§ 32d	Gesonderter Steuertarif für Einkünfte aus Kapitalvermögen, 25%
☐	§ 34 a Abs. 1	(Thesaurierte Gewinne), auf Antrag
☐	§ 34 a Abs. 2	Gewinn
☐	§ 34 a Abs. 3	Jährlich festzustellen
☐	§ 34 a Abs. 4	Nachversteuerungsbetrag, 25%

☐	§ 35	3,8; Gewerbesteuer Messbetrag
☐	§ 40 Abs. 2 Nr. 1	Mahlzeiten
☐	§ 40 Abs. 2 Nr. 3	Erholungsbeihilfen
☐	§ 60 Abs. 4 EStDV	Amtlicher Vordruck EÜR

5.4.2 Körperschaftsteuergesetz KStG §

☐	§ 1 Abs. 1	(Steuersubjekt); Inland, Kapitalgesellschaften
☐	§ 1 Abs. 2	Sämtliche Einkünfte
☐	§ 7 Abs. 1	In Verbindung mit § 8 Abs., Bemessungsgrundlage der Besteuerung
☐	§ 7 Abs. 1	Zu versteuerndes Einkommen
☐	§ 8 Abs. 1	Einkommen, ESt, dieses Gesetz
☐	§ 8 Abs. 3	Verdeckte Gewinnausschüttung
☐	§ 8b Abs. 1	Außer Ansatz;
☐	§ 8b Abs. 5	Gelten 5% als Ausgaben
☐	§ 8 c	Verlustabzug; fünf Jahren; 25%;
☐	§ 9	Abziehbare Aufwendungen
☐	§ 10	Nicht abziehbare Aufwendungen
☐	§ 11	Liquidation
☐	§ 14 Abs. 1 Satz 1	Organschaft: Organgesellschaft
☐	§ 14 Abs. 1 Satz 1	Organschaft: Organträger
☐	§ 14 Abs. 1 Nr. 1	Organschaft: Finanzielle Eingliederung
☐	§ 14 Abs. 1 Nr. 3	Organschaft: Gewinnabführungsvertrag
☐	§ 23 Abs. 1	Körperschaftsteuersatz von 15%

5.4.3 Gewerbesteuergesetz GewStG §

☐	§ 2	Steuersubjekt, Steuergegenstand, Gewerbebetrieb, Inland, ESt
☐	§ 2 Abs. 2 Satz 2	Gilt (Betriebsstättenfiktion)

	§ 4	Hebeberechtigte Gemeinde
	§ 5	Steuerschuldner; Unternehmer
	§ 6	Besteuerungsgrundlage, Gewerbeertrag
	§ 7	ESt, KSt, vermehrt, vermindert
	§ 8 Nr. 1	Ein Viertel (25%), Summe;
	§ 8 Nr. 1 d	einem Fünftel (20%),
	§ 8 Nr. 1 e	50%
	§ 8 Nr. 1 e	einem Viertel (25%)
	§ 8 Nr. 1 f	100.000 € (Freibetrag)
	§ 9	Kürzungen, 1,2 Prozent des Einheitswerts; § 121a BewG
	§ 9 Nr. 2a	Gewinn aus Anteilen; inländisch, Beteiligung 15%; (Schachtelprivileg)
	§ 7, 8, 9, 11	Normenkette: Bemessungsgrundlage für die Gewerbesteuer
	§ 11 Abs. 1	Steuermesszahl
	§ 11 Abs. 1	Volle 100 € nach unten
	§ 11 Abs. 1	Freibetrag 24.500 € / 5.000 €
	§ 16 Abs. 4 Satz 2	Mindesthebesatz von 200%
	§ 19 Abs. 1	Vorauszahlungen
	§ 28	Zerlegungsanteile
	§ 29	Zerlegungsmaßstab

5.4.4   Handelsgesetzbuch HGB §

	§ 121 Abs. 1	Verteilung von Gewinn und Verlust; 4%
	§ 238	Buchführungspflicht
	§ 246	Vollständigkeit, Verrechnungsverbot
	§ 247	Definition AV, UV
	§ 248 Abs. 2	Immaterielle Vermögensgegenstände
	§ 249	Rückstellungen
	§ 250 Abs. 3	Unterschiedsbetrag (Disagio)

☐	§ 255 Abs. 1	Anschaffungskosten; erwerben, betriebsbereiten Zustand
☐	§ 264 HGB	Jahresabschluss (§ 242 HGB)
☐	§ 266 HGB	Gliederung der Bilanz
☐	§ 267 Abs. 1	Kleine Kapitalgesellschaften
☐	§ 267 Abs. 2	Mittelgroße Kapitalgesellschaft
☐	§ 267 Abs. 3	Große Kapitalgesellschaft
☐	§ 275 Abs. 1	Gewinn Verlustrechnung: Gesamt- u. Umsatzkostenverfahren
☐	§ 289	Lagebericht
☐	§ 290	Mutterkonzern; Kapitalgesellschaft
☐	§ 293 Abs. 1	Konzernaufstellungspflicht (häufige Prüfungsfrage)
☐	§ 315 Abs. 1	Konzernlagebericht; Geschäftsverläufe, Geschäftsergebnisse
☐	§ 315a Abs. 1	Konzernabschluss nach internationalen Rechnungslegungsstandards
☐	§ 325 HGB	Betreiber des Bundesanzeigers

5.4.5   Abgabenordnung AO §

☐	§ 3 Abs. 1	Geldleistungen, nicht eine Gegenleistung
☐	§ 3 Abs. 2	Relasteuern; Grundsteuer, Gewerbesteuer
☐	§ 3 Abs. 4	Steuerliche Nebenleistungen
☐	§ 8	Wohnsitz
☐	§ 9	Gewöhnlicher Aufenthalt
☐	§ 42	Steuerlicher Gestaltungsmissbrauch
☐	§ 140	Anderen Gesetzten, (derivative Buchführungspflicht)
☐	§ 141	Bestimmter Steuerpflichtiger; (originäre Buchführungspflicht)

5.4.6   Grundgesetz GG Artikel

☐	Artikel 106 Abs. 6	Festlegung von Hebesätzen

5.4.7   Umsatzsteuergesetz UStG §

☐	§ 1	Steuerbare Umsätze; Lieferungen u. sonstige Leistungen, Inland, Entgelt, UN
☐	§ 2 Abs. 1	Steuersubjekt und Definition eines Unternehmers
☐	§ 2 Abs. 1	Unternehmerkriterien: gewerblich, beruflich, selbständig
☐	§ 2 Abs. 2 Nr. 2	Umsatzsteuerliche Organschaft: Organgesellschaft, Organträger
☐	§ 2 Abs. 2 Nr. 2	Ausland,
☐	§ 3 Abs. 1	Definition: Lieferung, Verschaffung der Verfügungsmacht
☐	§ 3 Abs. 9	Definition: sonstige Leistungen sind keine Lieferungen
☐	§ 4	Steuerfreie Lieferungen und sonstige Leistungen
☐	§ 10 Abs. 1	BMG für Lieferungen, sonstige Leistungen und ig Erwerbe; Entgelt
☐	§ 12 Abs. 1 und 2	Steuersatz bzw. Steuersätze; 19% ; 7%
☐	§ 14 Abs. 4	Mindestbestandteile von Rechnungen „muss"
☐	§ 15	Vorsteuerabzug
☐	§ 16 Abs. 1	(SOLL-Besteuerung); vereinbarte Entgelte
☐	§ 18 Abs. 1	Umsatzsteuer-Voranmeldung
☐	§ 19 Abs. 1	Kleinunternehmer; 17.500 €; 50.000 €
☐	§ 20 Abs. 1	(IST-Besteuerung); vereinnahmte Entgelte
☐	§ 27a Abs. 1	Umsatzsteuer-Identifikationsnummer
☐	§ 33 UStDV	Kleinstbetragsrechnungen; 150 €

5.4.8   IFRS

☐	IAS 1.54	Bilanzgliederung
☐	IAS 2.6	Nettoveräußerungswert
☐	IAS 2.10	Vorräte; Herstellungskosten
☐	IAS 11.22	Fertigungsaufträge; verlässlich zu schätzen
☐	IAS 11.23	(Percentage on completion); Festpreisvertrag

	IAS 11.24	Kostenzuschlagsvertrag
	IAS 16.15	Sachanlagen; Herstellungskosten
	IAS 16.30	Anschaffungskostenmodell
	IAS 16.31	Neubewertungsbetrag
	IAS 16.43	Anschaffung- und Herstellungskosten; (Komponentenansatz)
	IAS 16.44	Flugzeug
	IAS 16.57	Nutzungsdauer
	IAS 16.62	Vielzahl von Methoden
	IAS 23.4	Vermögenswerte, nicht verpflichtet
	IAS 23.11	Fremdkapitalkosten, Fremdkapitalaufnahme
	IAS 36.117	Darf nicht den Buchwert übersteigen
	IAS 37	Rückstellungen
	IAS 37.14	Vergangenheit; wahrscheinlich, Schätzung der Höhe
	IAS 37.48	Sind; sofern
	IAS 37.70	Können; Restrukturierungsmaßnahmen
	IAS 37.72	Nur, wenn
	IAS 38.18	Ansatz und Bewertung von immaterielle Wirtschaftsgütern
	IAS 38.48	Selbst geschaffener Firmenwert; darf nicht
	IAS 38.53	Forschungs- und Entwicklungskosten nicht trennen
	IAS 38.56	Forschungsaktivitäten
	IAS 38.65	Immatrielle Vermögensgegenstände; Herstellungskosten
	IFRS 8	Geschäftssegmente
	IFRS 16	Leasingverhältnisse

5.5   Bilanzierung HGB/EStG/IAS/IFRS dem Grunde und der Höhe nach

Die nachfolgende Übersicht soll Ihnen das Erlernen der **wichtigsten** klausurrelevanten Bilanzpositionen der Handelsbilanz/Steuerbilanz/ IFRS-Bilanz erleichtern.

🅞 **Tipp:** Ergänzen Sie diese bei Bedarf und je nach Lernphase!

	Handelsbilanz	Steuerbilanz	IFRS -Bilanz
A. Anlagevermögen:			
I. Immaterielle Vermögensgegenstände:			Intangible assets
1. Selbst geschaffene gewerbliche Schutz- rechte und ähnliche Rechte und Werte;	Aktivierungswahlrecht Bewertung: Fortgeführte Herstellungskosten	Aktivierungsverbot	Aktivierungspflicht Bewertung: Wahlrecht Anschaffungskostenmodell oder Neubewertungs- modell
Entwicklungskosten Forschungskosten	Aktivierungsgebot Aktivierungsverbot	Aktivierungsverbot Aktivierungsverbot	Aktivierungspflicht Aktivierungsverbot
2. entgeltlich erworbene Konzessionen, gewerbliche Schutzrechte und ähnliche Rechte und Werte sowie Lizenzen an solchen Rechten und Werten;	Bewertung: Fortgeführte Anschaffungskosten	Bewertung: Fortgeführte Anschaffungskosten	Bewertung: Wahlrecht Anschaffungskostenmodell oder Neubewertungs- modell
3. Geschäfts- oder Firmenwert;			Goodwill
entgeltlich – derivativ	Aktivierungspflicht Bewertung: AFA gem. Nutzdauer	Aktivierungspflicht Bewertung: AFA 15 Jahre	Aktivierungspflicht Bewertung: Keine AFA
selbstgeschaffen – originär	Aktivierungsverbot	Aktivierungsverbot	Aktivierungsverbot
4. geleistete Anzahlungen;			
II. Sachanlagen:			Property, plant and equipment
1. Grundstücke, grundstücksgleiche Rechte und Bauten einschließlich der Bauten auf fremden Grundstücken;	Aktivierungspflicht Bewertung: Anschaf- fungs- oder Herstel- lungskosten	Aktivierungspflicht Bewertung: Anschaf- fungs- oder Herstel- lungskosten	Aktivierungspflicht Bewertung: Anschaffungs- oder Herstellungskosten
2. technische Anlagen und Maschinen;			
3. andere Anlagen, Betriebs- und …			
4. geleistete Anzahlungen und Anlagen …			
III. Finanzanlagen:			Financial assets
1. Anteile an verbundenen Unternehmen;	Aktivierungspflicht Bewertung: Anschaf- fungskosten	Aktivierungspflicht Bewertung: Anschaf- fungskosten	Aktivierungspflicht Bewertung: beizulegender Zeitwert

2. Ausleihungen an verbundene Untern…			
3. Beteiligungen;			
4. Ausleihungen an Unternehmen, mit denen ein Beteiligungsverhältnis besteht;			
5. Wertpapiere des Anlagevermögens;			
6. sonstige Ausleihungen.			
B. Umlaufvermögen:			Current assets
I. Vorräte: Bewertungsvereinfachung:	LIFO, FIFO	LIFO	Inventories FIFO
1. Roh-, Hilfs- und Betriebsstoffe;			
2. unfertige Erzeugnisse, unfertige… Sonderfall: Auftragsfertigung über Jahre	ungeregelt	ungeregelt	Percentage of completion method
3. fertige Erzeugnisse und Waren;			
4. geleistete Anzahlungen;			
II. Forderungen und sonstige Vermögensgegenstände:			Trade and other receivables
1. Forderungen aus Lieferungen und …			
2. Forderungen gegen verbundene …			
3. Forderungen gegen Unternehmen, mit denen ein Beteiligungsverhältnis besteht;			
4. sonstige Vermögensgegenstände;			
III. Wertpapiere:			Financial assets
1. Anteile an verbundenen Unternehmen;			
2. sonstige Wertpapiere;			
IV. Kassenbestand, Bundesbankguthaben, Guthaben bei Kreditinstituten u. Schecks.			Cash and cash equivalents
C. Rechnungsabgrenzungsposten § 250 HGB Disagio § 250 Abs. 1 HGB	Aktivierungswahlrecht Bewertung: planmäßige Abschreibung	Aktivierungspflicht Bewertung: planmäßige Abschreibung	Prepaid expenses Aktivierungsverbot
D. Aktive latente Steuern § 274 HGB	Aktivierungswahlrecht	Aktivierungsverbot	Deferred taxes on the aktive side Aktivierungspflicht
E. Aktiver Unterschiedsbetrag aus der Vermögensverrechnung.	Aktivierungspflicht	Aktivierungsverbot	Aktivierungspflicht
A. Eigenkapital:			equity
I. Gezeichnetes Kapital;			
II. Kapitalrücklage;			
III. Gewinnrücklagen:			

1. gesetzliche Rücklage;			
2. Rücklage für Anteile an einem herrschenden oder mehrheitlich beteiligten Unternehmen;			
3. satzungsmäßige Rücklagen;			
4. andere Gewinnrücklagen;			
IV. Gewinnvortrag/Verlustvortrag;			
V. Jahresüberschuss/Jahresfehlbetrag.			
B. Rückstellungen § 249 HGB	Bewertung mit dem Erfüllungsbetrag		
1. Rückstellungen für Pensionen und ähnliche Verpflichtungen;	Passivierungspflicht	Passivierungspflicht	Pension plans Passivierungswahlrecht
2. Steuerrückstellungen;			
3. sonstige Rückstellungen Unterlassene Aufwendungen für Instandhaltung (Nachholung innerhalb 3 Monate) Rückstellungen für drohende Verluste	Passivierungspflicht Passivierungspflicht	Passivierungspflicht Passivierungsverbot	Passivierungsverbot Passivierungspflicht
C. Verbindlichkeiten:			Financial and other liabilities
1. Anleihen, davon konvertibel;			
2. Verbindlichkeiten gegenüber Kredit…			
3. erhaltene Anzahlungen auf Bestellungen;			
4. Verbindlichkeiten aus Lieferungen und…			
5. Verbindlichkeiten aus der Annahme gezogener Wechsel und der Ausstellung …			
6. Verbindlichkeiten gegenüber …			
7. Verbindlichkeiten gegenüber Unternehmen, mit denen ein Beteiligungsverhältnis…			
8. sonstige Verbindlichkeiten…			
D. Rechnungsabgrenzungsposten.			Deferred income
E. Passive latente Steuern.	Passivierungspflicht	Passivierungsverbot	Deferred tax liability Passivierungspflicht

6 Lösung zu den Kapiteln des Buches

6.1 Lösung zu Kapitel 1

❶ Lösung Standortfaktoren: Reihenfolge der einzusetzenden Begriffe:

①Standortwahl; ②nationale; ③gewerbesteuerlichen; ④Hebesätze; ⑤Aufwandssteuern; ⑥Förderungen; ⑦Investitionszulagen; ⑧Staaten; ⑨Steuersystem; ⑩Gewinnsteuern; ⑪Lohnsteuer; ⑫Standortvorteil; ⑬Standortnachteil.

❸ Lösung: Gewerbesteuerzerlegung

Betriebstätte	Arbeitslöhne	Zerlegungsanteil	Hebesatz	Gewerbesteuer
Gemeinde I	150.000 €	6.000 €	300%	18.000 €
Gemeinde II	250.000 €	10.000 €	340%	34.000 €
Gemeinde III	100.000 €	4.000 €	350%	14.000 €
Summe	500.000 €	20.000 €		66.000 €

❶ Lösung Gewerbesteuer: Reihenfolge der einzusetzenden Begriffe:

①Gewerbesteuererklärung; ②Gewerbesteuermessbetrag; ③Gewerbesteuermessbescheid; ④Gewerbesteuer; ⑤Gewerbesteuerbescheid.

❶ Lösung Einzelunternehmen: Reihenfolge der einzusetzenden Begriffe:

①Einzelunternehmer; ②Haftung; ③privaten; ④Verluste; ⑤teilen; ⑥unbeschränkte; ⑦Einkommensteuer

❶ Lösung Personengesellschaft: Reihenfolge der einzusetzenden Begriffe:

①Haftungsbeschränkung, ②Gläubigern; ③Geschäftsleben; ④Mitunternehmerrisiko; ⑤Vertrauen; ⑥unbeschränkte; ⑦Gewerbesteuer

❶ Lösung Kapitalgesellschaft: Reihenfolge der einzusetzenden Begriffe:

①Beschränkter; ②Unternehmergesellschaft; ③Gesellschaftsvermögen; ④Geschäftsverkehr; ⑤steuerpflichtig; ⑥losgelöst; ⑦Mindestkapital; ⑧Körperschaftsteuer

Abbildung 6.1   Fachbegriffe zum Kapitel 1 (Lösung)

Welche Fachbegriffe fallen Ihnen zu dem 1 Kapitel: „Das Steuersystem in seiner Bedeutung für das Unternehmen" ein?

A: Abgaben, Abgeltungsteuer, Anrechnungsmethode, Äquivalenztheorie, Aufwand, Außenfinanzierung, Außensteuergesetz	K: Kapitalertragsteuer, Kapitalgesellschaften, Kleinbetragsrechnungen, Kreditfinanzierung, Körperschaftsteuer
B: Beiträge, Beschaffungsvorgang	L: Lex specialis, Lock in Effekt,
C:	M:
D: Direkte Steuern, Doppelbesteuerungsabkommen,	N / O : Opfertheorie,
E: Einkommensteuer, Einzelunternehmen, Einnahmen - Überschussrechnung	P / Q :
F: Finanzierungsformen, Freistellungsmethode, Funktionsverlagerung	R: Rechnungsvorschriften,
G: Gebühren, Gesonderte und einheitliche Feststellung, Globalisierung, Gewerbeertrag, Gewerbesteuer - Messbescheid	S / T : Steueraufkommen, Steuerermäßigung gewerbliche Einkünfte, steuerliche Nebenleistungen, Steuermesszahl, Steuern, Supranationalität, Thesaurierungsbesteuerung, Transparenzprinzip
H: Hebesatz, Hebenummer,	U / V : Umsatzsteuer, Unternehmenssteuern, Unternehmergesellschaft
I / J : Indirekte Steuern, Inländerprinzip, Innenfinanzierung, Investitionsabzugsbetrag	W / X / Y / Z : Weiße Einkünfte, Zinsschranke, Zuflussprinzip

Kapitel 1 Das Steuersystem in seiner Bedeutung für das Unternehmen

KÖRPERSCHAFTSTEUER

ABGELTUNGSTEUER

DOPPELBESTEUERUNGSABKOMMEN

THESAURIERUNGSBESTEUERUNG

FUNKTIONSVERLAGERUNG

ENTGELT

GEWINNERZIELUNGSABSICHT

UNBESCHRÄNKT

T A R I F

6.2   Lösung zu Kapitel 2

Abbildung 6.2   Fachbegriffe zum Kapitel 2 (Lösung)

Welche Fachbegriffe fallen Ihnen zu dem 2. Kapitel: „Zielorientierter Einsatz der Instrumente der Bilanzanalyse" ein?

A: Adressaten der Bilanzanalyse, Anlagenintensität,	K: Kapitalrentabilität,
B: Bonitätskriterien, Basel I, II, III; Bilanzgliederung § 266 HGB,	L: Leverage – Effekt, Liquiditätsanalyse, Liquidität,
C:	M: Managementinformationsanalyse,
D: Due Dilligence,	N / O:
E: Eigenkapitalquote, Erfolgsquellenanalyse	P / Q: Qualitative und Quantitative Bilanzanalyse,
F: Formelsammlung, Finanzierungsanalyse, Finanzierungsregeln,	R: Rating, Richtwerte
G: Grenzen, Goldene Bilanzierungsregel, Gesamtkostenverfahren	S / T: Strukturbilanz, Struktur GuV, Saarbrücker Modell, Substanzerhaltung,
H: Harte und weiche Faktoren,	U / V: Vermögens- , Finanz- und Ertragslage (V-F-E), Umsatzkostenverfahren
I / J: Investitionsanalyse,	W / X / Y / Z:

Lösung: Reihenfolge der einzusetzenden Begriffe:

① externen; ② grenzt; ③ zeitlichen; ④ zukunftsbezogen; ⑤ Bilanzpolitik; ⑥ objektiv; ⑦ Analysemethode; ⑧ Analyst

Zielorientierter Einsatz der Instrumente der Bilanzanalyse

A crossword puzzle grid with the following intersecting words:

M A N A G E M E N T I N F O R M A T I O N S S Y S T E M

Vertical and intersecting words including:
GESAMTKOSTENVERFAHREN, RATING, WEISSGOLD (WEI...), WIRTSCHAFTLICHEN, WIRTSCHAFTLICHE, UMSATZKOSTOSTEVVERF..., STRUKTURBILANZ, ARBRÜCKEN, QUALITATIVE, BILANZGLIEDERUNG, GRENZEN, LEVERAGE, BETRIEBSERGEBNIS, FORMVERFAHREN, DUEDILLIGENCE

B A S E L

6.3   Lösung zu Kapitel 3

Abbildung 6.3   Fachbegriffe zum Kapitel 3 (Lösung)

Welche Fachbegriffe fallen Ihnen zu dem 3 Kapitel: „Das Steuersystem in seiner Bedeutung für das UN" ein?

A: Anschaffungskosten, Abschreibung	K:
B: Bilanz,	L: Leistungsabschreibung, latente Steuern, LIFO
C:	M: Maßgeblichkeitsprinzip,
D: Disagio,	N / O: Niederstwertprinzip, Organschaft, Offenlegung,
E: Entwicklungskosten,	P / Q:
F: FIFO, Forschungskosten, Formelsammlung, Festwertverfahren,	R: RAP, Rückstellung, Rücklage
G: Geringwertige Wirtschaftsgüter, Grenzen, Gruppenbewertung, GuV	S / T: Stille Reserve, Sofortabschreibung, Sammelposten,
H: Herstellungskosten, Handelsrechtliche GOB,	U / V: Vertriebskosten, Verbrauchsfolgeverfahren, Unternehmensbeteiligung,
I / J: Investitionsabzugsbetrag,	W / X / Y / Z: Zielkonflikt, Zuschuss, Zinstaffelmethode

Unterstützung der Unternehmensziele durch Bilanz- und Steuerpolitik

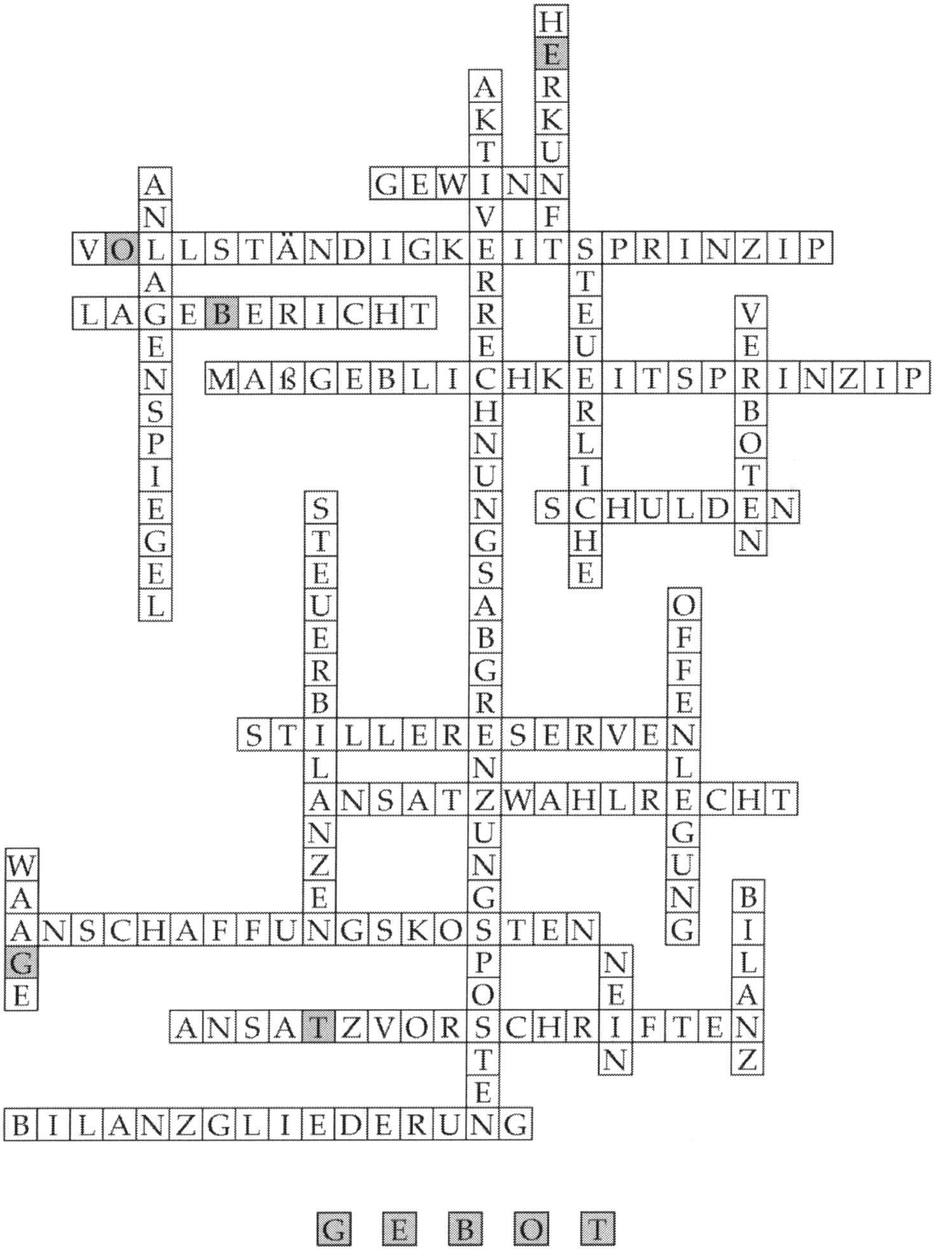

HERKUNFT

AKTIV

GEWINN

ANLAGENSPIEGEL

VOLLSTÄNDIGKEITSPRINZIP

LAGEBERICHT

STEUERRECHNUNGSABGRENZUNG

VERBOTEN

MAßGEBLICHKEITSPRINZIP

ERLICHE

SCHULDEN

STEUERBILANZE

STILLERESERVEN

OFFENLEGUNG

ANSATZWAHLRECHT

WAAGE

ANSCHAFFUNGSKOSTEN

BILANZ

ANSATZVORSCHRIFTEN

POSTEN

NENN

BILANZGLIEDERUNG

G E B O T

6.4   Lösung zu Kapitel 4

Abbildung 6.4   Fachbegriffe zum Kapitel 4 (Lösung)

Welche Fachbegriffe fallen Ihnen zu dem 4. Kapitel: „Internationale Rechnungslegung" ein?

A: Anschaffungskosten, Abschreibung	K: Konzernabschluss, kapitalmarktorientiert, Komponentenabschreibung,
B: Bilanz	L: Leasing, Lagebericht
C:	M: Muttergesellschaft,
D:	N / O:
E: Einzelabschluss, externes Rechnungswesen, Entwicklungskosten, Eigenkapitalveränderungsrechnung,	P / Q: Percentage of completion method,
F: Framework, Forschung- und Entwicklung,	R: Rechtssystem, Rückstellungen,
G: Globalisierte Märkte,	S / T: Standards, Sachanlagen, Segmentbericht, Tochtergesellschaft
H: Herstellungskosten	U / V: Vergleichbarkeit, Verlässlichkeit, Verständlichkeit, Vorräte,
I / J: Interpretations,	W / X / Y / Z:

Internationale Rechnungslegung

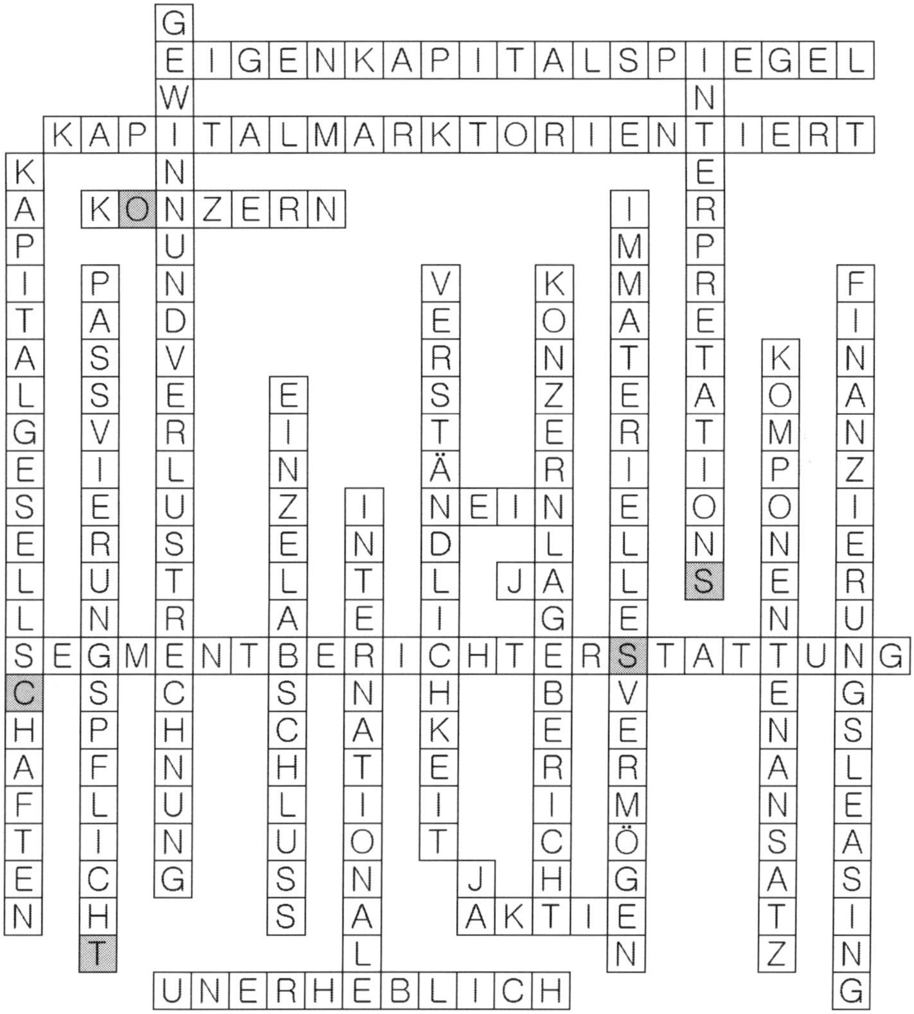

A crossword puzzle grid with the following answers:

EIGENKAPITALSPIEGEL

KAPITALMARKTORIENTIERT

KONZERN

SEGMENTBERICHTERSTATTUNG

UNERHEBLICH

Down entries include: GEWINNUNDVERLUSTRECHNUNG, KAPITALGESELLSCHAFTEN, PASSIVIERUNG, INTERPRETATIONS, IMMATERIELLE, INTERNATIONAL, VERSTÄNDLICHKEIT, KONZERNLAGE, KONZERNBERICHT, VERSTÄNDLICHKEIT, KOMPONENTENANSATZ, FINANZIERUNGSLEASING, EINZELABSCHLUSS, NEINDLI, JA, JA, AKTIE, SVERMÖGEN

COSTS

Abbildungsverzeichnis

Stichwortverzeichnis

Printed in Poland
by Amazon Fulfillment
Poland Sp. z o.o., Wrocław